图说极简
世界通史

刘纳新/主编
王晋华/译

·北京·

图书在版编目（CIP）数据

图说极简世界通史 / 刘纳新主编；王晋华译 .
北京：中国经济出版社，2024.11. -- ISBN 978 - 7 - 5136 -
7822 - 3

Ⅰ. K109
中国国家版本馆 CIP 数据核字第 20241H6N38 号

责任编辑　龚风光　张意妮
责任印制　马小宾
封面设计　平　平
插　　画　宋紫璇

出版发行	中国经济出版社
印 刷 者	北京艾普海德印刷有限公司
经 销 者	各地新华书店
开　　本	710mm×1000mm　1/16
印　　张	28
字　　数	296 千字
版　　次	2024 年 11 月第 1 版
印　　次	2024 年 11 月第 1 次
定　　价	88.00 元

广告经营许可证　京西工商广字第 8179 号

中国经济出版社 网址 http://epc.sinopec.com/epc/ 社址 北京市东城区安定门外大街 58 号 邮编 100011
本版图书如存在印装质量问题，请与本社销售中心联系调换（联系电话：010 - 57512564）

版权所有　盗版必究（举报电话：010 - 57512600）
国家版权局反盗版举报中心（举报电话：12390）　　服务热线：010 - 57512564

导　言

　　和所有同龄的美国孩子一样，我当时接受的历史教育也仅限于美国历史，就这样年复一年地学了八年甚至更长的时间。

　　对我来说，1492年是世界历史的开始，如果偶尔听到和读到1492年以前的人和事，我会认为那些都属于神话故事。在我看来就像是虚构出来的，一点都不真实。我认为那一定是人类想象出来的，并不存在于真实的历史之中。

　　给美国的孩子只讲美国历史，就像对得克萨斯州的孩子只讲得克萨斯州的历史一样狭隘。通常人们认为这种历史教育是一种爱国主义行为，但这样的教育只能让人变得狭隘和妄自尊大，因为这是建立在对其他民族和时代完全无知的基础之上，是一种虚妄、偏执的自我主义。第一次世界大战后，人们越来越认识到美国的孩子应该对其他的国家和民族有所了解,唯有如此,他们看问题才能有较为明智的态度,消除偏见。

我们有许多取材于历史的精彩传记和故事,但是传记或是故事的写法不可能给我们提供出一个历史大纲。事实上,除非这些东西能被填充到历史大纲里面去,否则它们就只是松散的故事,那些传记在我们的大脑里也会像浮萍一样孤零零地漂泊着,不会融进具体的历史时空。

因此,本书对题材的处理是编年式的——一个世纪接着一个世纪,一个时代接着一个时代来讲述那些发生在过去的事情,而不是一个国家一个国家地讲。一个国家的故事也许会被另一个国家的故事插入打断,就好像在小说里同时展开好几条线索的描写一样。这样写作的目的是可以让我们了解时代的全貌,不孤立地看待历史事件。本书不是把希腊历史从头到尾讲完后,再倒回去讲罗马史,然后再用同样的方法继续。本书的宗旨是勾勒出整个历史画面的轮廓,而详情则有待以后的学习中逐渐补充,就像画家要先勾勒出画作的基本轮廓再画出细节一样。这种方法对于历史知识的有序分类是必要的,就像在办公室里将各类文件归档的系统一样必要。

在导言后面附有一个"时间阶梯"。这张阶梯状的图表能让我们对世界历史中的各个发展阶段及其时间表有形象的认识。每一层阶梯代表1000年,每一个台阶代表100年,也就是一个世纪。

时间阶梯

  人类历史是从比这幅图最下面的那一层阶梯更为久远的过去开始的，就这样一直向上，向上，向上，直到我们现在的位置——每一个台阶是 100 年，每一层阶梯是 1000 年。这个阶梯还会一直不断地向上攀升，一直升到高空里去。现在，我们就站在这个最高的位置上，回顾下面的阶梯，去听听那些发生在时间长河中的故事。

  本书的目的就是提供一个基础性的历史大纲，书中对历史事件的叙述，分量不多不少，把握得恰到好处。这些叙述为历史框架注入了血与肉，使其变得更加生动、形象。撰写本书考虑的不是篇幅要写多么长，而是要尽可能地短，但留下来的内容绝不只是干瘪的骨架。

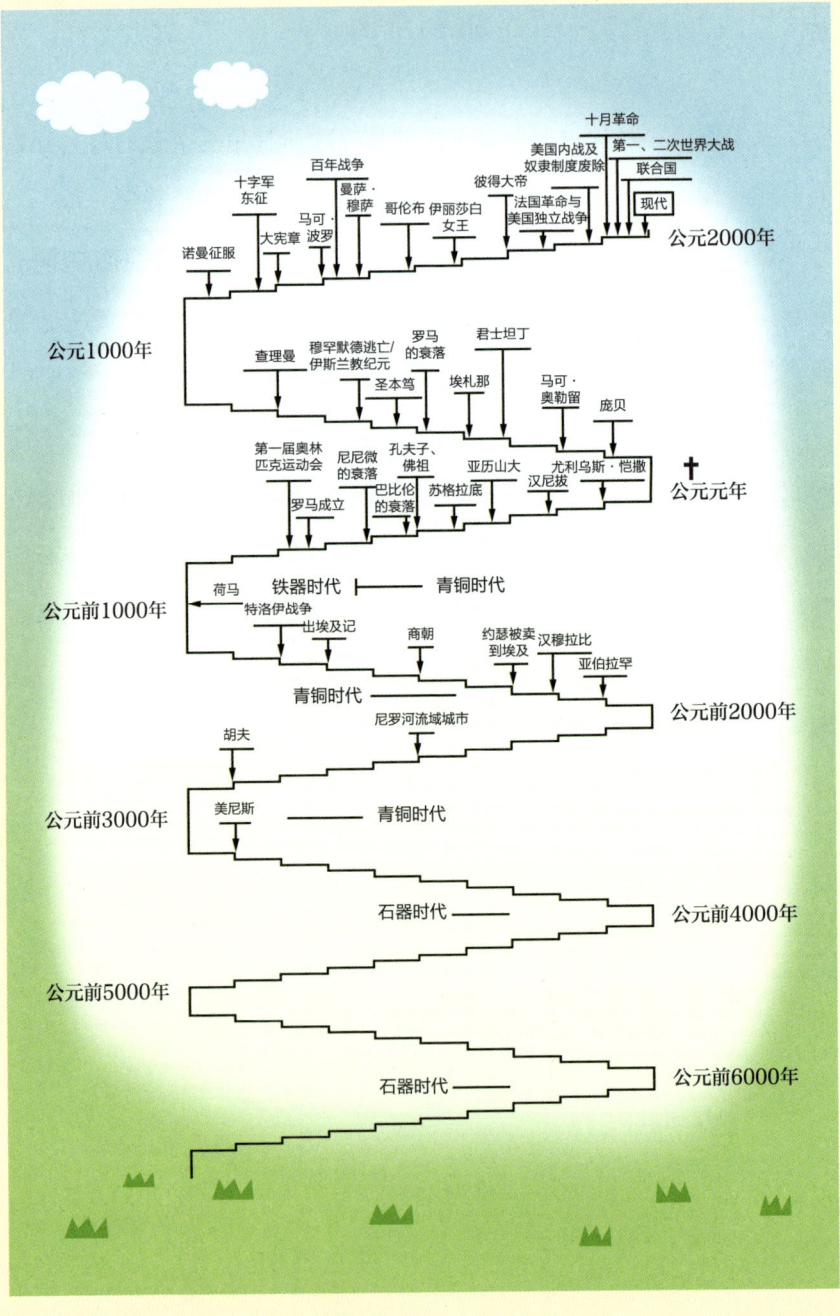

目录
CONTENTS

第 1 章　起　　源 _001

第 2 章　穴居人与火 _006

第 3 章　历史从哪里开始 _011

第 4 章　埃及与金字塔 _016

第 5 章　没有钱的富饶之地 _022

第 6 章　奥林匹斯山上的众神 _028

第 7 章　神话故事中的战争 _036

第 8 章　传说中最聪明的王 _041

第 9 章　发明字母"ABC"的人 _046

第 10 章　铁血的斯巴达人 _050

第 11 章　奥林匹克的桂冠 _056

第 12 章　罗马城的开端 _060

第 13 章　亚述与尼尼微城 _064

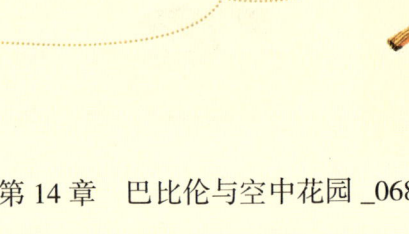

第 14 章　巴比伦与空中花园 _068

第 15 章　宴会上的突袭 _071

第 16 章　亚洲的文明古国 _076

第 17 章　擅长发明的中国人 _079

第 18 章　雅典的穷人和富人 _082

第 19 章　赶走国王的罗马人 _086

第 20 章　希腊 vs. 波斯 _090

第 21 章　战争狂 _096

第 22 章　以一当千 _101

第 23 章　黄金时代 _106

第 24 章　希腊人的内战 _112

第 25 章　智者和愚人 _117

第 26 章　少年国王 _123

第 27 章　迦太基人的没落 _129

第 28 章　世界的新霸主 _134

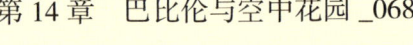

第 29 章　罗马人中最高贵的一位 _140

第 30 章　被奉为神的皇帝 _148

第 31 章　影响世界纪元的男人 _154

第 32 章　血和雷 _160

第 33 章　好皇帝和坏儿子 _166

第 34 章　君士坦丁与新罗马 _171

第 35 章　野蛮的侵略者 _175

第 36 章　当野蛮人遇到世界霸主 _180

第 37 章　新的地方和新的英雄 _185

第 38 章　善是什么 _189

第 39 章　一些非洲国家 _195

第 40 章　穆罕默德其人 _199

第 41 章　阿拉伯的天下 _204

第 42 章　欧洲黑暗的中世纪 _209

3

第 43 章　英国人的启蒙时代 _214

第 44 章　维京人与世界的尽头 _219

第 45 章　城堡与骑士 _223

第 46 章　海盗的孙子了不起 _228

第 47 章　朝圣者的探险 _233

第 48 章　三个国王 _238

第 49 章　西非的三个国家 _244

第 50 章　影响欧洲的"哥特式" _248

第 51 章　没人喜欢的约翰 _255

第 52 章　很会讲故事的人 _259

第 53 章　魔针和魔法药粉——指南针和火药 _264

第 54 章　历史上最长的战争 _267

第 55 章　印刷术和火药——新旧世界的交替 _271

第 56 章　一个发现"新"大陆的水手 _275

第 57 章　寻宝的人 _283

第 58 章　迷人的土地：寻金和探险 _290

第 59 章　东非的海岸线 _295

第 60 章　文艺复兴时期 _300

第 61 章　搅动欧洲的宗教改革 _308

第 62 章　伊丽莎白女王 _314

第 63 章　伊丽莎白时代 _319

第 64 章　姓名的含义 _324

第 65 章　丢了脑袋的国王 _329

第 66 章　红帽子和红高跟鞋 _333

第 67 章　一个自力更生的人 _339

第 68 章　逃跑的王子 _343

第 69 章　美国独立 _348

第 70 章　天翻地覆 _355

第 71 章　小巨人拿破仑 _362

第72章　拉丁美洲和加勒比群岛 _369

第73章　从山林之神的牧笛到留声机 _377

第74章　1854—1865年的旧报纸 _384

第75章　三个新国家和三张新邮票 _389

第76章　屡现奇迹的时代 _394

第77章　不一样的革命——工业革命 _400

第78章　世界大战 _406

第79章　短短的20年 _410

第80章　现代的"野蛮人" _417

第81章　向独裁者开战 _422

第82章　世界上掀起了新风潮 _428

第83章　昨天、今天和明天 _432

第 1 章
起　源

从前有一个小男孩——

就像我一样。

早晨七点钟之前他必须待在床上，等到全家人起床，他才能下地。

我也是这样。

可他总是在七点钟之前就醒了，于是常常躺在床上想各种奇怪的问题。

我也是这样。

他总是对这样的一件事很好奇：

如果这个世界上——

没有爸爸妈妈，

没有叔叔姨姨，

没有堂兄妹，也没有其他的小伙伴一起玩耍，

没有任何人，只有他自己！

那么，这个世界会是什么样子呢？

或许你也想过同样的问题。

我也这样想过。

他想啊，想啊，直到最后他对那样的一个世界突然害怕起来了，心里感到害怕就一头冲进父母的卧室，跳上床，依偎在父母身边，想把这个吓人的想法从脑子里赶走。

我也这么做过——其实，我就是那个小男孩。

是的，在很久很久以前，那时候没有男人、女人和孩子，地球上没有任何人，没有房子，因为没有人去修建和居住；没有乡村和城市，因为没有人建造那一切。那时只有动物——乳齿象和恐龙、鸟类和蝴蝶、青蛙和蛇、乌龟和鱼类等。你能想象出那样的一个世界吗？

可是，

比这更早更早更早以前，

还有过这样一个时期，地球上没有人，没有动物，只生长着各种各样的植物。你能想象出那样的一个世界吗？

可是，

比这更早更早更早更早更早以前，

还有过这样一个时期，地球上没有人，没有动物，也没有植物，到处都是光秃秃的岩石和浩瀚无际的洪水。你能想象出那样的一个世界吗？

可是，

比这更早更早更早更早更早更早……你可以一直说——"更早更早更早"，说上一整天，说到明天，说到下个星期，说到下个月，哪

第一章 起源

怕是说到下一年,也说不完……

在那时候,地球根本不存在!

没有地球!只有星辰和上帝,是上帝创造了这些星辰。

真实的星星并不像旗帜上的五角星,也不像挂在圣诞树上的那些金灿灿的小东西。天空中的星星其实并没有五个角,它们都是燃烧着的巨大气体球体。每个星球的体积都非常大。可以说,地球上没有任何一样东西能比它们大。每颗星星上的一小块儿都比我们的地球还大。

在众多的星球当中,有一个就是我们的太阳。假设我们距离其他的星球也比较近,它们看起来也会有太阳那么大。在很早很早以前,太阳和我们现在见到的样子不一样,那时的太阳更像是在7月4日美国独立日燃放的烟火,旋转着,火花四溅。

那些四处飞溅的火花,有一个就像从壁炉里燃烧的木柴上爆出的火星一样冷却下来。

这个冷却下来的火花就是——

你猜是什么呢?

试着猜猜看——

它就是我们的地球!——真的!确实就是我们现在居住的这个地球。

最初我们的世界,或者说地球,就是一个石球罢了,这个石球就像被浓浓的水蒸气包裹着一样。

后来,这些浓浓的水蒸气变成了雨,落了下来。于是,整个世界

都在下雨。

一直下，一直下，一直下，

直到地球上所有的空洞都被雨水填满了，形成了一个个巨大的水塘。这些水塘其实就是海洋，其余的那些没有水的地方，几乎都是光秃秃的岩石。

后来，最初的生物出现了——那是一种非常微小的植物，小到只能在高倍显微镜下才看得到。开始时，这些小小的植物只生长在水里，慢慢地岸边也出现了它们的身影，最后它们甚至长到了那些光秃秃的岩石上面。

再后来，空中的灰尘落在地球上，慢慢变成了人们通常说的土壤，土壤渐渐地覆盖了岩石，把岩石变成了陆地，植物就在陆地上大面积地生长开来。

再后来，水里出现了一些非常微小的动物，它们只有一丁点儿大，就好像最初的植物那样，只有在高倍显微镜下才能看见。

再后来，水里开始出现一些大一点的动物，如蛤蚌、水母、马蹄蟹等。

再后来，出现了昆虫。它们有些生活在陆地上，如蟑螂，有些生活在水里，有些生活在水面上，有些生活在空中。

再后来，出现了只生活在水里的鱼类。

再后来，青蛙这样的两栖动物也出现了。它们既可以在水里，也

可以在陆地上生活。

再后来，爬行动物出现了，如大恐龙、蛇、蜥蜴和海龟等。

再后来，出现了下蛋的鸟儿，还出现了哺乳动物，如猴子、狐狸、牛，它们生下幼崽后就会哺乳。

直到最后，你猜出现了什么？是的，出现了人类——男人、女人和孩子。

下面就是世界万物出现的先后次序的阶梯，看看你能否记得住：

  星球，
   太阳，
动物， 火花，
 水母， 地球，
  昆虫， 水蒸气，
   鱼，   雨，
   两栖动物， 海洋，
    爬行动物， 植物，
    鸟类，
     哺乳动物，
      人类，

以及繁衍到今天的我们！

大家猜猜看，接下来将要发生什么呢？

第 2 章
穴居人与火

你猜猜我是如何知道这些发生在远古的事情的？

其实，我不知道。

我只是猜测罢了。

但是猜测也有很多种。好比我伸出两只手，让你猜猜钱币藏在哪只手里。其结果，无论你是猜对，还是猜错，全都是靠运气。

还有一种猜测，比如下雪的时候，雪地上留下一串鞋印，我就会猜到刚刚一定有人来过这里，因为鞋子是不会自己走路的。类似于这样的猜测靠的不是运气，而是依据常识推断出来的。

虽然说我们没有生活在远古的时代，也没有亲身经历过那时的一切，但我们还是可以依据科学的常识来判断和推测出许多发生在古代的事情。

人们曾在世界的不同地方向下挖掘，你猜人们在地下发现了什么？

我肯定你猜不到。

第2章 穴居人与火

人们发现了很多弓箭、斧子和矛。

最让人惊讶的是,这些箭啊、斧子啊、矛啊,都不是用铁和钢做的,而是用石头做的。

我们可以肯定,这些东西只有人才会制造和使用。其他的动物,如鸟和鱼等,是绝不会使用斧子和矛的。还可以肯定的是,这些人一定是生活在铁和钢还没有炼成之前或是更为久远的时代。因为这些东西被埋在地下那么深的地方,肯定经历了很长的时间。再后来,我们发现了这些人的骨头,他们应该是在几百万年前死去的。在那个远古时代,还没有创造出文字,还没有人开始写历史呢!在东非,我们发现了人类最古老的骨头。从这些遗迹中,我们了解到远古时期的人

类和现代人做的很多事情都是一样的——劳动、吃饭、玩耍和打仗,特别是打仗。

这一在有历史记载之前的年代被称为史前时期,这一时期还被称为石器时代,因为那时的人们使用的工具都是用石头制成的。

在那一时期,人类的生活是非常艰难的,现在我们所拥有的东西,都是他们完全无法想象的。那时的他们几乎什么都没有。

一些野生动物会筑巢。海狸会用泥土和树枝做窝,狐狸也会挖洞。可当时的原始人类却不会建造房子,因此他们只能找一些自然形成的洞穴作为栖身之地,用来躲避野兽、暴风雨和严寒。所以,那个时期的男人、女人和孩子都被称为穴居人。

穴居人出去打猎时还要提防和躲避凶猛的野兽,他们会挖陷阱,一旦有动物掉进陷阱里,他们便能轻易地捉住它们。当然,他们有时候也会用石块、棍子打死野兽,或是用他们制作的石斧和石箭杀死它们。除此之外,他们还在居住的洞穴墙壁上刻下或是画下那些野兽的模样,其中一些色彩绚丽的图画一直保留到了今天。

他们主要以坚果、种子和浆果为生,也会去掏掏鸟窝。那时他们还不会取火,什么都是生着吃,掏来的鸟蛋生着吃,杀了的野兽生着吃,他们还喜欢喝野兽的血,就像你喜欢喝牛奶一样。

他们只会用一些比较简单的字词互相交流,发出一些我们听不懂的叽里咕噜的声音。那时他们还没有发明布,所以用兽皮来做衣服。

那时候他们大部分的时间都花在了寻找食物上,同时还要躲避猛兽,要不然他们自己就会成为野兽的盘中餐。作为人类,他们没有熊

第2章 穴居人与火

一样温暖的皮毛,没有大象那样厚的皮,没有狮子那样尖利的牙齿和强健的肌肉,也不像鹿跑得那么快,所以那时候的人类很脆弱,会因极差的生活条件而失去生命,能活到成年在那个时候就算是幸运了。

石器时代的人有两样东西可以胜过野兽,他们有比动物聪明得多的头脑和替代了前掌的灵巧的双手,他们能够利用大脑进行思考,想出很多好办法。

他们已经学会了使用工具,而且还能自己制造工具。虽然没有狮子那样尖利的牙齿,但人们可以用矛来代替。虽然没有像动物那样暖和的皮毛,但人们可以利用动物的皮毛来取暖。

如果你出生在石器时代,我不知道你会不会喜欢这种生活:

每天早上睡醒后,不用洗澡,甚至也不用洗脸梳头,也不用刷牙。

吃东西直接用手,因为没有勺子、刀叉、碟子和杯子,能用的只有一个碗——就是妈妈用泥巴给你捏的那种碗,在太阳下晒干用来盛水喝;没有盘子,也不需要洗刷和收拾;没有桌子,那些餐桌上需遵守的礼仪就更没有了。

没有纸,没有笔,也没有书籍。

不分星期六和星期天,也没有月份,除了天气阴晴冷暖不同外,每天都是一样的。学校在那个时候根本不存在。

每天除了摘果子、玩泥巴,和你的兄弟姐妹捉迷藏之外,没有什么事可做。

我想,你应该很喜欢这种生活吧!

"真棒!多美的生活——简直就像在野外露营!"你是否会这么

想呢？

可我刚才所说的仅仅是这个故事的一部分。

阴冷潮湿的洞穴，幽暗的光线，坚硬的石块或是潮湿的草堆就是你每天睡的床，或许还有大蜘蛛和蝙蝠跟你同住在山洞里。

你身上可能裹着你父亲猎杀动物所获得的皮毛，可那遮不住你的全身，那时还没有火，到了冬季，你就知道有多冷了，若是赶上严寒降临，你还有被冻死的可能。

早饭可能只是一些干果、草籽或一片生肉。午饭你吃的还是这些东西，晚饭也一样。

像奶酪、面包或者热腾腾的馅饼与果汁，是你不可能吃得到的美味，更不用说加糖的燕麦片、冰激凌和苹果派了。

你每天都无所事事，但每时每刻都得提防老虎、熊之类的野兽——山洞可是上不了锁的。要是老虎发现了你，那就是躲进山洞也救不了你。

说不定哪一天，早上你的哥哥和爸爸出去打猎，就再也没有回来，你知道他们成了林中野兽的美餐，而且你知道不定哪一天这也会轮到自己。

你还会觉得生活在那个时代幸福吗？

第 3 章
历史从哪里开始

你一定记得你生活中发生的大事，也许你曾听你爷爷奶奶或者爸爸妈妈说起过发生在他们那个时代的事情，比如说第二次世界大战、越南战争、朝鲜战争。

和你一样，你的爷爷奶奶有父母和祖父母，还有曾祖父母。

或许你的

    曾

        曾

            曾

                祖父母

在华盛顿总统的时代生活，而他们的

    曾

        曾

        曾

            曾

　　　　　曾

　　　　　　祖父母

在恺撒大帝的那个时代生活。

虽然这些祖先早就不在了，但是他们那个时代发生的故事却被后人记载了下来，写进了各种各样的书里，而这些故事就是历史——一个小男孩曾命名为他的历史。

耶稣在公元元年诞生——当然，这并不是地球上的第一年。

从公元元年到现在经过了多少年你知道吗？

如果你知道今年的年份，答案你自然就知道了。

如果耶稣现在还活在世上，他该有多大年龄了呢？

2000多年听起来好像很长，不过你也许听说过或见过那些活到100岁的人。

如果在这2000多年中有20个人，他们都活过了100岁，并且他们是一个在另一个出生100年后才来到这个世界上的，那么，这第20个人也就和我们生活在同一个年代，如果你这么想，2000年也就没有那么漫长了。

耶稣诞生之前的时间都写成B.C.（公元前）。这个知识你知道吗？这里的B和C是两个单词的首字母，B是before（之前），C是指Christ（耶稣），B.C.就是before Christ的缩写，代表着"耶稣诞生之前"，这是不是很简单？

耶稣诞生后的时间都写成A.D.，这个理解起来就不那么容易了，因为A是指after，但D却不是Christ的缩写。

事实上，A.D. 是两个拉丁语单词的缩写——anno domini，anno 是指"在这一年"，domini 是"主的"，这两个单词连起来的意思就是"从主诞生的这一年开始"。

我曾告诉过你们那些我必须靠猜测才能推想出的事情，那些事情发生的时期被称为"史前"或"历史记载之前"。而经人们记录下来的事情——真实的事情——我们称为历史。很多人都认为可信的历史记载最早是从北非和中东开始的。

有关他们的故事，有人在几千年前就写下了。有趣的是，世界上不同地区、不同时期的早期文明都创造出了他们各自的文字。在中东地区生活的古代人创造了楔形文字，而古埃及人发明了象形文字。那时的印度人在用梵语书写，而远方的中国人、努比亚人和中美洲人同样也发明了他们自己的文字。在希腊和埃及之间的地中海中有一个小岛，名叫克里特岛，那里的人也有他们自己的文字。

几千年前流传下来的这些文字记录，有些我们现在能够读懂，有些还是未解之谜，看着那些陌生的文字，我们完全不知道其代表的含义。

想一想这些早期文明，你认为其中哪些是我们最了解的呢？是那些我们能读懂其文字的文明，还是那些我们读不懂其文字的文明呢？我敢说，你们都能猜对——当然是那些我们能够读懂其文字的文明了。

这种文明有四个，分别在中国、埃及、美索不达米亚地区和印度。我们读懂了他们的文字，所以了解这些地方的人们是如何度过那漫长的岁月的。但对努比亚、中美洲和克里特的文字，我们就很陌生了。

因此，我们对很久以前发生在这些地方的事情就知之甚少了。

真正让人感兴趣的是，对那些我们能够读懂其历史的国家，我们可以学到一些什么样的知识。我们知道这四个文明古国的发源地都在河谷。

古代埃及是沿着尼罗河河谷建立起来的，而美索不达米亚文明发源于底格里斯河和幼发拉底河的沿岸。在之前的叙述中，我们已经提到过这些河流了。

现在，我们也应该认识一下两条新的河流：古印度起源于印度河流域，而中国起源于黄河流域——这条河流下面堆积着大量的黄色泥沙，所以我们把它叫作黄河。

即使这些古文明相隔千里，但在不同地方生活的人们却做出了许多相同的事情。你不必对这一点感到惊讶。假如你从来没有去过中国、印度和非洲，你也能猜到那里的孩子和世界其他地方的孩子一样喜爱

刻有象形文字的埃及图画

游戏,也是由妈妈来负责做饭的。即使在古代,世界上不同地区的人们也会做许多相同的事情。

河谷是适合人们居住的地方,在那里不用担心会缺少了粮食,动物有水喝,植物生长得很快。因此在古代,埃及、美索不达米亚、印度和中国的人们都是沿河而居。

很快,居住在这些地方的人越来越多,人口越来越密集,逐渐形成了我们现在所说的城镇。后来,城镇里的人们开始建造小船,接着是大船。然后,这些船开始沿着河流航行,有些驶向河的上游,有些驶向河的下游,先是到附近的城镇,然后再到遥远的地区。这样,城镇之间就有了贸易往来,可有时也会引发战争。

要想避免城镇之间发生战争,有一个好的办法,那就是让一个统治者来领导。于是,就有了"政府",有时是这些城镇同意联合起来,有时则是因为一个势力强大的城镇征服了邻近的城镇而将它们连为一体。不管是哪一种情况,都会有一个国王或者皇帝、法老作为政府的首脑,这些人就是我们现在所说的国家的统治者。

回顾这些流域文明,你会发现这一段历史的确非常伟大。当地球上许多地方的人们都还在以打猎和采集为生,有些甚至还居住在洞穴里的时候,先是在古代埃及和美索不达米亚,接着是在古代中国和古代印度,人们的生活已经翻开了令人振奋的新篇章。人们在那里居住、耕种,建造城镇,彼此通商,随后建立起了国家。在这一历史的进程中,他们发现把发生的事件记录下来非常重要,于是开始写下自己的历史,因此今天的我们才能知道他们的故事。

第4章
埃及与金字塔

埃及是最早使用文字的地区之一。那个时候，他们的文字并不是我们现在使用的字母，而是看起来像图画一样的符号。例如一杆矛、一根鞭子、一头狮子、一只鸟儿，用来表达它们的符号都酷似它们各自的形状。这种类似图画一样的文字就是象形文字——看看你是否会说：象—形—文字。或许你在报纸上的猜谜栏目中看到过用图画写成的故事，让你看着图画来猜出其中的意思，象形文字和其有相似之处。

这里有个埃及女王的名字是用象形文字写成的。从这种书写中，

你永远也猜不出这是她的名字。她的名字是哈特谢普苏特，你能把它读出来吗？其实，它并没有你想象的那么难读。哈特·谢普·苏特，把它分开读就容易多了。她就是埃及历史上的第一位女王。

通常，国王或王后名字的外围会画上一圈线。哈特·谢普·苏特这个名字的外围也画着

一圈线，这是为了让名字看起来更加醒目和重要，就像我们现在给画做装裱，让它挂在墙上能显得更加漂亮一样。

纸在当时还没有被发明出来，埃及人是把文字写在一种植物的茎秆上，这种植物叫纸草，在水中生长。他们把纸草的茎秆压扁，压得像纸一样又平又薄。纸这个字来源于纸草这种植物。不知你是否发现了，纸草（papyrus）和纸（paper）这两个单词的外形和发音都很相像。当然，古埃及的书都是手写的，但他们没有钢笔，也没有墨水，他们将芦苇秆的一端做成笔，把水和烟灰和在一起当墨水。

他们的书不同于现在的，是用长长的黏在一起的纸草片做成的。他们把这种纸草片制成的书卷成一个卷轴的样子，就像一卷壁纸，把它铺开后就可以阅读了。

埃及人曾经将有关他们的国王和战争的故事以及一些重大的事件，写在他们建筑物的墙上或是碑上。这里说的"写"是指刻在石头上，这样就能够长久地保留下来。

那些能写、能读懂象形文字的古埃及人早就离开人世了，在很长的一段时间里没有人能读懂这种文字。但是有个人在偶然间发现了阅读和理

埃及人收割纸草（埃及代尔麦地那的墓地壁画）

埃及石碑

解象形文字的方法，来看看他是如何做到的吧。

在汇入地中海之前，尼罗河的支流非常多，在其中一条支流的入海处，有一个叫作罗塞塔的海港。

有一天，一些士兵在罗塞塔附近挖出了一块石头，看上去是一块墓碑，有三种不同的文字刻在上面。最上面的文字是图画，就是我们所说的象形文字，人们理解不了其代表的含义。象形文字的下面是希腊文，文字的内容和象形文字的差不多，而希腊文大多数人都认识，因此只要稍做比较，就能知道上面象形文字的含义了。这就好比我们先了解了暗号表示什么意思，再去读一封密信一样。或许你也玩过杂志后面的解谜游戏，其实这就类似于一个很有意思的谜题，只是没有把答案公布而已。

但是，这个谜题并没有想象的那么简单，为了解开这个谜题，那个人花了差不多20年的时间。这对任何一个猜谜的人来说，所用的时间都太长了。不过，人们一旦找到了解谜的钥匙，就能够读懂古埃及的象形文字，就能了解古代埃及所发生的事情了。

那块石头被人们称为罗塞塔碑，现在在伦敦的大英博物馆里陈列着。别小看了这块石头，它很有名气的，因为它，有更多的历史被我们挖掘出来，否则的话，那些历史就会被永远封存。

埃及是个适合人们居住的地方，这主要是因为尼罗河的一个特点——刚听说时，你可能会认为这是个不好的特点——每年尼罗河河水都要泛滥一次。

自从进入雨季，雨就会一直下，这会导致尼罗河的河水猛涨，然后河水漫过河岸，挟带淤泥冲到远方，淹没了土地，但并不会淹没得太深。

人们了解尼罗河，知道河水何时泛滥，所以他们发明了日历用来记录它的规律。每次大水退去，整个河谷都会留下一层潮湿、肥沃的黑色泥土。这种黑土是一种天然的沃土，就像你家花园里用的那些土壤。这种肥沃的土壤非常适合种植小麦、枣树和其他的植物。

我们知道古埃及的统治者叫法老，第一位埃及法老叫美尼斯。美尼斯大约生活在公元前3100年。他来自埃及南部，并且征服了北方。国家统一后，他宣称自己是神。埃及人认为他们应该服从于他，因为他不仅是王，还是神。

古埃及的人有着不同的等级。这种等级身份是世袭的，父母属于哪个等级，子女也是哪个等级，几乎没有人能改变自己的身份，或是提高自己的等级。

在古埃及，身份等级最高的是僧侣，他们和现今教堂中的牧师或神父不同，那里根本没有教堂。这些僧侣负责制定宗教教义和行为规范，就像现在人们必须遵守法律一样，那时候每个人也必须遵从教义和规范。

僧侣们有多重身份，他们不仅是祭司，还是医生、律师和工程师等。他们受教育程度最高,只有他们才会阅读和书写象形文字。你要知道,学会象形文字可是件很难的事情。

僧侣下面排在第二位的是士兵,再往下就是下等阶层——农民、牧羊人、店主、商人、手工业者,最下等的是猪倌。

欧西里斯(约公元前 1070—前 712 年)

伊西斯

埃及荷鲁斯神，鹰（隼）头神

与我们不同，古埃及人并不信仰上帝。他们大多信奉神教，有千百个男神和女神。他们崇尚万物有灵论，认为每一种事物都有一个特定的神来掌管和主宰——例如家庭有家神、农场有农神等。神也有善恶之分，但是埃及人对他们的供奉和祈祷都是一样的。

众神之首是欧西里斯，他的妻子叫伊西斯。欧西里斯是掌管死亡和农业的神，他们的儿子荷鲁斯长着一个鹰（隼）头。

许多神的形象都是人身兽头，这些动物在人们心目中都是神圣的。狗和猫是神圣的；朱鹭，一种样子像鹳的鸟，是神圣的；还有一种叫圣甲虫的昆虫也是神圣的。如果有人杀死了这些动物，就会被处死，因为古埃及人认为，杀死一个神圣动物的罪行要比杀死一个人更重。

第5章
没有钱的富饶之地

在童话故事里,你肯定听说过这样的地方,那里有结满了蛋糕和糖果的树,只要你想得到吃的或玩的东西,一跺脚一伸手就能从树上摘到。这听起来是不是很神奇?在很久以前,人们真的认为有这样一个地方,你猜是哪里呢?就是靠近底格里斯河和幼发拉底河的某个地方——你应该记得,前面我们提到过两条名字很奇怪的河流——那个地方被他们称作伊甸园。我们无法确切地知道它的具体位置,因为现在没有任何一个地方像过去传说中的"伊甸园"那般神奇。

埃及是尼罗河流域的一块陆地,幼发拉底河和底格里斯河则分出许多块陆地,这些陆地各有其名。

想象一下,你坐在飞机上,俯瞰这两条河流,河流之间的那块地方叫美索不达米亚。这个名字是由"河流"和"在……之间"这两个希腊词汇组成的,意思是"在河流之间"。

在底格里斯河上游的那片土地叫亚述。

两条河流交汇处附近的那片陆地叫巴比伦。

两条河流汇入地中海的那块地方叫迦勒底。

还有河流那边的阿勒山,人们猜想大洪水过后挪亚方舟就停在那儿。

这是一大堆新名字。我认识一个小朋友,他的玩具车非常多。他发现自己坐过的汽车都有名字,因此他就给自己的玩具车都起了名儿。他把它们叫作:

亚述　　　美索不达米亚

巴比伦　　亚拉腊

迦勒底　　幼发拉底

巴比伦这个国家十分富饶,底格里斯河和幼发拉底河给它带来了大量的泥沙,就像尼罗河的泥沙肥沃了埃及的土地一样,巴比伦的土地也因为这些泥沙而变得肥沃。小麦是最有营养的食物,被称为生命原料。传说小麦最早就生长在巴比伦,巴比伦也盛产大枣。也许你觉得大枣是和糖果一样的零食,可在巴比伦,大枣却是主食呢!两条河流中的鱼类繁多,但是捕鱼被巴比伦人看作休闲娱乐的活动。由此能看出他们的食物有多么丰富。那时候还没有货币,人们只有山羊、绵羊、猪这些家畜,谁养的家畜多,谁就是富人。如果你想得到别人的东西,就必须用自己的东西去交换。

巴比伦有一座非常宏伟的塔,叫巴别塔。这座塔你可能听说过,与其说它是一座塔,不如说它像一座山。他们也建了一些别的塔。听

巴别塔

说他们之所以要建造这些高大的塔,是为了在发洪水时能爬得更高。有些人则认为,那些建高塔的人来自遥远的北方,北方的山非常多,他们总是把祭坛设在山顶,让它更接近天堂。当他们迁徙至美索不达米亚和巴比伦这样的平原地带时,发现这里没有山,因此就建立起像山一样高的塔,用来做祭坛。为了到达塔顶,他们没有在塔的里面修梯子,而是绕着塔身在外面修建了一条蜿蜒而上的路,宛若一条盘山的路直通到塔顶。

  与埃及不同,巴比伦的附近和城里没有石头,因此巴比伦人用砖来盖房子。这些砖是先把泥土制成块状,再在太阳底下晒干。随着时间的推移,这些砖会破碎,再次变成泥土。你如果用泥巴捏过饼子,你可能就了解这种情况。正是这个原因,古巴比伦的塔和其他的一些建筑到现在只剩下了一堆堆的土山。

  古埃及人把他们的历史刻在石头上或是写在纸草上,而巴比伦人不仅没有石头,也没有纸草。他们只有砖,所以他们就在砖上写字。他们是如何做的呢?在砖还没有晒干时,他们用树枝的尖端在软泥上写下许多符号,这种符号就是楔形文字。

第5章 没有钱的富饶之地

巴比伦城

之所以叫楔形文字，是因为它的形状就像是楔形符号的组合，就像是印在泥土上的鸡爪印一样。现在有的男孩写字，看上去一点也不像英文字母，倒像是楔形文字。

巴比伦人在日夜照看他们的家畜的同时，也观察太阳、月亮和星星在天空中的运行，逐渐地他们对天体有了更多的了解。

你在白天看到过月亮吗？

哦，没错，你可能看到过。

是啊，每隔一段时间就有

巴比伦楔形文字片，泥板刻字

这么一次,月亮在天空中恰好运行到了太阳的前面,遮住了阳光——就好比你在电灯前面放了一个盘子,盘子挡住了灯光一样。时间可能是上午十点,突然太阳被月亮遮住了,白天变成了黑夜,群星闪烁,鸡以为天黑了,都进了窝。少顷,月亮一移开,太阳又出来了,这种现象叫"日食"。

你可能还没有见过日食,但总有一天你会见到的。如果你见到了,我希望你不要像一些愚昧无知的人那样认为可怕的事情就要发生——也许世界末日就要降临。他们这样认为是因为以前从未见过这种奇怪

汉穆拉比法典

的景象，不知道这是定期发生的一种自然现象，并不会带来什么灾难。

大约在公元前2300年，巴比伦人就预言了日食的发生。他们看到天空中移动的月亮，就能推算出它再过多久就会挡住太阳。你知道巴比伦人有多了解天体了吧！如果说天文学家是研究星象和其他天体的人，那么巴比伦人就是天文学家了。他们对太阳、月亮、星星这些奇妙的天体十分崇拜和熟悉。

巴比伦的第一任国王是萨尔贡一世，他大概生活在埃及人建金字塔的那个时代，我们对他的事情了解得很少。

差不多在公元前1770年，当时巴比伦的国王叫汉穆拉比，因为颁布了法典而遐迩闻名。他颁布的《汉穆拉比法典》一直保存到了现在，当然，我们已不必遵从它了。法典使用的是楔形文字，是镌刻在石头上的。你以前没有听说过像萨尔贡和汉穆拉比这样奇怪的名字吧，虽然名字很奇怪，但他们都是真正管理人民的国王。

第6章
奥林匹斯山上的众神

从前有个叫赫楞的人——男人叫这个名字听起来怪怪的。他有非常多的子孙，他们自称为赫楞人。赫楞人生活在很小的一块陆地上，这块陆地伸进地中海，被他们叫作"海拉斯"。有一次我不小心把一瓶墨水打翻在桌子上，墨水洒在桌子上，形成了弯弯曲曲的印迹，看起来就像地图上的海拉斯，虽然海拉斯的面积不如美国的一个州大，可它在历史上却是非常出名的，海拉斯就是我们所说的希腊，在那里生活的人叫希腊人。

在犹太人离开埃及的前后，正好是人类进入铁器时代的时期，时间也就是公元前1300年左右，也正是在那个时候，人们知道了希腊和希腊人的存在。

希腊人信仰多神教，而犹太人和现在的美国人一样只信仰一个上帝。在神话故事当中，希腊人信仰的那些神祇的样子一点也不像神，倒像是普通人。他们给这些神塑造了许多的雕像，还为他们写下了许多的故事和诗歌。

希腊人信仰的主神有12个——正好一打,其中有一半是女神。他们认为神都居住在奥林匹斯山上(希腊最高的山)。这些神灵有善恶之分,他们时常争吵,相互欺骗,甚至做过许多坏事。神灵们吃的食物味道十分鲜美,他们喝的酒是仙酒,吃的水果是仙果。希腊人认为喝了仙酒和吃了仙果就能长生不老,所以神仙都是不死之身。

让我来给你们介绍一下这些神的家族吧。你们一定非常愿意了解一下他们。他们大多数都有两个名字,一个是在希腊神话中的名字,另一个是在罗马神话中的名字。我放在前面的是他们在希腊神话中的名字,放在后面的是他们在罗马神话中的名字。

宙斯或叫朱庇特,是众神之父,也是所有人类的王。他坐在宝座上,手中拿着一根"之"字形的权杖,名叫雷电(也叫霹雳)。他旁边通常都有一只鹰,那只鹰是鸟中之王。

赫拉或叫朱诺,是宙斯的妻子,也是众神的女王。她手握权杖,她的爱鸟——孔雀经常在她的左右。

波塞冬或叫尼普顿,是宙斯的一个兄弟。他掌管大海,是海神。他驾着一辆由海马拉的战车,手持三叉戟,这种武器看上去像有三个尖头的干草杈。他只要挥动三叉戟,就能在海上掀起风暴,或让海面平息风浪。

赫菲斯托斯或叫伏尔甘,是火神。他是个瘸腿的铁匠,传说他的铁匠铺是在一个山洞里,有火山喷发时,人们就说是伏尔甘在山里面锻铁呢,火山(volcano)就是按照他的罗马名字(Vulcan)命名的。

阿波罗,是所有男性神灵中最为英俊的一个,他的名字在希腊神

话和罗马神话中都是一样的。

阿波罗不仅是太阳神,也是掌管音乐和歌曲的神。希腊人说,他每天早晨驾着太阳战车从东方出发,穿过天空一直向西,带给人们温暖的日光。

阿耳忒弥斯或叫狄安娜,是阿波罗的孪生妹妹,她是月亮女神和狩猎女神。

阿瑞斯或叫马尔斯,是可怕的战神,他只有在战争时心情才会好——所以他多数时候都是快乐的(因为战争时常发生)。

阿波罗和两位缪斯,右侧为阿波罗(庞培奥·巴托尼绘)

维纳斯的诞生(桑德罗·波提切利绘)

赫耳墨斯或叫墨丘利，是众神的信使。他的头盔和鞋子上都有翅膀，手持一根带飞翼的神奇木杖，或叫魔杖，如果在两个争吵的人中间挥动这根魔杖，他们马上就会和好如初。有一天，赫耳墨斯看到两条蛇在打架，他把魔杖在它们中间挥舞了两下，两条蛇马上就像恋人那样拥抱、缠绕在了他的魔杖上。自那以后，这两条蛇就一直附在他的魔杖上。这根魔杖叫"节杖"，又称"双蛇杖"。

雅典娜或叫密涅瓦，她是智慧女神。她出生的经历非常奇特。有一天，宙斯突然感到头疼得厉害，后来他实在忍不住了，就叫来赫菲斯托斯，就是那个瘸腿的铁匠，叫他用锤子敲自己的头。赫菲斯托斯觉得这个请求非常奇怪，但他又必须服从众神之王的命令。所以他狠狠地在宙斯头上敲了一锤。结果，雅典娜穿着盔甲、全副武装地从宙斯开裂的脑袋里冲了出来，她出来后，宙斯的头也不疼了。因为雅典娜诞生在宙斯的大脑中，所以她是智慧女神。她在希腊建立了一个非常伟大的城市，用她自己的名字雅典来命名它。据传，她就像妈妈守护孩子一样，守护着这座城市。

阿芙洛狄忒或叫维纳斯，是爱与美的女神。她是最漂亮的女神，就像阿波罗在男神中是最英俊的一样，据说她是在大海的泡沫中诞生的。她的儿子叫厄洛斯或叫丘比特，是一个胖乎乎的小男孩，背着一个箭袋。他的工作就是把人们看不到的箭射在人们心上，被射中的人不会死亡，而是会马上爱上某个人。所以在情人节的时候人们总是用一支穿过红心的箭来代表坠入爱河的情侣。

赫斯提或叫维斯塔，是掌管家事和炉灶的女神，她守护着家庭。

得墨忒耳或叫色列斯，是主管农业的女神。

以上就是奥林匹斯山神家族中的12位重要成员。

哈得斯或叫普路托，是宙斯的哥哥，他住在阴间，冥界归他统治。

除此之外，还有一些半人半神的和一些不怎么重要的神，比如命运三女神、美惠三女神和九位掌管艺术的缪斯女神。

天空中的一些行星也是以这些神的名字来命名的。朱庇特（木星）是最大的行星。马尔斯是那颗鲜红如血的火星的名字。维纳斯是美丽的金星的名字，此外，还有墨丘利是水星，尼普顿是海王星，普路托是冥王星的名字。

希腊人对神灵的祈祷与我们不同。我们是闭目跪拜，而他们是站在那里，双臂向前伸开。他们不祈求神灵宽恕自己的罪行，或赐予自己幸福，而是祈求能在战争中获胜和不受伤害。

祷告时，他们会献上祭品，多是一些水果、美酒、牲畜和蜂蜜等，他们希望用这些祭品来讨好神灵，这样神就会帮助他们实现愿望。他们把酒泼在地上，认为这是神的意思。他们杀死牲畜，在祭坛上支起火架来烧烤，这就是献祭。他们认为，即使神灵不能喝酒吃肉，也会喜欢有人奉献东西给他们。直到今天，当某人把某物奉献给另一个人的时候，我们就说他做出了"牺牲"。

在献祭时，希腊人会寻找一些迹象，他们可以从中发现神是否对献上的牺牲满意，是否会答应他们的请求。比如天空划过的闪电，头顶飞过的鸟群，哪怕只有一些小事情发生，他们都认为那是有寓意的，他们把这叫作预兆。有些预兆在他们看来是好的，表明神灵会满足他

们的要求，有些预兆则表示是不祥的。不但古代的希腊人是这样，现如今还有些人也相信这种预兆，比如说，有一轮新月在你的右肩上方，这就是好兆头，如果你打碎了咸盐罐子，就说明你要走霉运。

在雅典城的不远处有座名叫帕纳塞斯的山，山附近有个城市叫德尔斐。德尔斐城里有一道裂缝，从裂缝里能够涌出像火山喷发时所释放出来的那种沼气。在希腊人的眼中这沼气就是阿波罗的呼吸。那里有个女祭司，在裂缝上方的一个三条腿的凳子上坐着，吸入沼气后，她就会变得神志不清，疯疯癫癫，就像人们发高烧时一样。当人们问她问题时，她就会说出一些稀奇古怪的话来，之后，旁边的其他祭司再来告诉大家她说的话是什么意思。这里被称为德尔斐神庙，女祭司回答人们的话就是德尔斐神谕。有许多人从远方来到这里发问，他们希望从神谕中找到答案，他们认为那是阿波罗在回答他们的问题。

奥林匹斯众神（拉斐尔·圣齐奥绘）

当希腊人想预知未来或解开心中的迷茫时，就会去德尔斐神庙寻求神谕的启示，他们非常相信神谕告诉他们的一切。但是，神谕的答案就像是一个谜，可以有多种解释。比如，有个国王想要跟另一个国家打仗，他去问神谕谁会获胜。神谕回答："一个伟大的王国将会灭亡。"你觉得这样的神谕是什么意思呢？像这种回答，你可以有两三种解释。现在人们把这种晦涩、多义的语言叫作"神谕式的"。

第 7 章
神话故事中的战争

一个国家的历史通常以战争开始，也以战争结束。在希腊历史上发生的第一桩大事件就是一场战争，即著名的特洛伊战争。它发生在人类进入铁器时代后不久，大约公元前 1200 年。可我们不仅无法确定这场战争的时间，而且也不能肯定这场战争是否真的发生过。因为几乎所有关于这场战争的情形，都是我们从神话故事中看到的。这个故事是这样的：

有一次，奥林匹斯山上的众神参加一场婚宴，一个没有被邀请的女神往桌子上扔了个金苹果，上面写着——

给天下最美的女神。

扔下这个金苹果的是纷争女神，恰如其名，她真的引起了一场纷争。和爱慕虚荣的人们一样，每个女神都认为自己是天下最美丽的，所以这个金苹果应该归自己所有，最后，她们找了一个叫帕里斯的

牧童，让他来评判谁是最美的女神。

每个女神都对帕里斯表示，如果他选中自己，就送给他一件礼物。赫拉，众神之母，答应让他当上国王；智慧女神雅典娜许诺让他成为智者；而阿芙洛狄忒——爱神，则保证让这世界上最美的女人做他的妻子。

其实，帕里斯不是个牧童，他是特洛伊国王普里阿摩斯的儿子，特洛伊城地处希腊对面的海岸上，当帕里斯还是个婴儿时，他就被丢弃在山上，被一个牧羊人发现，这个牧羊人把他带回家，当作自己的儿子抚养，直到长大成人。

帕里斯并不想做国王，他也不想成为智者，他想让这世界上最美的女人做他的妻子，因此他把手中的金苹果送给了爱神阿芙洛狄忒。

当时，世界上最美丽的女人是海伦，可她已经嫁给了斯巴达的国王墨涅拉俄斯。但是爱神阿芙洛狄忒不管这些，她叫帕里斯去希腊的斯巴达城找到海伦，然后跟她私奔。于是，帕里斯就去斯巴达见国王墨涅拉俄斯，国王以皇室的礼节款待了他。尽管帕里斯受到这样隆重的接待，并取得了国王的信任，可他在一天晚上还是把海伦偷偷地带走了，和她一起渡海回到了特洛伊。

墨涅拉俄斯和希腊人十分愤怒，他们立即准备开战，向特洛伊进军——夺回海伦。那时，为了防御外敌，所有的城市外面都有城墙。那时没有机枪，没有大炮，也没有现代战争中那么多恐怖的致命武器，想要攻陷和进入一个有城墙的城市非常困难。特洛伊的城墙非常坚固，希腊人打了十年仗也未能成功攻破它。

最后，希腊人想出了一个特别的方法，他们造了一匹巨大的木马，把士兵藏在木马的肚子里，然后将木马放在特洛伊的城墙外面，佯装停战，驾船离开了。随后，希腊人安排的间谍告诉特洛伊人，木马是神送来的礼物，他们应该把它弄进城里。特洛伊的一个名叫拉奥孔的祭司劝阻大家不要动那匹木马，他怀疑这是个奸计。但没有人听他的话，因为他们想要那匹木马。你要知道当人们一门心思想要做什么事时，根本听不进去别人的劝告。

就在这时，几条大蛇从海里游上岸来，袭击了拉奥孔和他的两个儿子，缠绕在他们身上，导致他们窒息而死。特洛伊人认为这是神灵的警告，即上天预兆，那就是他们不应该相信拉奥孔。所以，他们决定不听他的劝阻，而将木马搬进城来。但是木马非常大，从城门根本

特洛伊之火（亚当·埃尔斯海默绘）

进不去，为了把它弄进城，他们只好将一部分城墙拆掉。当晚趁着月色，钻出木马的希腊士兵打开了城门，等候在外面的希腊人从城门和特洛伊人拆毁的城墙那里进入城里，攻下了特洛伊，整个城市被烧得片甲不留，海伦也被丈夫接回了希腊。因为这个木马计策，有句谚语流传至今："当心希腊人送的礼物。"意思就是要十分小心给你送礼物的敌人。

有两部很长的叙事史诗是描写这场战争的，有人认为它们是迄今为止最美的诗歌。一部名叫《伊利亚特》，是以特洛伊城的名字命名的，因为伊利亚特就是特洛伊的另一个名字，这部长诗写的就是特洛伊战争。另一部《奥德赛》写的是特洛伊战争结束后，一位希腊英雄回家路上的历险故事。这位英雄叫奥德修斯，长诗的标题就是来源于他的名字，他还有个名字叫尤利西斯。《伊利亚特》和《奥德赛》这两部史诗都是希腊诗人荷马写的，据说他生活在公元前700年前后。

荷马是一位吟游诗人。我们所说的吟游诗人就是到处流浪，唱歌曲和史诗给人们听的诗人。荷马也许是收集了一些古老的传说，随后写成了这两部史诗。平时，吟游诗人唱歌时都用里拉（古希腊的一种竖琴）伴奏，作为回报，他会得到一些观众给的吃的和住所。

人们十分喜欢荷马的这些长诗，他们把这些诗歌记在心中，荷马去世后，母亲们就把这些诗歌唱给她们的孩子听。诗歌是用希腊文记载成书的，一直流传至今，如果你以后有机会学习希腊文，那一定要读读它们，如果你没有机会学希腊文，至少可以看看英文或中文译本。

刚才我说了,荷马的诗歌很有可能是改编自古老的传说。而关于他本人,也有非常多的传闻,我们无从考证其真假。传说荷马是个盲人。现在,有七座城市都骄傲地宣称荷马是在它们那里出生的,你可以算算,这一下子就是七种传说!

第 8 章
传说中最聪明的王

在荷马诞生前的几个世纪,一位伟大的犹太国王在迦南吟唱着另一种精彩的诗章。这个国王名叫大卫,他并没有皇室血统。他原本只是犹太王扫罗军队里的一个牧童。接下来我就告诉你他是如何当上国王的。

你应该记得犹太人最初是没有国王的,但他们希望有个国王,最后他们选扫罗当了国王。

《圣经》里曾记载了巨人哥利亚被大卫杀死的事情。这个故事我们大家都很喜欢,因为小人物利用自己的聪明才智战胜了大块头的恶霸。

扫罗王有个女儿,她爱上了这个年轻、勇敢、有着健壮体魄的大卫——那个杀死巨人的英雄,最后他们成了夫妻。

扫罗去世后,大卫坐上了国王的宝座,他是犹太人历史上最伟大的国王。虽然扫罗也当过国王,可他没有宫殿,只是住在帐篷里,他甚至连一个都城也没有。

大卫和哥利亚（纪尧姆·库尔图瓦绘）

而大卫征服了迦南的一个叫耶路撒冷的城市，并把犹太人的都城建在了那里。大卫不但是个英勇的武士和伟大的国王，而且他还有非常好的文采，他的诗篇全是精华。

走街串巷的吟游诗人荷马歌颂神话里的众神，而大卫则颂扬他唯一的主。

这些颂歌就是赞美诗，现在的教堂和犹太会堂里仍然要诵读和歌唱这些赞美诗。

如今，最受欢迎的歌曲最多也就流行几个月，但是三千多年前大卫写的这些诗歌却流传至今，经久不衰。其中第二十三首赞美诗开篇写道："耶和华是我的牧者。"这首诗歌的旋律最优美，人们都非常喜欢。大卫把自己比喻为绵羊，而主就是细心的牧羊人，他悉心照看着羊，让羊生活得舒适和安全。

所罗门是大卫的儿子,大卫死后,他继承了王位。

如果有个善良的仙女问你,在这个世界上你最想要得到什么,你会如何选择呢?据传,在所罗门成为国王后,上帝出现在他的梦中,问他最想得到什么。所罗门不想要财富和权势,于是他回答说他想要智慧,上帝说会使他成为世界上最有智慧的人。下面的这个故事就能看出他多有智慧了。

有一次,两个女人抱着一个婴儿来找所罗门,她们都说这婴儿是自己的亲骨肉。所罗门叫人拿来一把剑,说道:"把这个孩子砍成两半,分给她们一人一半。"其中一个女人听后心疼地哭了,说宁愿把孩子让给另一个女人。于是,所罗门知道了婴儿真正的母亲是谁,下令把孩子还给她。

所罗门用大理石、黄金、珠宝和香柏木建造了一座庙宇,这座庙

所罗门的审判(彼得·保罗·鲁本斯绘)

宇宏伟壮观，香柏木相当名贵，是专门从邻国运来的，而墙壁上的黄金和上面镶嵌的珠宝更是绚丽夺目。随后，他又为自己建造了一座富丽堂皇的宫殿。所罗门的庙宇和宫殿在当时非常有名，世界各国的人都到这里参观，络绎不绝。《圣经》里面说起所罗门的庙宇和宫殿多大时，都是用肘尺而不是用米来计算，一肘尺是一个男人从肘部到中指尖的距离，长度大约是0.45米。

来到这里参观的人中，有一位示巴女王穿越了阿拉伯半岛，不远万里前来聆听所罗门的箴言妙语，参观他建造的宫殿和庙宇。即使当时这些宫殿和庙宇被人们认为很奢华，可是你要知道，那毕竟是在公元前1000年，相比于现代的华美建筑，所罗门的宫殿和庙宇就没有那么出众了。

如今，所罗门的宫殿和庙宇早已荡然无存，可他的妙语箴言却被译成了多种文字，仍被世界各地的人们诵读。假设他的宫殿和庙宇今天还在，与世界上那么多辉煌的建筑相比，也像是个玩具了。可直到现在也没有人敢说自己说的话就比所罗门的箴言更有智慧。不信，你就来试试。所罗门的名言记录在《圣经·旧约》的箴言篇中，这是其中的几句：

> 软语息怒，
> 恶言引火。

这是什么意思呢？

第∞章 传说中最聪明的王

善名胜过巨富,

恩爱贵于金银。

这句话是什么意思呢?

任他人赞美而不自夸。

这又是什么意思呢?

犹太人最后一位伟大的国王是所罗门。他去世之后,犹太民族出现了分分合合的局面。在经历了600年后,犹太王国最终四分五裂。有近两千年的时间,虽说犹太人遍布世界各地,却一直没有自己的国王,没有国都,没有一个自己的国家。最后,他们建立了以色列,就在过去被称为迦南的那片土地上。

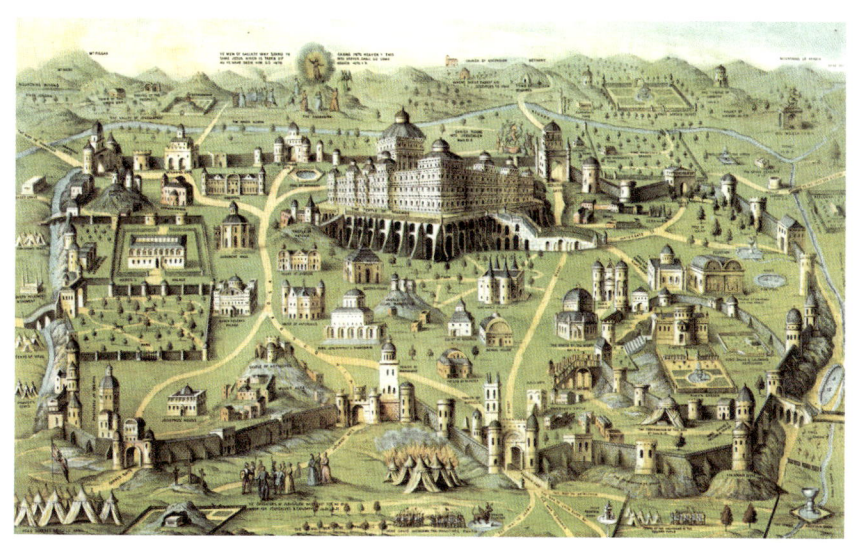

耶路撒冷古城和所罗门圣殿

第 9 章
发明字母"ABC"的人

在很久以前——那时人类还没有文字、不懂得书写——有一个叫卡德摩斯的木匠在干活儿时，突然记起有一个工具落在家里了。于是，他随意捡起一块木头片，在上面画了几下，将它交给了奴隶，要他把木片带回去给女主人，还说他妻子见到木片就明白他想要什么了。卡德摩斯的妻子看过那个木片，二话没说就把那个工具交给了奴隶。奴隶非常吃惊，他觉得那块木片一定是通过某种神秘的方式将信息传递给了女主人。当他把工具交给卡德摩斯时，请求主人赏赐给他这块不寻常的木片，得到允许后，这块木片便成了他的护身符常常挂在身上。

希腊人所说的创造字母的人就是他。不过，我们觉得他只是个虚构的人物，希腊人很喜欢编这类故事。字母不可能由一个人发明出来。可是，卡德摩斯是腓尼基人，而我们知道早期的字母表的确是他们发明的，为后人使用的字母表奠定了基础。现在我们用的字母表发音很简单，就是 A、B、C……而希腊人读这些字母却非常复杂。他们将 A 读作 alpha，B 读作 beta……因此，希腊的孩子们学习字母是

从 alpha、beta 开始的，这也是我们把字母表叫作 alphabet 的原因。

也许你从来没有听说过腓尼基和腓尼基人吧？可是，要是没有腓尼基这个国家，现在的你可能还在学习象形文字和楔形文字呢！

读到这里你知道了，人们有过很笨拙的书写方式。如埃及人写字就得画画，巴比伦人写的字像鸡爪印。腓尼基人发明的字母表有 22 个字母，我们如今的字母表就是由它演变来的。

当然，我们现在用的字母表和腓尼基人当时用的已经大不一样。但是，他们的很多字母和我们现在用的字母的形状还是很相似，尽管这中间已经隔了三千年。比如：

腓尼基人的字母 A 是侧着写的——★

E 是反着写的——∃

O 是与我们一样的——O

腓尼基人和犹太人是邻居，和犹太人一样，他们也是闪米特人的后裔。他们的国家与犹太王国的北面接壤，在地图上它位于犹太国的

腓尼基人面琉璃
（公元前650—前550年）

腓尼基文化陶罐

上方，地处地中海沿岸。

腓尼基有个伟大的国王叫海勒姆，他和所罗门生活的时代相同。实际上，海勒姆和所罗门是好朋友，他曾派出一些最好的工匠去帮助所罗门建造耶路撒冷的神庙。可是，海勒姆和所有的腓尼基人都不相信犹太人的上帝。

腓尼基人敬奉的神灵有巴力神和莫洛克神，这两个神分别叫作太阳神和火神。他们还信仰名叫阿施塔特的月亮女神，在她的雕像前，他们用活生生的孩子作为贡品。这可是真事，不是童话故事！想想看，如果你是那时候出生在腓尼基的孩子，那该有多么可怕啊！

腓尼基人是非常了不起的商人，他们制作了很多的东西去卖。比如晶莹剔透的玻璃制品、象牙做的雕塑、精雕细刻的金银饰品等。他们还会织亚麻布和毛纺布，而最为有名的就是他们制作的印染布料和印染长袍了。

腓尼基人有一种鲜亮的染料，是从小蛤蜊的身体里提取的，这种染料呈紫色，是他们不传的秘方。而这种小蛤蜊就生活在提尔城附近的水域中，因此这种紫色以提尔城的名字来命名，叫作提尔紫。提尔紫十分鲜亮、美丽，所以，当时国王的长袍都是用提尔紫来染色的。

提尔和西顿是腓尼基的两座大城市，曾经也是世界上商业最发达的两个地区。

腓尼基人四处经商，他们驾船走遍了地中海的各个角落，甚至还到过大西洋，他们的出海口就是现在的直布罗陀海峡。当时叫作"赫拉克勒斯之柱"。他们的足迹远至非洲南岸和大不列颠群岛，那个

第9章 发明字母「ABC」的人

腓尼基圣甲虫戒指（公元前6—前5世纪）

年代，许多人都没有想到驾船能够走那么远，他们认为走到海洋的边缘就会掉下去。而腓尼基人并不担心这个，所以他们是那个时代最伟大的航海家和商人。他们的船只都是用山坡上生长的香柏树建造的，这种树也被称作黎巴嫩雪松。

腓尼基人在对待香柏树的问题上目光非常短浅。他们几乎把香柏树都砍光了。最终导致再也没有这种完美的木料来制作船或是其他的东西了。你想现在的我们怎么可能做这种事呢？

只要腓尼基人发现适合停泊船只的港口，他们就会在那里建起镇子，与当地人做买卖。他们用那种成本很低的紫色布料换来金银和其他贵重物品，从中能赚到很多。在北非沿岸他们也建起了一些城镇，其中有一个叫迦太基，迦太基后来变得非常强大和繁荣——有关它的故事，我们在后面还会讲到。

049

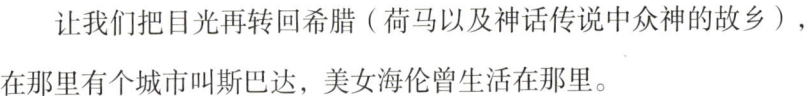

第10章
铁血的斯巴达人

让我们把目光再转回希腊（荷马以及神话传说中众神的故乡），在那里有个城市叫斯巴达，美女海伦曾生活在那里。

大约在公元前900年，斯巴达有个名叫莱克格斯的男人，这在希腊语中是个非常硬朗的名字。当你听完这个人的故事后，可能会认为这个人也是条硬汉子。莱克格斯确实是个很刚强的男子汉，他的愿望就是让斯巴达成为世界上最强大的城市。

首先，他得弄清楚怎样才能使一个城市和它的人民变得强大起来。

他外出游历了好多年，几乎走遍了世界上所有的大城市，想看看自己能否发现这些城市变得强大起来的原因。下面就是他的发现。

有些地方的人们就希望每天能开心、快乐，有东西可以消遣，日子过得舒舒服服，他发现那里的人们就没有大的作为，当然就不够强大。

还有些地方的人们总想着努力工作，不论是开心还是不开心，都本分地做着应该做的事情，他发现这些人往往能有所作为，受人重视，

当然能够强大。

后来,莱克格斯回到家乡斯巴达,着手制定了一系列规则,他认为按照这些规则生活,就能使他的人民比世界上别的民族更强大。这些规则叫"法典",我想你会赞同我说的,这些规则都非常严酷,它们确实让斯巴达人变得强壮——"简直像铁钉一样坚硬"。我们再来看看,这些法典是否真使斯巴达变得强大起来了呢?

斯巴达人的训练可以说是从婴儿开始。婴儿出生后,大人会检查他(她)是否健康强壮。如果婴儿看着不健康,他(她)就会被扔到山里去,任其自生自灭。因为莱克格斯希望斯巴达没有弱者。

莱克格斯展示军事训练的重要性(阿拉特·范·埃弗丁恩绘)

男孩长到7岁就要离开母亲到学校生活（说是学校，其实更像军营），从那时开始，他们就要一直待在学校，直到60岁。

在学校里，他们要学的东西和你现在学的完全不同，他们所要学的就是如何成为一名优秀的战士。

学校里没有课本。

没有语文课。

没有数学课。

没有地理课。因为没有人对世界有足够的了解，能写成一本地理教科书。

操练中的斯巴达青年（埃德加·德加绘）

也没有历史课。因为之前世界上发生的事情，人们都知之甚少。而且从那时到现在的历史还没有发生呢。

有的时候，斯巴达的男孩要被鞭打一顿，不是因为他做错了什么，只是要教会他在痛苦的时候不能哭，无论伤得有多重，只要哭了，就会是他永远的耻辱。

他一直要运动、训练、工作，直到他倒下为止。不管多么累、多么饿、多么困，身体有多疼痛，他都必须一直坚持下去，而且，不能表现出一丝受了委屈的样子。

他要吃最不好吃的东西，长时间地忍受饥渴，在最寒冷的天气里穿得很少，或是根本不穿衣服，之所以这么做就是为了能适应和忍受各种艰苦的环境和条件。这样的磨炼和训练叫"斯巴达式训练"。你会喜欢这样的训练吗？

斯巴达人的食物、衣服和住所都是国家免费提供的，但是它们都特别的差，特别的简陋。吃美食、睡软床、穿好衣服都不被允许。他们把这些看作奢侈和享受，而莱克格斯认为沉迷于奢侈会让人变得柔弱、怠惰，他希望他的人民能够坚强和勤劳。

在讲话方面，斯巴达人要求做到简单、直接，没有一个多余的字词，尽可能用最少的语言来表达意思。这种说话的方式叫作"拉科尼亚式"（laconic，即简洁的——译者注），斯巴达所在的州也叫拉科尼亚州。以前有个国王给斯巴达人写了封恐吓信，在信里说他们最好按照他的要求做，但敢不服从，他就会来占领他们的国家，毁掉他们的城市，使他们都沦为奴隶。

斯巴达人叫信差送去了回信,那个国王打开一看,信里面就一个字:

"敢!"

直到今天,我们还把这种简短、切中要害的回答,叫"拉科尼亚式"的回答。

这样艰苦的训练和拼命的工作使斯巴达人成为世界上最强大的人了吗?

莱克格斯的确使斯巴达人成了世界上最强壮、最优秀的战士——

三个射箭的斯巴达青年(克里斯托弗·威廉·埃克斯伯格绘)

斯巴达人征服了周围各国的人民，尽管这些国家的人民数量是他们的十倍之多；他们使这些人成为他们的奴隶，为他们种地和干活。但是，我们以后会知道莱克格斯的想法是否正确。

斯巴达北部是希腊的另一座大城市——雅典。当然了，希腊有很多城市，但斯巴达和雅典是最重要的两个。雅典人的生活和想法，与斯巴达人的完全不同。

不同于斯巴达人强调纪律和用军事化的态度处理一切，雅典人喜欢一切美的东西。

雅典人和斯巴达人一样热爱各项体育运动，但除此之外，他们还热爱音乐和诗歌，热爱美丽的雕塑、油画、建筑物和所有精美的艺术品。

斯巴达人认为锻炼身体是最重要的，而雅典人则认为内心的修养和锻炼身体一样重要。你更喜欢哪个想法呢？是雅典人的，还是斯巴达人的？

有一次，雅典和斯巴达之间举行了一场重大的比赛。有个年纪很大的老人在雅典人那边找位子，可是已经没有空位，也没有一个雅典人为他让座。后来，斯巴达人把老人请过去，在他们那边给他找了一个最好的座位。雅典人为斯巴达人的举动欢呼雀跃，表示他们多么赞同斯巴达人的做法。对此，斯巴达人这样回应道：

"雅典人知道什么是对的，可却不付诸行动。"

第11章
奥林匹克的桂冠

希腊的小伙子，甚至姑娘们都十分喜爱户外运动。

那时候，没有篮球、足球或是棒球，最普及的运动项目就是跳高、跑步、拳击、摔跤，还有掷铁饼——那种又大又重的铁盘子。

在希腊各地经常举办这种比赛，看谁在这些运动项目上最出色。

可最大的体育盛会要每四年才举行一次，比赛的地点就在希腊南部的奥林匹亚。届时，全国各地的优秀选手都会云集此地，在他们中间决出全希腊的冠军。

当时，希腊最盛大的节日就是举办这个比赛的日子，因为这个活动是以希腊神话中众神之首——宙斯的名义举办的。有世界各地的人们前来观看，就像现在的人们去看奥运会和世界杯一样。

只有希腊人才允许参加比赛，而且参加者不能有任何犯罪前科和违法行为，就像现在的孩子也必须品行优良，才能参加学院或学校的校队。在古希腊，只有男人和男孩子才能在奥林匹克运动会上进行比赛。

如果碰巧在举办奥林匹克运动会的时候有战争发生，那么将会停止战争，每个人都去参加比赛。任何事情都不能干扰运动会的正常举行，相比之下，战争退到了次要的地位。"先办正事！"运动会结束了，大家再继续开战。

为参加这一重大赛事，希腊的男人和小伙子们要准备四年，在运动会开始之前的九个月，他们会到奥林匹亚附近的露天体育场去训练。

运动会开五天，开始和结束时都有队伍游行，要向希腊众神祈祷和献祭，会场里面摆满众神美丽的雕像。因为这不仅是一场运动会，也是纪念宙斯和其他众神的一个仪式。

比赛的项目很多，包括赛跑、跳高、摔跤、拳击、战车比赛和掷铁饼。

任何在比赛中作弊的运动员都会被取消资格，而且终身不能再参加比赛。希腊人信奉我们现在所说的体育精神，他们获胜了不骄傲，

古希腊式搏击，古希腊奥林匹克运动项目

希腊花瓶画上的里拉琴（也称七弦琴）

失败了不气馁，更不会嚷嚷说判决不公平。

在一个或多个项目上夺冠的运动员就是全希腊的英雄，尤其会成为他代表参赛的那个城市的英雄。不过，获胜者并没有奖金，人们会把用月桂树叶编织的花环戴在他的头上。在他看来，这个花环可比现在运动员获得的金牌、银牌要贵重得多。除了荣获桂冠外，还会有诗人为他写赞歌，有雕塑家为他塑像。

除了体育竞赛，还有诗人和音乐家之间的比赛。他们比赛谁写的诗歌最好，谁作曲和演奏的音乐最优美。他们演奏的乐器是一种叫七弦琴的小竖琴。这些比赛的获胜者得到的不是桂冠，但他们会在人们的欢呼声中被抬起来。在现代比赛中，我们也见过获胜后队长被他的队友们抬起来抛向空中的场景。

在希腊历史上，我们能确定的第一个事件，就是在公元前776年，奥林匹克运动会上的赛跑纪录。从这次比赛后，希腊人开始计算时间，所以公元前776年是他们的第一年，就像我们从耶稣诞生的时候起开始公元纪年一样。

两次奥林匹克运动会之间的四年称作一个奥林匹亚德（奥林匹克周期）。在此之前，他们还没有年、月、日的记载，所以公元前776

第二章 奥林匹克的桂冠

年是第一个奥林匹亚德的起始年。之前的希腊历史可能有些是真实的,但我们知道大部分是虚构的。从公元前776年开始,希腊历史多半是真实的了。

在奥林匹克运动会停办了很长时间之后,人们认为举办奥林匹克运动会是件好事。于是,相隔两千多年后,第一届现代奥林匹克运动会在公元1896年举行,不过,这一次不是在奥林匹亚,而是在雅典。过去奥运会总是在希腊举行,现在则是在不同的国家举办。过去只有希腊人有权利参加,现在几乎全世界所有国家的运动员都来参加。过去只有男人参加,现在世界各地的女性也都参与进来。过去只要运动会开始,战争就要中止;现在只要在打仗,运动会就会停办。

我们前面已经提到过斯巴达式训练,你可能会猜测他们总能赢得大多数运动项目的冠军吧,事实的确如此。

在现代奥林匹克运动会上,斯巴达人是否仍然能赢得大多数奖项呢?

回答是不能,现在就是整个希腊也夺不了最多的冠军了,因为希腊现在只是众多国家中的小小的一员。

第12章
罗马城的开端

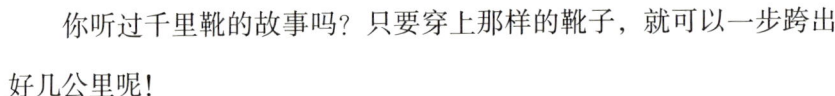

你听过千里靴的故事吗？只要穿上那样的靴子，就可以一步跨出好几公里呢！

这儿还有个更大的靴子，它有500英里那么长，就在地中海上。

不，它并不是真正的靴子。只不过，若是你坐在飞机上从高空往下看，它看上去真像只靴子。

它就是意大利。

在希腊第一个奥林匹亚德不久，意大利发生了一件大事。这件事对意大利人非常重要，因此这一年被他们称为第一年。足足有1000年，意大利人都是从这一年开始纪年的，就像希腊人以奥林匹亚德纪年和我们以耶稣诞生日纪年一样。不过，这件大事并不是有关哪个人的诞生，而是一个城市的诞生，这个城市就是罗马。

与希腊历史一样，罗马历史也是从神话故事开始的。古希腊诗人荷马讲述了英雄奥德修斯流浪的故事，许多年之后，古罗马诗人维吉尔也写了一部伟大的史诗，讲述的是一个叫埃涅阿斯的特洛伊人的流浪生活。

当特洛伊城被焚烧后,埃涅阿斯逃离了那里,经过几年的颠沛流离,他来到了意大利中部,台伯河的河口处。在那里,他遇到了国王的女儿拉维尼娅并娶了她,从此过上了幸福的生活。后来,他们的孩子成了这块土地的统治者,子子孙孙,一代又一代,直到许多年后,有两个孪生兄弟诞生了,一个叫罗慕路斯,另一个叫瑞摩斯。到此为止,故事的第一部分便结束了,烦恼自此开始,他们此后的生活就不幸福了。

在这对双胞胎出生时,有人夺走了他们世袭的王位。此人担心两个孩子长大后会夺回王位,于是他把双胞胎放在篮子里,将篮子扔到了台伯河里。他希望这篮子会顺流而下,把他们带进大海,或者干脆就翻在河里淹死。他觉得自己这么做也没什么不对,毕竟没有亲手杀死他们。可是,篮子既没有漂到大海,也没有翻在河里,而是漂到了

罗慕路斯和瑞摩斯
(约瑟夫·宾德绘)

岸上。有只母狼发现了他们，把他们当作自己的狼崽一样来喂养。有只啄木鸟也帮着用浆果喂他们。后来，有个牧羊人把他们带回了家，将他们当作自己的儿子抚养成人。这个故事听起来有点像我前面讲过的帕里斯的故事吧，他也是被丢弃到山上等死，结果被一个牧羊人发现并抚养长大了。

这两个孩子长大后都想当国王，但国王只能有一个，究竟由谁来当呢？他们两个都不想让步，为了这个事情两人争执不休。后来，罗慕路斯杀死了自己的亲兄弟瑞摩斯。公元前753年，罗慕路斯在台伯河岸边建了一座城市，也就是在那里，母狼救了他们兄弟俩。那儿有七座小山。罗慕路斯以自己的名字将城市命名为罗马，住在那里的人就称为罗马人。此后，罗马的国王总说他们是特洛伊英雄埃涅阿斯的后裔，就是因为埃涅阿斯是罗慕路斯的曾曾曾曾祖父。

你一定认为这个故事是虚构的吧？其实我也不信。但这是一个很古老的故事，差不多每个人都听说过，尽管它只是个传说。

相传，为了让人们来罗马定居，罗慕路斯找来了很多小偷和越狱的逃犯，并保证他们在罗马的人身安全。

但是，这里的男人们都没有妻子，这个新城市里面没有女人。于是，罗慕路斯又想了个办法，帮这些人成了家。他邀请住在附近的萨宾人——包括男人和女人——前来罗马参加一个盛大的宴会，盛宴开始了，当所有人（包括萨宾人）都在大吃大喝的时候，有人发出了一个暗号，于是罗马人开始动手，每个人抢到一个萨宾女人后便撒腿就跑。

萨宾的男人们立即召集了军队，要和这些抢走他们妻子的罗马人打仗。正当两军要开战时，那些被抢的萨宾女人跑了出来，站在她们的现任丈夫和前任丈夫面前，请求他们不要开战，并说她们已经爱上了现在的丈夫，不愿意再回原来的家了。

你怎么看这件事呢？

一个新城市是这样建立的，可真够糟的，是不是？你可能会非常好奇罗马后来会变成什么样——这座城市以罗慕路斯杀死自己的兄弟为开端，之后，来了一些小偷和逃犯，后来又抢了邻居的老婆。这倒让我们想要留心一下罗马城以后的历史，看看罗马人是否还会继续做这样邪恶的事情。

萨宾妇女（雅克–路易·大卫绘）

第13章
亚述与尼尼微城

罗马城的开端非常糟糕,第一个国王罗慕路斯就是杀害自己兄弟的人。罗慕路斯死后,一个又一个的国王接连上任,其中有一些国王还不错,而有些国王就做得很差了。

当时,世界上最有名的城市坐落于离罗马很远的底格里斯河河畔。这个城市叫尼尼微,这里住着亚述国的国王。还记得我们在前面讲过的亚述吗?

关于亚述和亚述人,我们听到最多的,就是他们总是在与邻国交战。不过,这并不是因为他们的邻国有什么不好。

因为住在尼尼微的亚述国王贪图更多的土地和更大的权力,所以他们不断地攻打邻国,掠夺它们的土地。这些国王都留很长的螺旋形鬈发,他们因凶残善战而远近闻名,人们都很害怕他们。他们对待俘虏十分残忍,经常使用酷刑:活剥皮、割耳朵、拔舌头、扎眼睛等。每当说起这些酷刑,他们还觉得很骄傲。他们要那些被征服的人上缴大量钱财,还要那些人保证随时和他们一起去打仗。

这样一来，亚述变得越来越强大，世界上的很多地方都被它攻占了，包括两河流域的美索不达米亚和东边、北边、南边的土地，还有腓尼基和埃及。

亚述的国王们在尼尼微统治着这个变得越来越强大的国家。他们为自己建造了极其奢华、宏伟的宫殿，在每条通往宫殿的道路两边耸立着一排排巨大的雕像，雕的是一些长着翅膀和人头的公牛和狮子。这些长着翅膀的动物在《圣经》里面被称作"小天使"。

你可能听到过人们管可爱的婴儿叫小天使，这些亚述人的怪物也叫作小天使，是不是有点怪呢？

亚述国王不是和人打仗，就是和野兽开战，他们非常喜欢用弓箭打猎，有很多图画和雕像所描绘和雕刻的都是他们骑在马背上或是在战车上和狮子作战的情形。他们通常都会活捉那些被围住的野兽，然后把它们放在笼子里，让人们前来参观。这是不是听起来有点像我们

长着翅膀的人首牛身像

亚述国王狩猎

现在的动物园呢？

亚述国王们的名字都是稀奇古怪的，辛那赫里布是其中最著名的一个，他生活在公元前700年。有一次，他去攻打耶路撒冷，到了晚上整个军队都安营扎寨了，不知道在他们熟睡时发生了什么，到第二天早上时，没有人醒来，所有的人和马匹都死了。后来，英国诗人拜伦写了首诗叙述这件事，这首诗叫《辛那赫里布的覆灭记》。可能他们是被毒死的，你觉得呢？

大约在公元前650年，亚述巴尼拔做了国王。他同样骁勇善战，但同时又酷爱书籍和阅读，因此，他建造了第一个公共图书馆。这个公共图书馆中的书非常特别，它们当然不是那种印刷的书籍，甚至都不是用纸，而是用泥做的，上面的文字是在泥巴变干之前压上去的。

我前面讲过，这种文字叫楔形文字。书也不是放在书架上，而是成堆地放置在地上，不过，很有次序，还编了号，到图书馆看书的人只需报出序号就可以找到他要看的书。

楔形文字

亚述国在辛那赫里布和亚述巴尼拔统治时期达到了鼎盛，在亚述巴尼拔统治期间，尼尼微人对尼尼微的一切都感到十分满意，所以他们称这个时期是黄金时代。

尽管尼尼微的一切在尼尼微人看来都非常美好，可其他地方的人对亚述人却是又恨又怕，因为他们的军队给所到之处带来的只有毁灭和死亡。

亚述巴尼拔死后不久，尼尼微的两个邻国终于决定不再忍受亚述的暴政。这两个邻国分别是南边的巴比伦和东边的米堤亚。巴比伦人和米堤亚人联合起来攻打尼尼微，他们一起把尼尼微消灭了。公元前612年，尼尼微和亚述王国的强权政治土崩瓦解，史称尼尼微的衰亡，又称尼尼微的终结。

第14章
巴比伦与空中花园

巴比伦的国王击败尼尼微后并没有就此停下。因为他希望巴比伦也能像曾经的尼尼微一样强大，于是就去征服邻近的国家，直到巴比伦接替尼尼微成为其他国家的统治者和领导者。那么，巴比伦是不是也会像尼尼微一样走向覆灭呢？

在这位巴比伦国王死后，他的这一庞大的帝国交到了他儿子的手上。他的儿子不叫约翰、詹姆士、查理等这样简单的名字。他叫尼布甲尼撒，我怀疑他父亲叫他时会说出这么长的全名吗？他可能会叫他"尼布""甲尼"，或者"尼撒"这样简短一些的名字。

尼布甲尼撒的名字

尼布甲尼撒接掌王位后，把巴比伦城建成了当时世界上面积最大、最宏伟的城市。这座城市呈正方形，四面都围着城墙，墙高足有人身

高的50倍！城墙也非常宽，可以容一架战车驰骋。他在城墙上安装了100扇黄铜大门。幼发拉底河在城墙下流过，环绕全城，又从另一侧的城墙下流出。

尼布甲尼撒觉得巴比伦的女人都不够漂亮，不能做自己的王后。于是，尼布甲尼撒去了米堤亚，就是曾帮助他父亲征服尼尼微的那个国家，在那里，他找到了一位可爱的公主娶了她，并把她带回了巴比伦。

米堤亚这个国家境内大大小小的山峰众多，而巴比伦国内则是一望无际的平原，看不到一座山峦。尼布甲尼撒的王后看到巴比伦这样的平坦，一览无余，感到十分无趣，开始想念起了家乡，她十分怀念自己家乡重峦叠嶂的景致。为了取悦她，让她能安心待在巴比伦，尼布甲尼撒决定为她"建造"一座小山。奇怪的是，他把小山建在自己的宫殿之上！在这座小山的各个角落，他布置了很多美丽的花园，这些花园里不仅有花，也有树，这样，他的王后就可以坐在树荫下纳凉，

第14章　巴比伦与空中花园

尼布甲尼撒为取悦王后而修建巴比伦空中花园（雷内·安东尼·乌阿斯绘）

享受美景。这些花园叫空中花园。巴比伦的空中花园和巨大的城墙是举世闻名的世界七大奇观之一。

你想知道其他几大奇观都是什么吗?

让我来告诉你吧,埃及的金字塔算一个,矗立在奥林匹亚的宏伟的宙斯神像也是其中之一。还记得吗?奥林匹亚就是举办奥林匹克运动会的地方。这两个奇迹加上空中花园就占了七大奇观中的三个。

尼布甲尼撒和腓尼基人一样信奉多神教,而远在耶路撒冷的犹太人只信仰一个上帝。尼布甲尼撒想要犹太人也信仰他们的多神教,可犹太人不愿意。他想让犹太人向巴比伦交税,他们也不愿意。于是,他就派兵攻打耶路撒冷,毁灭了这座城市,烧毁了所罗门建造的那座华美的神庙,把犹太人和他们所有的财物都带到了巴比伦,并把犹太人都关进了巴比伦监狱。犹太人在巴比伦的监狱里做了七十多年的囚犯。

巴比伦不仅是当时世界上最壮观美丽的城市,也成了罪孽最深重的地方。巴比伦人追求享受。他们只想着"让我们吃好、喝好、过得开心";从不为明天打算;生活得越堕落,他们越开心。

不过,虽然尼布甲尼撒好像能够为所欲为,能得到世界上一切他想要的东西,可最终他还是疯了。他幻想自己是头公牛,总是用四肢着地,啃食青草,以为自己就是田野里的一头野兽。

而巴比伦呢?虽然有着巨大的城墙和铜铸的大门,最终还是灭亡了。巴比伦会被人占领?!这怎么可能呢?它是如何被占领,又是谁占领的它呢?你可能永远也猜不到。

第 15 章
宴会上的突袭

"不吃完晚饭，不能吃甜点。"

我小的时候，家人就是这么跟我说的，你可能也听到过父母类似的话吧？

不管我饿不饿，永远都是"不吃完晚饭，不能吃甜点"。我父亲说，这条规定是不可更改的，就像"米堤亚人和波斯人的法律"。

那个时候，我根本不清楚米堤亚人和波斯人是怎么回事，现在我知道了，他们是生活在巴比伦附近的两个印欧语系的民族——你还记得尼布甲尼撒娶的是米堤亚的女人吧——这两个民族是依据法律来管理国家的，这些法律很严格，不容变更，以至于我们现在说到一些不能改变的东西，还把它们比作"米堤亚人和波斯人的法律"。

米堤亚人和波斯人所信仰的宗教既不同于犹太人，也不同于巴比伦人。这种宗教的创始人是一个名叫查拉图斯特拉的波斯人，他是一个像所罗门那样的智者。查拉图斯特拉到各地的群众中，去传诵箴言和赞美诗。这些格言已被编撰成书。查拉图斯特拉说，这世界上有两

种伟大的神灵：善的神灵和恶的神灵。

他说，善的神灵代表光明，恶的神灵代表黑暗，他把主宰善的神灵（或称光明之神）叫玛兹达。波斯人总是让祭坛上的火燃烧着，因为他们认为善神是在火里面的。他们派专人看护，防止火熄灭。看护火焰的人称作麦琪，也就是古代波斯的祭司，据说他们能做各种神奇之事。就是我们常说的"魔法"，那些能做神奇事情的人叫"魔法师"。接下来，我给你讲个故事，这个故事发生在居鲁士（一个伟大的国王）统治米堤亚和波斯的时代。

不过，在讲这个故事之前，我得先提到一个小国。这个小国离特洛伊很近，叫吕底亚。这名字和常见的女孩名字"丽迪亚"很像吧。吕底亚当时的国王叫克罗伊斯，是世界上最富有的人。我们现在形容某个人很富有，依然会说"跟克罗伊斯一样富有"。

吕底亚王国有很多金矿，克罗伊斯几乎拥有这里所有的金矿。除了拥有这些金矿，他还以征税的名义向附近所有的城市搜刮财物。

在克罗伊斯之前，人们没有我们现在用的钱币。他们想要买东西，就用其他东西去交换——多少个鸡蛋换一斤肉，或是多少斤酒换一双鞋子。要买贵重的东西，比如一匹马，他们就要付一块金子或银子，买之前用天平称一下金子或银子的重量。我们今天很难想象人们当时没有硬币、纸币时怎么生活，但当时的他们的确是如此。

为了让买卖更便捷，克罗伊斯把金子分割成了小块。可是，人们在每次交易的时候都要把每块金子称一遍是很麻烦的，而且他还有可能没有随身带秤。克罗伊斯就叫人把切成小块的金子都称一遍，并把

称过的重量和他的名字或名字首字母刻在金子上，表明他保证这些金块的重量是真实的。这些刻着克罗伊斯印记的金块或银块，尽管不是圆形的，也不像我们现在的钱币上雕刻有美丽的图案，却是世界上首次出现的钱币。

现在，我们该说到那个故事，说到那位伟大的波斯国王居鲁士了。这位国王想要占领富裕的吕底亚，将这里众多的金矿据为己有。于是，他出兵去攻打吕底亚。

居鲁士的大军还在路上时，克罗伊斯就急忙派人去希腊祈求德尔斐神谕，询问将要发生的这场战争的结果——谁最终会赢（你还记得吗？我说过这个德尔斐神谕，人们总是找神谕寻求答案，想要知道他们的命运会如何，现在有些人还这么做呢）。

对克罗伊斯提的问题，神谕给出这样一个回答："一个伟大的王国将会灭亡。"

克罗伊斯非常高兴，他觉得神谕的意思是说居鲁士的王国将要灭亡。神谕说得没错，不过与克罗伊斯所理解的却是完全相反。

的确，有个伟大的王国灭亡了，但灭亡的是克罗伊斯的吕底亚王国，而不是居鲁士的王国。

在攻占了吕底亚后，居鲁士并没有就此罢休，之后他又攻打了巴比伦。

那个时候的巴比伦人只知道享乐，整日纸醉金迷，纵情声色。他们为什么要担心居鲁士的进攻呢？他们的城市有那么高、那么厚的城墙，而且他们的大门都是由坚固的黄铜制成。这样看来，似乎没有人

能攻占这座城池。

不过，你还记得吧，幼发拉底河从城墙下流过，正好穿过这座城市。于是，一天晚上，趁着巴比伦年轻的王子伯沙撒正在举办宴会，居鲁士派人修了一条水坝，把河水引向一边去了。接着，居鲁士的军队通过了没有了水的河床，占领了巴比伦，惊慌失措的巴比伦人都成了俘虏。据说，一些巴比伦的祭司做了居鲁士的内应，他们甚至为居鲁士军队打开了城门。因为他们认为巴比伦已经堕落得无可救药，是该灭亡的时候了。

如果这个时候斯巴达的莱克格斯还活着，他一定会说："我不是早就说过了吗，终日享乐的人从来都不会有好的下场。"

这一次突袭发生在公元前538年，很好记吧，5加3等于8。

两年后，居鲁士释放了五十年前从耶路撒冷掳来的犹太人，准许他们回到故土，犹太人"巴比伦之囚"的时代终结了。

今天，这座伟大的城市——罪恶的巴比伦，繁华壮观的巴比伦，有着巨大城墙、黄铜大门和空中花园的巴比伦——只剩下了一堆堆的黄土。

第 16 章
亚洲的文明古国

　　印度是波斯东边的一个国家，在那里生活的人叫印度人。当然了，印度人（Indians）和现在叫作印第安人(Indians) 的美洲原住民不是一回事。印第安人原来之所以也叫印度人，是因为早期的探险家到达美洲时，以为自己到达了印度或是东印度群岛，所以把住在那里的人叫成了印度人。

　　印度是早期文明的发源地之一，它也是沿着一条宽阔的河谷发展起来的。这条河是和印度这个国家的名字连在一起的，它叫印度河。

　　印度是一个非常古老的国家，它现在的邻居巴基斯坦曾经是它的一部分。大约在公元前 2500 年时，居住在印度河沿岸（也就是现在印度和巴基斯坦所在地）的人们，驾着船只沿着河岸做买卖。他们还发明了一套书写的方法来记录他们的生活。他们建造了许多大城市，城市里面有宽阔的街道，房子里甚至还有带下水道的浴室，浴室的下水道连着整个城市的排水系统。你觉得只有现代人才有排水系统吗？那你就错了。你看古印度人在很久以前就想出这种既卫生又方便的设施了。

最初，古印度人沿着印度河建造了一些城市，过了1000多年后，生活在他们西边的人入侵了他们的土地。这些人是印欧语系的人，他们来自靠近波斯的某个地方。初到印度时，他们还不会写字。不过，他们都是强壮的战士，在印度占领了越来越多的土地。原来的印度人和这些新来的入侵者渐渐地熟悉和适应了对方的习俗。

这个时期的印度社会中，主要分为四个"种姓"或等级。不同的种姓或等级之间不会有任何往来。比如，一个种姓的男孩或女孩绝不可以和另一个种姓的孩子一起玩；一个种姓的男人绝不能跟另一个种姓的女人结婚；一个种姓的人绝不会和另一个种姓的人一起吃饭。

最高的等级是僧侣和学者，各级官吏和士兵次之，农民和商人是第三等级，那些砍柴、挖土或担水的劳工是第四等级。

不过，劳工们还不是等级最低的！还有一些人，他们地位低下到不属于任何一个种姓，所以，他们被称为"弃民"和"贱民"。尽管印度试图改变这种状况，而且种姓区分已经被定为非法的行为，但依然是这些"贱民"在干着那些没有人愿意干的脏活儿，比如说，打扫街道、清理水沟、捡拾垃圾等。

现在的印度人口十分密集，它的面积大约只有美国的三分之一，但是人口却比美国的四倍还要多。想想这意味着什么！

今天，大多数印度人都信仰印度教，但是，在公元前300年到公元400年这七百多年的时间里，佛教一直很兴盛。它产生和发展的过程大致是这样的：

在公元前500年前后，印度诞生了一位王子，他的名字叫乔答摩·悉达多（即释迦牟尼）。乔答摩看到这世界上有太多的苦难和不幸，他认为自己只是因为幸运，才出生在贵族家庭，过着快乐的生活，可受苦受难的人太多了，他们一点儿也不幸福。因此，他放弃了自己高贵的出身和安逸的生活，投身于为人民造福的事业当中。

乔答摩教导人们向善，教人们诚实，还教他们去帮助那些穷困和不幸的人。一段时间后，人们开始尊称他为佛陀。大家都觉得他非常神圣和纯洁，最后人们认定他本身就是神的化身，所以把他当作神来敬仰。

这些信仰佛教的人被称作佛教徒，很快有了越来越多的佛教徒。佛教总是在劝人向善，所以，有大量群众成为佛教徒也就不足为奇了。

佛教徒认为他们的宗教很好，希望世界上有更多的人成为佛教徒。他们派出传教士，漂洋过海来到日本岛，从此，这个新宗教就被广泛地传播开来。现在，世界各地的佛教徒比美国的人口还要多呢。

你看出来了吧，印度这个地方非常重要，它是世界上最古老的文明发源地之一，也是世界上两大宗教——佛教和印度教最初的家园。

乔答摩·悉达多的诞生

第 17 章
擅长发明的中国人

几乎是在乔达摩于印度创立佛教的同时,中国有一位叫孔子的智者,他教导中国人应该做什么,以及不应该做什么。他的教诲记载在几本书里,后来逐渐成为中国人和许多其他亚洲人的一种生活方式。

孔子教导人们要忠诚,要服从他们的君王,同时也认为统治者有责任照顾好他的子民。他相信这样就会给国家带来和平与和谐。他还教导人们要听从自己的父母和老师,并敬奉自己的祖先。

孔子还教给人们一条做事的准则,和你在《圣经》里学过的一条意思相同,只是说法不同而已,你学过的格言是"你对别人做的,也应是你希望别人对你做的",而孔子说的是"己所不欲,勿施于人"。

中国也是世界上最古老的文明发祥地之一。你还记得那条孕育了中国文明的河流叫什么吗?它叫黄河,水中裹挟着大量的黄色泥沙,这些泥沙使得土壤肥沃。人们最初就是在黄河沿岸定居下来,后来也有些人在长江边上定居。

中国离我们前面讲过的所有那些文明古国都非常遥远,它在古代

孔子圣迹图

世界中好似孤立存在的。它的西边矗立着喜马拉雅山，北边横亘着戈壁沙漠，南边有很多高山和大海，东临广阔的太平洋，太平洋一直延伸到美国的西海岸。那时候没有大型的航船和飞机，所以中国人很难接触外面的世界。

我们知道，早在公元前1500年，中国就有了文字，那时候中国北部正处在商朝的统治之下。中国的文字现在仍然和其他国家的文字很不相同。中国并没有把它的文字转变为字母文字，而继续使用着字符文字——每个文字的字符都不一样。

中国有很多发明，世界上其他地方的人听都没有听过，而在中国早就出现并开始应用了。大约在耶稣诞生之时，中国人就已经会制造丝绸、瓷器和纸张了。这个时候，中国和我们之前读到的一些国家开始有了贸易往来。中国的丝绸销往罗马和地中海沿岸，深受世界各地人们的喜爱。

公元600年前后，中国发明了印刷术，并开始使用印刷机。几个世纪后，他们又发明了磁针罗盘，这种罗盘（也叫指南针）对航海的水手帮助非常大。中国人还发明了预防天花的办法，天花是一种非常可怕的传染性疾病，可以导致人们大批死亡。此外，中国人还最先发现了如何制造火药。

从上面的讲述中你可以知道，中国虽然离西方很遥远，但中国人却一直在发明制造着各种各样的东西，这些东西传播到世界各地，大大促进了世界文明的发展。

第 18 章
雅典的穷人和富人

每次当我看到孩子们玩球时,几乎总会听到有人喊:"这不公平!"

似乎总会有人认为自己的对手没有公平比赛,所以双方经常会发生争执。这时,他们需要一个裁判员。

当雅典还是个新兴城市的时候,城里有两种人——富人和穷人,也就是贵族和平民,他们经常发生争执。每一种人都试图获得更多的权利,而且每一方都说对方没有公平行事。

他们是不是也需要一个裁判员呢?

雅典曾经也有国王,但国王站在富人那一边,所以雅典人撵走了最后一个国王,从此,雅典就再也没有国王了。

在公元前600年前后,雅典的社会状况变得非常糟糕,于是,大家推选出一个名叫德拉古的人来为雅典人制定一套法律。他的这套法律叫《德拉古法典》。

在《德拉古法典》里规定了对触犯法律的人的惩罚,这些惩罚非常严酷。如果有个人偷了点东西,哪怕就是一个面包,他不是被罚款

或关进监狱,而是被判处死刑!不管一个人犯的过错有多么微不足道,他都要被处死。德拉古在提到他制定的严刑峻法时是这么说的:小偷要被处死,而且应该被处死,对杀人犯的惩处应该比处死更加严厉,可惜没有比处死更严厉的惩罚了。

你能想到《德拉古法典》导致了多少纠纷吗?这部法典太严酷了,所以后来人们选出另一个人来重新制定一部法典,这个人名叫梭伦,他制定的法典非常公正和完备。我们现在总把参议员和参与立法的人称作梭伦,就是因为这个古代雅典的立法者制定了一套完善的法律。

可是,希腊人觉得梭伦的法典还是不尽如人意。上层阶级的贵族认为法典给了下层民众太多的好处,而下层的民众则感觉法典过于袒护上层的贵族了。不过,尽管贵族和平民都对梭伦的法典有所抱怨,但在一段时间内他们还是遵从了这个法典。

在公元前560年前后,有个名叫庇西特拉图的人出现在雅典的政治舞台上,他一个人管理着国家所有的事情。他没有经过任何选举或是任命,就自己称王了,他的势力很强大,没有人能阻止得了他。这就像一个人没有经过队员的选举就自立为队长或裁判一样。

在希腊,总有人和庇西特拉图一样,要做这种自封为王的事,他们被人们视为"暴君"。庇西特拉图虽然被希腊人称作暴君,但他解决了雅典贵族和平民总是争执的难题,而且,他并不残暴,还很公正。其实,庇西特拉图就是遵照梭伦的法典来治理雅典的,他还采取了很多措施来管理雅典,改善雅典人的生活。他让人把《荷马史诗》记

立法者梭伦

录下来,方便人们阅读。而在此之前,这部诗歌一直是在人们中间口头相传的。这样一来,历史就能以书面的形式记录了。

在庇西特拉图和他的儿子执政的那一段时期,雅典人还算配合他们,保持相安无事。但后来,雅典人厌倦了庇西特拉图的儿子的统治。于是,公元前510年,雅典人将所有庇西特拉图家族的人全部驱逐出了雅典。

下一个试图解决贫富两派冲突的人名叫克利斯梯尼。有时候,要我们记住一个陌生人的名字真难,除非我们多听几遍这个名字。好吧,那我就多说几遍他的名字,这样你就能对它更熟悉一些了:

克利斯梯尼;

克利斯梯尼;

克利斯梯尼。

你的父母可能很穷,也可能很有钱。

如果他们是穷人,他们俩在选举的时候都可以投上自己的票。如果他们是富人,他们俩也各自有一张选票,仅一票而已。

如果人们犯法了,不论他们是穷人,还是富人,都得住监狱。

可情况并不总是如此，就是在现代社会也不见得总能做到公正。不过，在古代社会中，情况就更差一些。

克利斯梯尼把选举权给了每个男人——富人和穷人，但是他没有给女人选举权。在古代，女人总是被排除在政治以外的。尽管如此，雅典的人们仍然认为克利斯梯尼的统治是公正的。

克利斯梯尼发明了一种"陶片流放制"。如果因为某些原因，人们想要除掉某个人，他们所要做的就是把他的名字刻在陶罐的碎片上，然后在一个规定的日子中，把这碎片投到投票箱里面。如果选票达到了一定数目，那这个人就必须离开雅典了，在外面至少要待上十年。这就是所谓的陶片流放制（ostracism）。我们现在也经常用"流放"这个词。如果有个人，大家都不愿意搭理他，也不愿意接近他，我们就说此人被流放了（ostracized）。

你有过因为捣蛋，被家人从饭桌上赶走，撵到厨房或自己房间的情况吗？

如果有，那么你也曾经被"流放"过了。

第 19 章
赶走国王的罗马人

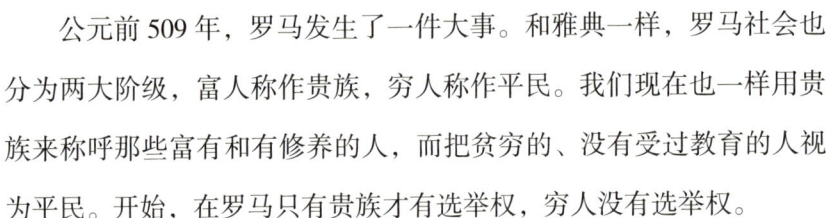

公元前 509 年，罗马发生了一件大事。和雅典一样，罗马社会也分为两大阶级，富人称作贵族，穷人称作平民。我们现在也一样用贵族来称呼那些富有和有修养的人，而把贫穷的、没有受过教育的人视为平民。开始，在罗马只有贵族才有选举权，穷人没有选举权。

后来，穷人也有了选举权。可是到塔克文国王执政时，他认为穷人不该有选举的权利，于是下令剥夺了平民的选举权。平民们拒绝接受这个命令，因此他们联合起来把塔克文赶出了罗马城，就像雅典人赶走他们的国王一样。这件事情发生在公元前 509 年，塔克文也就成了罗马的最后一个国王。

塔克文国王被赶走以后，罗马人建立了共和政体，有点类似于现在的美国。不过，他们没有推选出总统，因为他们担心只有一个人领导，那个人又想要做国王了，而对国王他们已经受够了。

所以，罗马人每年推选出两个人来管理国家，这两个人被称作执政官。每个执政官有一支 12 人组成的卫队。这些卫队成员叫"扈从"，

每个扈从肩上背着一捆木棒，这捆木棒的中间或是下方插着一把斧头。这捆插着斧头的木棒叫束棒（fasces），它代表执政官有惩罚罪犯的权力，他能用木棒打犯人，也可以用斧头砍掉犯人的脑袋。在现代社会中，还有一些硬币和邮票上面印制着束棒的图案。

也许你曾在一些纪念碑或是公共建筑物上看到过束棒图案被用作装饰和点缀。

在第一任的两个执政官中，年长一些的名叫布鲁特斯，他有两个儿子。这时，被赶走的国王塔克文正密谋要回到罗马，重登王位。他说服了一些罗马人帮他，说来也奇怪，在这些人中间就有罗马新执政官布鲁特斯的两个儿子。

布鲁特斯发现了这个阴谋，也知道了他的两个儿子是塔克文的同谋。于是，他把两个儿子送上了法庭，他们被判有罪。尽管是自己的亲生儿子，他还是让扈从把他俩和其他叛乱者一起处死了。

塔克文想要夺回罗马王位的计划失败了。第二年，他又卷土重来。这一次，他联合了邻国伊特鲁里亚人的军队，一起来攻打罗马。

当时，台伯河上有一座木桥，伊特鲁里亚人和罗马人分别把守在桥的两边。为了阻止伊特鲁里亚人过桥入侵罗马，罗马英雄贺雷修斯下令拆毁了这座桥，这位英雄在之前保卫罗马的战斗中失去了一只眼睛。

在这座桥被砍断的时候，贺雷修斯和他的两个士兵还站在桥的尽头，抵抗着整个伊特鲁里亚军队的进攻。听到桥在罗马士兵的砍击下发出断裂的声音，贺雷修斯命令他的两个士兵在桥塌之前飞快地跑回

布鲁特斯判处儿子死刑（海因里希·费格绘）

罗马那边。

　　贺雷修斯自己一个人留下来对抗敌人，直到这座桥彻底坍塌在河里。桥塌后，贺雷修斯就穿着沉重的盔甲跳入河中，奋力向对岸游去。尽管伊特鲁里亚人把箭密密麻麻地射向他，尽管身上笨重的盔甲带着他往下沉，贺雷修斯还是安全游到了对岸。这时，就连作为敌人的伊特鲁里亚人也为他的勇敢，情不自禁地欢呼喝彩。

　　有一首非常著名的诗歌《桥上的贺雷修斯》，描述的就是贺雷修斯的英勇壮举，不知道你是否听说过。

　　贺雷修斯死后没过几年，罗马又涌现出一位出色的人物，他叫辛辛纳图斯。他只是台伯河畔一个普通的农夫，靠种河岸边的几亩薄田为生。但是他聪慧过人，人又非常仁厚，罗马人都非常尊敬和信赖他。

有一次，敌人计划要攻打罗马——在那个时代，不时地有敌人找这样那样的借口去攻打罗马——人们不得不推选出一位领袖。他们想到了辛辛纳图斯，请他出任独裁官。

所谓的独裁官，是罗马人在紧要关头推举出来的人，这个人在危急时刻可以召集和领导军队，在万分危急时，他也可领导全国的民众。辛辛纳图斯放下了耕田的犁，来到城里，召集了一支军队，出城迎战，打败敌军后又返回了罗马。这场战斗从开始到结束没有超过24个小时！

人们为辛辛纳图斯这样快速果断地拯救了罗马而欢呼，他们想要辛辛纳图斯在和平时期也继续做他们的将军。尽管他们非常痛恨国王，但如果辛辛纳图斯愿意的话，他们也愿意封他为王。

不过，辛辛纳图斯可不贪图这些头衔。在责任完成后，他只想回到妻子身边，回到自己的小茅屋和田地里。尽管众人都认为这是千载难逢的好机会，但他依然解甲归田，选择做一个农民，而不是国王。

辛辛纳图斯生活在公元前500年左右，但他的名字流传至今。美国俄亥俄州的辛辛那提市就是以一个为纪念这位古罗马人而成立的社团的名称而命名的。

第 20 章
希腊 vs. 波斯

你知道这一章的标题"希腊 vs. 波斯"的含义吗?

也许你在足球比赛的门票上见过它吧?通常有两支队伍比赛的时候会用这个词,如哈佛 vs. 耶鲁。

"vs." 这个词在这里是"对抗"的意思。

从前,在希腊和波斯之间有一场重大的较量,但这较量不是运动会上的较量,而是生与死的较量,是弱小的希腊王国和强大的波斯帝国之间的一场战争。

前面的故事里我们讲过一位伟大的波斯国王居鲁士。他征服了巴比伦和其他一些国家。他不断地征战,直到波斯统治了世界上大部分地区,除了希腊和意大利。

公元前 500 年左右,一位名叫大流士的人成了庞大的波斯帝国的新任国王。有一天,大流士无意中拿起地图,看到地图上好大一片区域在他的统治之下,但当他看到像希腊这么小的国家居然还不属于他时,顿时感到有点遗憾。

第 20 章　希腊 vs. 波斯

波斯王大流士正在狩猎

大流士对自己说道："我一定要占领希腊这块土地，为我的帝国锦上添花。"除此之外，希腊人还总是给他制造麻烦，他们曾帮助他的属国反抗他的统治。大流士说："我一定要惩罚希腊人，让他们为自己的行为付出代价，把他们的领土纳入波斯帝国的版图。"

他传来女婿，命他远征希腊。

他的女婿奉命行事，带着一艘战舰和士兵出发去讨伐希腊。可在他们的船到达希腊之前，一场突如其来的暴风雨把他们的船摧毁了，他不得不无功而返。

大流士对女婿大发雷霆，同时诅咒那个毁掉他战舰的天神。当时的人不了解自然现象，总认为天气的变化是由神灵操控的。他下

了决心,要亲自率领大军去讨伐并占领希腊。

不过,他先派了信差去希腊所有的城邦,要各城邦都送一些泥土和水给他,以此表明他们愿意主动把土地献给他,成为他的附属国,免得他大动干戈。

希腊许多城邦都畏惧大流士的强权,他们立刻按照他的要求送去了泥土和水。

但是小小的雅典和斯巴达断然拒绝了他的要求,它们虽然只是两个很小的城邦,却敢于与强大的波斯帝国对抗。

雅典人抓住大流士的信使,把他扔进井里说:"那里是给你的水和土,你自己去拿吧!"斯巴达人也是这么做的。于是这两个城邦联合起来,并号召他们的邻国也一起来抵抗大流士和波斯的进攻。

大流士计划先进攻雅典,再进攻斯巴达。

要到达雅典,波斯的军队必须先乘船渡过大海。当然,那时还没有蒸汽轮船,轮船是大约两千年后才发明的。

在那个时候,想让船前行只能用帆或桨。要开动一艘有很多桨的大船,就必须有很多很多的划桨手——船的两边各有三排桨,一排在另一排的上面。

这种船叫三排桨战船,就是说船上装着三排桨。而大流士的军队要乘船去希腊大约需要600艘这样的大型战船,除了划桨手和船员,大约每艘船上有200名士兵。也就是说,大流士要率领12万名士兵去征服希腊。

这一次,波斯人没有遇到暴风雨,他们划桨渡过大海,安全抵达

希腊海岸。他们停泊的地方叫马拉松平原,这里离雅典大约只有41公里。你很快就会知道为什么我要强调这个41公里。

雅典人得知波斯人就快要兵临城下,他们急需斯巴达的支援,对此,斯巴达人也有过承诺。

可是,那个时候没有电报、电话或铁路。除了派人去斯巴达送信,别无他法。

他们找了一个有名的长跑运动员费迪皮迪兹去送信。费迪皮迪兹立即动身,从雅典跑去斯巴达,全程大约有241公里。他不分昼夜地奔跑,几乎没有停下来休息和吃东西,第二天他就到了斯巴达。

斯巴达长跑运动员费迪皮迪兹

但是,斯巴达人回信说他们不能立刻出发,因为月亮还不够圆,而在不是满月的时候出发会遭遇厄运。他们的这种想法是一种迷信,就像现在还有人认为星期五出门旅行不吉利一样。斯巴达人说他们会等到月亮圆了再出发。

可雅典人等不起了。他们知道波斯人在月圆之前就会到达雅典,一定不能让波斯军队兵临城下。

因此,所有的雅典士兵都离开了雅典城,前往41公里以外的马拉松平原迎敌。

雅典人由米太亚得将军率领,他们只有1万名士兵。邻近的一个小城邦一向和雅典友好,愿意支持它对抗波斯,他们派了1000多名士兵,这样一共就有1.1万名士兵了。如果算一算,你便知道波斯士兵是希腊士兵的10倍多,也就是说,1个希腊士兵至少要对付10个波斯士兵。

不过,我们知道,希腊人都是训练有素的运动员,良好的生活方式使他们的身体都非常强壮。这一点波斯人无法与他们相比。所以,尽管希腊士兵很少,人数众多的波斯军队却被他们打败了,而且被打得一败涂地。当然,一个原因是与波斯人相比,希腊人是受过长期训练、英勇善战的士兵。但更重要的是,他们是在为保卫自己的家园而战。

你可能听说过一个猎犬追野兔的寓言。野兔跑掉了,猎犬因为没有抓住野兔而受到嘲笑。对此,猎犬回答说:"我只是为我的晚餐而奔跑,野兔却是为保命而逃窜!"

波斯的战士们不是为了他们远在大海那边的家园而打仗,对他们

来说，谁赢了战争都和自己没多大的关系，他们大多数是雇佣兵和奴隶，只是听从王命行事罢了。

仗打赢了，希腊人自然欣喜若狂。

那位著名的长跑运动员费迪皮迪兹立刻又从马拉松平原出发，把这个令人振奋的捷报带回41公里以外的雅典。他一下也没歇地跑完了这41公里。几天前，他到斯巴达跑了个来回，还一直没有时间休息，这一次因为兴奋他跑得特别快，在他跑回雅典，气喘吁吁地把消息告诉街市上的雅典人后，便倒地身亡了。

为了纪念费迪皮迪兹这次著名的长跑，现在的奥林匹克运动会上有一个叫马拉松的比赛项目，在这个比赛项目中运动员要跑同样的距离——41公里。马拉松战役发生在公元前490年，这是历史上最著名的战役之一，不可一世的波斯军队被区区一个小国打败了，波斯人只好夹着尾巴回到自己的国家。

一个自治国家的少数人竟然打败了一个庞大帝国的国王率领的军队——一支由雇佣兵和奴隶组成的军队。

但是，这并不是希腊人最后一次迎战波斯人。

第21章
战争狂

在这场战争后，大流士越发气愤，他恼羞成怒，下决心要将这群顽固的希腊人置于死地，谁让他们竟敢跟波斯这么强大的国家对抗？他开始准备下一轮进攻。这次他决定组成世上无敌的陆军和海军，还庄严承诺要灭掉希腊。他花了几年时间组建部队和准备物资，但是，突然发生了一件大事，因此，尽管他发了誓，还是没能实现自己的计划。你猜是为什么呢？原因是他死掉了。

但是大流士有个儿子名叫薛西斯（Xerxes），他的英文名字读起来像是Z打头的。

我小时候常读一首字母歌：开头是"A可以表示Apple（苹果）"，继续读下去，到了"X可以表示Xerxes（薛西斯），一个伟大的波斯国王"。尽管我当时对这个薛西斯或是波斯一无所知，我却记住了这首字母歌。

薛西斯想要打败希腊人的想法和他父亲一样地强烈，所以他继续进行着积极的备战。

第21章 战争狂

不过,希腊人也下决心一定不能被波斯人打败,他们同样做好了战争的准备,因为他们知道波斯人迟早会卷土重来。

泰米斯托克利督促雅典人做好准备,迎接与波斯人之间的下一场战争,他特别强调雅典人要组建一支舰队,因为他们没有舰船,而波斯人却有大量的战舰。

而阿里斯蒂德斯不赞同泰米斯托克利建造战舰的方案,他认为这是一项毫无意义的花费,所以坚决反对。

泰米斯托克利像

阿里斯蒂德斯一向是睿智公正的,所以人们都叫他"公正的阿里斯蒂德斯"。可尽管如此,还是有些人想要驱逐他,因为他们认为在建造战舰这件事情上他的看法是错误的,而泰米斯托克利是对的。这些人在等待陶片流放投票日的到来,以便把阿里斯蒂德斯驱逐出雅典。

当投票日到来时,一个不会写字也不认识阿里斯蒂德斯的人碰巧请阿里斯蒂德斯帮他投票。阿里斯蒂德斯问他想写上谁的名字,那人回答道:"阿里斯蒂德斯。"

阿里斯蒂德斯没有告诉对方自己是谁,只是问他:"你为什么想把这个人赶走呢?他做了什么错事吗?"

"没有,"那人回答道,"他没做错事。"接着,他又长叹了一声说:"只不过总听人说他'公正''公正',我听得有些烦了。"

阿里斯蒂德斯听到这样的回答一定很震惊,不过,他还是替这个

对阿里斯蒂德斯的排斥

人写下了自己的名字,后来统计票数,同意流放他的人很多,他就被驱逐出境了。

虽然流放阿里斯蒂德斯似乎并不公平,不过,这么做了,却是幸运的,因为泰米斯托克利可以按照自己的主张行事了,雅典人可以继续为战争做准备了。结果证明,泰米斯托克利是正确的。

他们建造了一队三排桨战船,而且联合了希腊其他的城邦,大家一致同意,一旦战争爆发,就一起抵抗。而斯巴达由于是著名的战士之城,所以被推举为战争时联军的领袖。

在公元前490年的马拉松战役之后的第十年,也就是公元前480年,强大的波斯帝国再次准备进攻希腊。这一次,波斯集结了来自帝国各地的军队,士兵数目比上一次的12万多得多,尽管在那个年代,一支12万人的军队已经是相当庞大了。

据说这一次,波斯军队由200多万名士兵组成——200多万人呢,你想想看这是多么庞大的数字啊!问题是怎么能把这么多士兵运到希腊去呢?用船是不行的,因为即便是最大的三排桨战船也只能装下几百人而已,如果都用船来运,这得需要多少艘船呢?也许那时

世界上所有的战船加起来都不够用。于是，薛西斯决定让军队步行到希腊，虽然路途很漫长，但那是唯一可以绕过大海的方式，他们就这么出发了。

波斯军队在行军路上遇到一片狭长的水域，看样子有点像宽阔的河流，正好是波斯军队必经之路。这条海峡在当时叫赫勒斯滂，你可以在地图上看到，它现在叫达达尼尔海峡。达达尼尔海峡上面没有桥梁，因为它宽1600米，那时可没有那么长的桥。薛西斯让士兵们把船拴在一起连成长长的一排，又在船上铺上木板，形成了一座浮桥，这样士兵就能从上面过去了。

就在他刚刚把桥搭好的时候，忽然来了一阵暴风雨，把桥吹垮了。薛西斯对这场风浪大为愤怒，他下令鞭打达达尼尔海峡的水，就像惩

薛西斯穿越希腊海（塞缪尔·伍德福德绘）

罚一个敌人或是奴隶那样。接着他下令另造新桥，这一次水面平静得很，他的士兵们安全、顺利地渡过了海峡。

薛西斯的军队实在太庞大了，据说这些人分成两行队伍，连着七天七夜不间断地走，才全部穿过这条海峡。而薛西斯的舰船沿着海岸，紧跟着部队前进，最后他们都到达了希腊的北部高原。他们从希腊北部俯冲，浩浩荡荡地一路杀向希腊腹地，似乎世界上已经没有任何人能阻挡这支庞大的队伍了。

第 22 章
以一当千

波斯人想要到达雅典必须经过一条狭窄的通道，这条通道的一边是崇山峭壁，另一边是湍急的河水。这条通道叫塞莫皮莱（Thermopylae）山口。如果你注意到这个词的前半部分，你就会发现它和 thermos bottle（热水瓶）这个词有点像，此时你大概能猜到它的意思了。事实上，Thermopylae 的意思是温泉关，之所以叫这个名字，是因为在去往希腊的这条天然通道附近有多处温泉。

希腊人决定，在波斯军队到达雅典之前，先到温泉关与他们对阵。在这样一个据点，少数的希腊战士就能够以一当百来对付众多的波斯人。

希腊人还决定派出自己的精兵良将——一支由最勇猛的将军和全希腊最好的士兵组成的军队，这似乎是个明智的决定。

斯巴达国王被推选为派往温泉关的领袖，他名叫列奥尼达，这个名字在希腊语里的意思是"像一头雄狮"。随他同去的有 7000 名士兵，这 7000 人中有 300 人是斯巴达人，而斯巴达人从小所受的教育就是永

不投降、永不屈服。斯巴达人的母亲经常对她们的儿子这么说：

"要么，拿着盾牌回来，要么，躺在它上面回来。"

当薛西斯看到自己的道路被这群少得不可思议的士兵挡住时，感到很可笑，就派去使者叫他们投降。

你猜列奥尼达是如何回答的呢？

那是我们意料之中的斯巴达人的回答，简洁却切中要害的拉科尼亚式的回答。他简单地说了句：

"来抓我们吧！"

薛西斯命令他的军队向前挺进。

战斗持续了两天两夜，但是，列奥尼达仍然带兵坚守着这条要道，波斯人无计可施。

这时，希腊人里有一个可耻的懦夫做了叛徒，为了活命、为了得到薛西斯的奖赏，他向波斯人泄露了山上的一条秘密通道，这样波斯军队就可以绕过守着关口的希腊人，从山上俯冲下去，包围挡路的列奥尼达和他的战士们。

第二天早晨，列奥尼达得知波斯人已发现了那条密道，而且已经从后面向他包抄过来。他的士兵如果这时逃离还来得及，于是列奥尼达叫那些想要离开的人赶紧撤离。坚持留下来的人心里明白，他们将必死无疑。尽管如此，仍有1400名士兵留了下来，包括那300个斯巴达人，他们说：

"我们接到命令前来守关，不管发生什么情况，斯巴达人都会服从命令，决不投降。"

第22章 以一当千

温泉关战役，列奥尼达率1400人勇敢迎战波斯大军（雅克－路易·大卫绘）

列奥尼达和他的1400名勇士苦战到最后，直至阵亡，他们中间只有一个人活了下来。

通往雅典城的门户被波斯军队打开了，这种形势对希腊人非常不利，因为波斯军队已经势不可当了。不知所措的雅典人惊慌地跑去德尔斐神庙，到那里去寻求神的启示。神谕的回答是，雅典城即将灭亡，它将被摧毁，在劫难逃，但是雅典人将会为木墙所拯救。

这个回答，就跟神谕通常的那些回答一样，不好理解。但泰米斯托克利说他明白神谕的意思。你应该记得，他就是那个极力主张组建舰队的人。泰米斯托克利说，神谕所讲的木墙就是指这些舰船。

所以雅典人听从了泰米斯托克利的安排，遵照神谕的意思，离开

萨拉米斯之战（威廉·冯·考尔巴赫绘）

了雅典城，逃到了离城不远的萨拉米斯海湾的战船上躲避。

波斯大军到了雅典，发现它竟然是一座空城。如神谕所说，他们焚毁了雅典城。接着，他们行军到了萨拉米斯海湾，就是雅典舰船停泊的地方。薛西斯在一座能够俯瞰海湾的小山坡上搭起了宝座，这样他就能够坐在那里，观看自己强大的舰队摧毁那些满载着全部雅典人的希腊舰队，犹如在剧院的包厢里观赏一出戏一样。

希腊人的舰队由泰米斯托克利率领，他们的船只就在这窄窄的海湾里面，就像列奥尼达和战士们在温泉关的狭窄山谷里一样。

泰米斯托克利看到萨拉米斯海湾和温泉关通道有几分相似，他心生一计。自己假装是一个懦夫，去投靠薛西斯，并向他献计说，如果波斯舰队分为两部分，一半待在海湾的这一边，另一半守住海湾的另一边，希腊人就会被夹在中间，成为网中之鱼。

薛西斯觉得这是个好主意，就下令让他的舰队按照泰米斯托克利说的那样去做。但是，得意扬扬地坐在宝座上的薛西斯却遇到了他人生中最大的意外。这结果正与他设想的相反。随着波斯人的舰队分为两部分，中间的希腊人刚好可以分别对付两头的波斯舰队，而由于海湾狭窄，波斯人的舰船互相撞在一起，很多船都沉到了海里。

波斯人的舰队被彻底打败了，不可一世的薛西斯带着他剩下的海陆大军，从原路狼狈地逃回了波斯。

这是波斯人最后一次试图占领希腊这个小国。

如果泰米斯托克利没有掌权，他就不能建起这样一支强大的舰队，那你想想雅典和希腊会是一种什么样的命运啊！

第23章
黄金时代

在讲石器时代和青铜时代的故事时，我就告诉过你们，在后面我们还会讲到黄金时代。

那么，我们现在就来讲讲黄金时代。黄金时代并不是说曾有一个时期人们使用的物品都是黄金做成的，也不是说他们那时有大量的黄金。它的意思是——哦，还是让我们来看看这是个什么样的时代，然后你们就会明白它是什么意思了。

跟波斯人的战争结束后，雅典人被胜利的喜悦激励着去创造各种美好的事物。在波斯人被赶出希腊后的50年，也就是公元前480年到公元前430年，是希腊历史上最兴盛的年代，可能也是欧洲历史上最辉煌灿烂的时代。

薛西斯的军队焚毁了雅典城，这在当时似乎是个可怕的灾难，但实际上并非如此。人们马上开始重建，把雅典建成了一座比以前更壮丽、更繁盛的城市。

这个时候，雅典的领袖人物是伯里克利，他不是国王，也不是贵

族,而是一个非常有智慧的演说家和受群众欢迎的精神领袖。他认为怎样做好,雅典人就会照他说的去做。他就像个受人爱戴的球队队长,自己本身就是个好球员,还能使自己的队友们发挥出最高水平。雅典就是他的球队,他把这支队伍训练得非常好,每个球员都能在自己的位置上发挥出他的所长。一些人成了伟大的作家,另一些人成了伟大的艺术家,还有一些人成为伟大的哲学家。你知道哲学家是什么样的人吗?他们是一些聪明、睿智的男人或女人,学识渊博,热爱学习知识。

艺术家们建造了美丽的房子、剧院和神庙。他们为希腊的男神和女神们塑造了精美的雕像,将这些雕像置于城市的四周和附着在建筑物上。

哲学家们告诉人们如何变得明智和善良。

作家们创作了许多优美的诗歌和戏剧。和我们现在的戏剧不一样,那时的戏剧讲述的都是关于神灵们的故事。

剧院和我们现在的也不一样,那时的剧院几乎都是露天的,一般是建在小山坡上,这样面对舞台,就可以建起一个大看台。那时的剧院很少或根本没有任何戏剧布景,也没有演奏的乐队,只有一群歌手用合唱来为演员们伴奏。演员们都戴着表示喜怒哀乐的面具,当要演出滑稽可笑的样子时,就戴上龇牙咧嘴的"滑稽"面具,表演悲痛的时候,就换上愁眉苦脸的"悲剧"面具。

也许你见过这些面具的图片,因为我们现在的剧院里有时也用这样的滑稽面具或悲剧面具来做装饰物。

雅典是因女神雅典娜而命名的,据说雅典娜一直在照看和守护着

这座城市。所以,雅典人认为她应该有一座特别的神庙。于是,他们专门在阿克罗波利斯山的山顶上给她建造了一座神庙。这座神庙因雅典娜而被命名为帕提侬神庙(Parthenon),"帕提侬"在希腊语里为"少女"之意,而少女也是对雅典娜的称呼之一。

有些人认为帕提侬神庙是世界上最美丽的建筑之一,不过,你现在从照片上看到的它已经被毁坏得很严重了。这座神庙的中心位置放着一座巨大的雅典娜雕像,它是由一个名叫菲狄亚斯的雕刻家用黄金和象牙雕成的。据说,正如帕提侬神庙是世界上最美丽的建筑一样,这座雕像也是世界上最美丽的塑像之一。但是它现在已经不知去向,没人知道它现在成了什么样子。可以想见,那些黄金和象牙对盗贼来说该是多么大的诱惑,他们可能一块一块地把它偷走了。

菲狄亚斯在帕提侬神庙的外面也造了很多雕塑,可是到现在,其中的大部分被弄走了,有些陈列在博物馆中,还有些丢失了或被毁坏了。

帕提侬神庙的雅典娜雕像和其他雕刻品使得菲狄亚斯声名远播,所以他被请去为众神之父宙斯制作雕像,做成后这座雕像被安放在奥林匹亚,就是奥林匹克运动会举办的地方。他做成的宙斯雕像甚至比雅典娜的雕像还要精美,因此被称作世界七大奇迹之一。你还记得吧,埃及的金字塔和巴比伦的空中花园也是世界七大奇迹中的两个。有趣的是,这三大奇迹分别位于不同的大陆。你能说出它们哪个在非洲大陆,哪个在亚洲大陆,哪个在欧洲大陆吗?

菲狄亚斯被称为历史上最伟大的雕刻家,但是他犯下了一个令希

腊人认为是无法饶恕的罪行。在我们现代人看来,他的做法也不是什么了不得的错误,但是希腊人看待对错的观念与我们不同。菲狄亚斯所犯下的"罪过"是,在制作雅典娜雕像的盾牌时,在上面刻下了自己和朋友伯里克利的头像。那只是盾牌上的一点点缀而已,人们几乎注意不到它。但是,在希腊人的观念中,把人类的形象刻在女神的雕塑上是一种亵渎圣物的行为。在希腊人发现菲狄亚斯做了这件事后,他们就把他关进了监狱,最终他死在了监狱里。

希腊人在建筑庙宇和房屋时擅长使用各种各样的圆柱,这些圆柱现在也常被用在许多公共场合或一些私人建筑物上。我来告诉你每一种圆柱的样子,看看你能找到多少种。

帕提侬神庙里面圆柱的建筑风格第一种是多立克式。

圆柱的顶端称作柱头,而多立克式圆柱的柱头,形状像是一个碟子,碟子上面盖着一个正方体。圆柱的底部没有基石或是垫块,是直接立在地面上的。因为多立克式的圆柱简朴,充满阳刚之气,所以是男性化的风格。

帕提侬神庙遗址(桑福德·罗宾逊·吉福德绘)

第二种圆柱的风格是爱奥尼亚式。

爱奥尼亚式圆柱的柱头是一个方形的基座，在这基座下面的柱头上有些卷曲的装饰物，圆柱下面有一块基石。

这种圆柱比多立克式圆柱更加修长，也有更多的修饰物，所以被认为是女性化的风格。

第三种圆柱的风格是科林斯式。

科林斯式圆柱的柱头比前两种圆柱都高，且有更多装饰。据说，第一位制作这种圆柱的建筑师是偶然看到一个小孩墓前摆放的一个装满玩具的篮子而得到灵感。这篮子上盖了一片瓦，恰好又放在一棵莨苕的根上，莨苕的叶子越长越多，由于篮子上盖着的瓦片阻止主茎向中间生长，茎叶便向外弯曲，把篮子围在了中间，因此这篮子看上去非常漂亮。建筑师想，用这个花样做柱头肯定很美，于是他就做了这样的柱头。

我曾经告诉几个男孩，让他们去周围找找这样的圆柱，看谁找到的最多。第二天，一个男孩说他看到过2根爱奥尼亚式的圆柱，就分别立在他家房子的两侧。还有一个孩子说，他在一个银行看到了10根多立克式圆柱，第三个孩子说他看到过138根科林斯式圆柱。

我问他："你在哪里看到这么多的圆柱呢？"

他回答说："上学的路上，我数了一路的电线杆，它们都是科林斯式圆柱。"

伯里克利有一个名叫希罗多德的朋友，他用希腊文写下了世界上最早的历史。因此，希罗多德被称为"历史之父"，如果你以后

第23章 黄金时代

希罗多德像

伯里克利像

学习希腊文,可能就会读到希罗多德这本历史书的原始版本。不用说,那个时候可记载的历史很少。他写下了埃及和古代世界上其他一些地方的历史。其中的有些地方非常远,大多数希腊人没去过,如有个叫库施的地方就在非洲,埃及的南边。希罗多德所写的历史大部分是描述的希腊与波斯之间的那几场战争,也就是我前面刚讲给你的那段历史。

在那个时期,每隔一段时间,就会暴发一场可怕的传染病。当瘟疫暴发的时候,数以千计的人会因染病而死去,因为那时的医生们对于瘟疫了解得很少,根本不知道该怎么处置。伯里克利亲自去护理患者,尽力去照顾他们,最终他也不幸染上瘟疫死了。黄金时代也就此终结,为了纪念这位伟人,这个时代也被称作伯里克利时代。

第 24 章
希腊人的内战

雅典空前繁荣的黄金时代仅持续了 50 年。

你猜猜，为什么黄金时代这么快就终结了呢？

其实，它的终结主要是因为一场战争。

不过，这场战争并不是发生在希腊和其他国家之间。这场战争是发生在希腊的两个有时友好但在大部分时间又不太友好的城市——斯巴达和雅典——之间。这是希腊自己国内的战争。两个城市之间之所以会开战，主要是因为斯巴达太过于忌妒雅典。

你知道的，斯巴达人是优秀的战士，雅典人也是杰出的战士。但自从泰米斯托克利利用自己建造的战舰在萨拉米斯海湾击败了波斯人之后，雅典就有了一支优秀的舰队，而斯巴达没有。不仅如此，雅典还成为全世界最美丽、文化最繁荣的城市。

斯巴达并不在乎雅典美丽的建筑和它教育文化等方面的迅速发展。这些都引不起它的兴趣。真正让斯巴达眼红的是雅典的舰队。斯巴达是内陆城市，不像雅典那样，紧靠大海，以这样或那样的借口，

斯巴达伙同它所有的邻邦发起了一场对雅典的战争。

斯巴达位于希腊的一个岛上,这个岛的名字听起来很复杂,叫伯罗奔尼撒半岛。在那个时候,人们并不觉得那是个很难叫的名字,因为人们熟悉它,就像你很熟悉美国的马萨诸塞州一样。马萨诸塞州的名字也很复杂,可你对它熟悉就不会觉得它拗口了。雅典和斯巴达之间的这场战争就叫伯罗奔尼撒战争,这是因为与雅典交战的不只是斯巴达,而是伯罗奔尼撒半岛的所有城邦。

一场战争持续四五年,就算是很长了,可伯罗奔尼撒战争打了整整27年!有句谚语说:"当希腊人遇到希腊人,定有一场大战。"(两强相遇,其斗必烈)这句话的意思是说,雅典和斯巴达这两个希腊城邦在战场上的实力相当,谁能知道结果如何呢?

这27年中的所有战事,我就略过不讲了,只说说这场漫长的、血流成河的战争的结果。战争使得这两个城邦两败俱伤,走向了衰落,雅典的繁荣消失殆尽。尽管斯巴达稍占上风,但它也未能笑到最后。伯罗奔尼撒战争把它们都毁了。战争的结果往往是这样的!

伯罗奔尼撒战争期间,雅典有个名叫苏格拉底的人。许多人认为,他是古往今来世界上最明智、道德最高尚的人之一。人们称他为哲学家,他在雅典城里到处给人们讲什么是对的、什么是应该做的事情。不过,他不是简单地"告诉"人们什么是对的,而是通过问别人问题,让他们自己去找到答案。用这种提问的方法,他使人们发现了他想要他们明白的一切。这种主要通过问问题来施教的方法,自此后一直被称为"苏格拉底问答法"。

苏格拉底的鼻子又短又扁,有点上翘,还是个秃头,长相丑陋,可是他很受雅典人的尊重和欢迎。这可是很难得的,因为雅典人热爱漂亮的脸蛋、美丽的雕像等一切美丽的事物,苏格拉底的外表和美怎么也不沾边儿。所以,一定是苏格拉底性格中的美好,使他们忽略了他很丑的相貌。就像我知道有些孩子认为他们的女老师非常美丽,只是因为他们敬慕这个特别善良可亲的老师,而实际上她并没有那么漂亮。

苏格拉底的妻子赞西佩脾气很暴躁,是个爱发牢骚的泼妇。因为苏格拉底不去工作挣钱,她认为他整日游手好闲,是在浪费时间。有一天,她又痛骂苏格拉底,声音很大,苏格拉底无奈,只好出去躲躲,她又从楼上把一桶水泼在他身上。而从来吵架不还口的苏格拉底只是自言自语道:

苏格拉底和妻子(布鲁姆芒达埃尔绘)

"雷霆之后，必有大雨。"

苏格拉底不信奉希腊人的众神，如宙斯、阿芙洛狄忒和其他的神。但他很小心，没有把这个想法说出来，因为希腊人在这一点上很较真，不允许有人说什么或做什么来反对他们的神。菲狄亚斯因为把自己的头像刻在雅典娜女神雕像的盾牌上，被关进了监狱。如果有人教育年轻人不信仰这些神，那可是要被处死的！

可最终正如苏格拉底所担心的那样，他还是受到了指控，说他不信仰希腊众神，并且教唆他人不去信仰。为此，他被判了死刑，要他喝下一杯毒堇汁，这是一种致命的毒药。苏格拉底的学生，或者按照那个时代的称呼叫门徒，想让他拒绝喝毒药，但他不愿违抗命令。在苏格拉底将近70岁的时候，他喝下了那杯毒堇汁，死在了围绕着他的门徒们中间。

虽然苏格拉底生活在千百年前，但他所信奉和倡导的事物至今仍然对我们有所启迪。

他的信念之一，就是在我们每个人的内心里，都有一种"良知"，良知可以告诉我们什么是对，什么是错；我们并不需要从书本或是从他人那里去知道什么是对错。

他宣扬的另一个观念是，在人死后，还有一个精神的世界存在着，即肉身死亡，灵魂还活着。

难怪他不畏惧死亡呢！

苏格拉底之死（雅克·路易·大卫绘）

第25章
智者和愚人

你有过这样的经历吗？你和小伙伴们正在自己家的院子里玩，有个陌生的男孩一直在栅栏那边看着，他忽然开口说想过来和你们一起玩，还说要教你们该怎么玩。你们不想让他在旁边看，也不想和他玩，可不知怎么的就让他加入了，而且，他很快还成了你们这伙人的头儿。

同样，在希腊的北部有个名叫腓力二世的人，他一直在旁边观望斯巴达和雅典打仗，他想要加入。腓力二世是一个叫马其顿的小国的国王，可他也很想当希腊的国王，而斯巴达和雅典的战争正好给了他机会，这两个城邦在伯罗奔尼撒战争后开始衰败，他想趁这个机会加入，并成为希腊的国王。腓力二世能征善战，但除非万不得已，否则他不想和希腊人开战。他想通过和平的方式当上希腊的国王，希望希腊人拥戴他做他们的国王。于是他想出了一个计策。

从前面的故事里我们已知道，希腊人非常痛恨波斯人，大约100年前，他们把入侵的波斯人赶出了自己的国土，腓力二世非常清楚这一点。虽然和波斯的战争已经过去很久了，但希腊人从未忘记他们祖

先英勇抗击波斯人并获得胜利的这些事迹。他们的祖父母和父母把这些事迹一遍又一遍地讲给他们听,他们也把希罗多德写的历史书读了一遍又一遍。

于是,腓力二世对希腊人说:"不可否认,你们的祖先是把波斯人赶出了希腊。但是波斯人回到了他们的国家,你们的祖先应该乘胜追击,好好地教训一下他们。可你们甚至没有想到过要报复他们。你们何不现在到波斯去征讨他们呢?要让波斯人为他们过去的侵略付出代价才是。"

接着,他又狡黠地补充道:"让我来帮你们吧,我会领导你们对付他们的。"

没有人看出这是腓力二世的计谋,除了一个名叫狄摩西尼的雅典人。

当狄摩西尼还是个小男孩的时候,他就想着有一天他要成为一名伟大的演说家或者雄辩家,就像你可能也经常说自己长大了要做医生、飞行员或老师一样。

狄摩西尼为自己选择了一个他天生最不适合做的职业。首先,他的嗓音柔和、低弱,人们很难听清他在说什么。其次,他说话口吃得厉害,背诵一首短诗总是结结巴巴的,大家都爱嘲笑他。因此,他立志要成为一名伟大的演说家的想法似乎很荒谬。

但是,狄摩西尼并不气馁,他完全靠自己练习、练习、再练习。他到海边去,捡块鹅卵石塞进嘴里,这样,想把话说清楚就越发难了。然后,他对着呼啸的海浪讲话,想象自己是对着一群愤怒的民众发表

第25章 智者和愚人

狄摩西尼在海边练习演讲

演说。为了不让群众的喧嚷淹没自己的声音，他讲话的声音必须特别大才行。

狄摩西尼就这样苦苦地坚持练习，最后，他真的成了一位伟大的演说家。他的演说非常精彩，以至于他想让听众哭他们就会哭，想让听众笑他们就会笑，他想要听众做些什么，听众就会遵循着他的话去做。

这时，只有狄摩西尼看出了腓力二世征服波斯的这个提议是一个阴谋，他知道腓力二世的真正目的是要坐上希腊的王座，因此他发表了12篇演说来反对腓力二世。这些抨击腓力二世的演说都非常有名，直到今天，这种激烈痛斥他人的演说仍然被我们叫作"反腓力二世辞"。

希腊人在听演说的时候,心中非常愤怒,激烈反对腓力二世,可一旦离开了狄摩西尼影响所及的范围,这些希腊人的斗志就丧失了,就不去反对腓力二世了。

所以,虽然狄摩西尼为反对腓力二世做了许多努力,但腓力二世最终还是成功了,他成了希腊的国王。

虽然腓力二世保证过要带领希腊人征服波斯,但在他着手准备之前,就被自己人杀害了。

腓力二世有个儿子叫亚历山大。在腓力二世死的时候,亚历山大才20岁,父亲一死,他就成了马其顿和希腊的国王。

在亚历山大还是个小孩子的时候,他看一些男人试图驯服一匹野

亚里士多德和亚历山大

马,只要有人接近,马就受惊、乱踢,因此没有人能够骑上去。亚历山大请求父亲让他也试一试。腓力二世觉得儿子的想法很幼稚,那么多年纪比他大的人都做不到,何况一个小孩子呢,但他最终还是同意了亚历山大的请求。

实际上,亚历山大注意到了那些人没有留意到的一个细节。这匹马似乎害怕它自己的影子,马驹总是很容易害怕那些黑暗的和移动的东西,这和一些小孩子害怕夜晚的黑暗是一个道理。

亚历山大牵着马转了个身,让它正对着太阳,这样它的影子就到了后面,它就看不到了。接着,他骑了上去,轻而易举地驰骋起来,所有人都惊讶得目瞪口呆。

亚历山大的父亲为儿子的聪慧感到欣喜万分,于是他把这匹马送给了亚历山大,作为鼓励。亚历山大给这匹马取名叫布西法尔,他非常喜爱这匹马,在它死后专门为它建造了一座纪念碑,还以它的名字命名了几座城市。

亚历山大的确是个很优秀的青年,但是有些人认为他的伟大和他有一位杰出的老师有关,他的这位老师就是亚里士多德。

亚里士多德应该算是历史上最伟大的老师了。如果有更多像亚里士多德这样的老师,那么像亚历山大这样的学生也就非常多了。

亚里士多德写的书涉及很多的学科领域,有关于天体方面的天文学著作,关于动物方面的动物学著作,还有心理学和政治学方面的著作。

千百年来,亚里士多德写的这些书都是被用作学校的教材,在很

长一段时间内它们是学生们唯一的教科书。现如今，学校的教科书时不时地就要更换，而亚里士多德所写的课本却使用了那么长时间，这足以说明他是很了不起的。

亚里士多德曾有位老师叫柏拉图，柏拉图既是一位伟大的老师，也是一位著名的哲学家。而柏拉图又曾是苏格拉底的弟子，所以，也可说亚里士多德是苏格拉底的"徒孙"。

雅典学校（拉斐尔·圣齐奥绘）

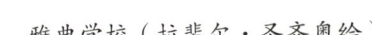

第 26 章
少年国王

想一想等到你 20 岁时，你会做什么？

在上大学吗？还是已经在工作，或是在做别的什么事情？

当亚历山大 20 岁时，他已经成为马其顿和希腊的国王了。但是马其顿和希腊对这个杰出的年轻人来说太小了，他想要统治更大的疆域。事实上，他想要统治整个世界。

亚历山大像

于是，亚历山大马上着手进行他父亲征服波斯的计划，这一次波斯要为 150 年前对希腊的侵略付出代价了。

他组织了一支军队，穿过达达尼尔海峡到了亚洲，与到前线阻止他们进犯的波斯先遣部队展开了激战。他一个胜仗又一个胜仗地打下去（因为波斯是个庞大的帝国），不久，他到达了一个城镇，那里有座庙宇，庙里有根绳子，这绳子因为打了

123

一个非常奇怪的结而远近闻名。这个绳结叫"戈尔迪之结",它之所以有名,是因为神谕说过能解开它的人会征服波斯。可是,一直没有人能够解开它。

听说这个故事后,亚历山大到了庙里,看了一下那个绳结,一眼便看出它是个死结。于是,拔出剑来,一剑把绳结砍成了两段。

现在,当有人快刀斩乱麻、干脆利落地解决了面临的困难,而不纠缠于琐碎的细节时,我们通常就说他是"斩断了戈尔迪之结"。

从此以后,亚历山大攻克了一座又一座城池,直到征服了整个波斯。

接着,他的大军征服了埃及,那时埃及是属于波斯的。为了庆

亚历山大斩断戈尔迪之结

祝这次胜利，他在尼罗河入海口处建了一座城市，并以自己的名字命名为亚历山大。他还在那里建立了一个很大的图书馆，后来这座图书馆的规模越来越大，据说那里有 50 万册藏书——那是 100 万的一半啊，可以说是古时候最大的图书馆了。这里的书和亚述巴尼拔图书馆中的书不同，当然也和我们现在的书不一样，因为当时还没发明印刷术。那时候书里的每个字都是手写的，书也不是一页一页的，而是用木棍卷起来的很长的卷轴。

亚历山大城里有个港口，港口里有一座小岛叫法罗斯岛。若干

亚历山大灯塔（菲利普·加勒绘）

年后在这座岛上建了一座著名的灯塔，以小岛的名字命名为法罗斯。较之于普通的灯塔，这座灯塔更像是一座现代的摩天大厦。它有30多层楼那么高。这在当时是非常了不得的，因为当时的建筑大多只有一二层楼高。它的灯光在几十公里开外都可以看到。亚历山大的法罗斯灯塔被称为世界七大奇迹之一。你已经听到过世界三大奇迹了吧，这是第四个了。

在这一时期，亚历山大城发展起来，成为古代世界上最大、最重要的海港城市。不过，到了今天，法罗斯灯塔和图书馆以及所有这些古代的建筑物都早已不存在了。

亚历山大没有在任何一个地方久留。他是个闲不下来的人，总想继续前行。他想看到陌生的土地，想征服新的民族。他几乎把自己的马其顿小国和希腊都抛之脑后了。和别人不同，他一点都不想家。他一天天地远离家园，不断地向前。我们通常把这样的人叫冒险家或是探险家，同时他也是一名伟大的将领。亚历山大就这样征服了一个又一个地方，直到他到达了遥远的印度。

到了印度后，一直跟随他征战的士兵都开始思念家乡。他们已经离家10多年了，现在他们与家乡之间隔着千山万水，都担心再也回不去了。

亚历山大这时只有30岁，但他却被称作亚历山大大帝了，因为他是整个世界的统治者——至少大多数的希腊人是这么认为的。意大利除外，因为那时的意大利只是由一些微不足道的小城镇组成的。当亚历山大发现没有更多的国家可以去征服时，他非常失落，竟然

第26章 少年国王

亚历山大击败波斯

痛哭起来！

最终，他同意了将士们的请求，踏上了回希腊的漫长旅程。

他到达了巴比伦这座曾经无比强大和辉煌的城市，并在那里举行了盛大的庆祝宴会，就在纵情享乐的时候，他猝然死去了，没能回到希腊。

这一切发生在公元前323年，他当时只有33岁。这些数字你应该很容易就能记住吧，这些数字基本都是"3"，除了中间的那个"2"。

亚历山大大帝征服的土地最多，这些领土都归他一人统治，但这并不是我们称他为"大帝"的唯一原因。

他不仅是最伟大的统治者和统帅，还是最伟大的老师呢。你可能会对此觉得奇怪吧，是亚里士多德教他成为一名老师的。

亚历山大教他所征服的那些地区的人学习希腊语，这样他们便能阅读希腊的书籍；他教给他们关于希腊雕塑和绘画方面的技巧；他还把希腊哲学家们说过的名言警句教给他们，这些哲学家有苏格拉底、柏拉图，还有他自己的老师亚里士多德；他还让他们进行体育训练，就像希腊人为参加奥林匹克运动会所做的那样。

亚历山大娶了一个美丽的波斯女子，她的名字叫罗克珊娜。但是，他们唯一的孩子在亚历山大死后才出生。因此，这位伟大的国王死后，没有人能继承他的大业。他在死前对众多将领说，他们中最强大的那一个将会成为下一位统治者，他们必须通过比武来确定人选。

他的将领们真的用了比武的办法，最后有四个人获胜。他们的决定是把这个伟大的帝国分为四份，每个人分得自己的一块地盘。

其中一个将领叫托勒密一世，他分得的国家是埃及，他把埃及治理得很好。但其他那三个人就没有他这么能干了，一段时间之后，他们的领土都逐渐败落，变得四分五裂。这就像吹气球，你不断地吹气，气球就变得越来越大，亚历山大的帝国也是这样越来越大，直到突然"啪"的一声，什么都没了，只剩下了一些碎片。

第 27 章
迦太基人的没落

有句俗话说:"皇帝轮流做,明天到我家。"

一位网球冠军或是赛车冠军赢了这一届的冠军,然后有那么几年,他都保持不败,可是,早晚会有更年轻、更优秀的选手出现,继而登上冠军的宝座。

国家的兴衰沉浮似乎也跟人一样。一个国家从另一个国家那里赢得霸主地位,在这个位置待上几年,然后,国家变得衰弱了,最终又会有后起之秀接替它的位置。

我们看到

尼尼微一度曾是霸主;接下来

轮到了巴比伦做霸主;接下来

轮到了波斯;接下来

是希腊;最后是

马其顿。

你们可能会有些好奇,在亚历山大帝国四分五裂之后,下一任霸

主会是谁呢？谁会来接这个班呢？

在亚历山大征服世界的过程中，他一直向东方和南方挺进，并没有留意那些地处西边的国家。罗马——有一段时间我们没有提到它了——在那个时候，只是一个小城镇，只有狭窄的街道，木头的房子。亚历山大根本就没有把这样的地方放在眼里。当时的罗马也没有什么野心，只是希望能防止外来的入侵。

但在这个时期，罗马发展起来，不但能够保护自己的国土不受侵犯，还能对外发动战争了。罗马差不多和意大利的所有城邦都进行过交战，并且都取得了胜利，最终，罗马成了意大利的霸主。接着，罗马人开始关注外面的世界，看看在意大利之外还有什么地方可去征服。

可能你在地图上看到了，意大利这只"靴子"前面的尖儿正对着它前面的一座小岛，就好像要把它当足球踢一样。这座小岛是西西里岛，而在地中海对岸的北非有一座城市正对着西西里岛，这座城市叫迦太基。

迦太基城是腓尼基人在多年前建立的，已经发展成为一座非常强大和富有的城市。很多年过去了，腓尼基人已经和北非当地称作柏柏尔人的原住民融为一体。

他们在农场里种植了大片的果树和橄榄树，还饲养了成群的牛、羊和马。其中，富人家还拥有很大的庄园。

由于临近海域，迦太基建造了很多船只，与地中海沿岸的其他海港进行贸易往来，就如古代腓尼基人的提尔城和西顿城一样。到这个

时候，迦太基人已经控制了地中海西端的全部地区。

迦太基人不想看到罗马变得强大。换句话说，迦太基人感到罗马对他们而言是一个潜在的威胁。

而罗马人也忌妒迦太基的富有和发达的海上贸易，所以，急切地要找到一个借口，想跟他们隔海相望的对手打一仗。

如果成心要找麻烦，那挑起争端和引发战争是再容易不过的事啦。一个男孩伸了伸舌头，另一个男孩便上前踢了他一脚，于是两个人就打了起来。

这两个国家当时就像两个小孩子一样，它们找了个微不足道的借口便开战了，尽管它们把这叫作"战争"，其实也不过是像小孩子一样的"打架"，只是没有爸爸妈妈过来训它们，并把它们各自带回家去。

很快，罗马就找到了借口，它们之间开战了。罗马人把这次战争称作布匿战争，因为布匿是他们对腓尼基人的称呼，而迦太基人的祖先就是腓尼基人。

因为迦太基在海的那边，罗马人要过去只能乘船。但是，罗马没有船只，因为它不在海边，不知道该如何造船，更不会驾船航行。

而迦太基人有很多船只，还有众多经验丰富的水手。

碰巧的是，罗马人这时发现了迦太基人扔在海边的一条船的残骸，他们立刻按照这条船的样子做起来。在非常短的时间里，他们就造出了许多的船，最后他们拥有了大量的船只。罗马人用这些船只攻击了迦太基的舰队，尽管他们并不擅长海战。

在这种情况下，迦太基人应该能轻松获胜才对，因为罗马人对船只和航海都了解甚少。在以往的海战中，罗马人的作战方式都是驾船直接冲向敌人的船体，直接捣毁和击沉对方的战船。

罗马人知道若是这样作战，他们肯定不是迦太基人的对手。于是他们想了个办法，让他们打海战也能和在陆地上作战一样。他们发明了一种巨大的铁钩子，并把它称作"乌鸦"。一旦罗马人的船只靠近迦太基战船的一侧，他们不是直接把对方撞沉，而是扔出大铁钩，钩住对方的战船，把两条船靠在一起。这样，罗马人就可以冲到敌人的船上，像在陆地上一样和对方作战了。

这个办法奏效了。

这种新式的作战方式让迦太基人大吃一惊，所以罗马人首战告捷。

但是，罗马人也不是一直占上风的。迦太基人很快也学会了这种作战方式。因此，双方在海陆大战中各有输赢。不过，最终还是罗马人取得了胜利，迦太基人被打败了。就这样，第一次布匿战争结束了。

第28章
世界的新霸主

你能想象到当时的罗马人会因为自己"是"罗马人而感到多么自豪吗?因为罗马已经成为世界上的新霸主了。如果一个男人晃着膀子说,"我是罗马公民",人们通常就要想办法巴结他,生怕惹他不高兴,担心一不小心得罪了他。罗马不仅统治了意大利,还统治了西班牙和北非地区。像其他强悍的民族一样,罗马开始不断地向外征服、扩张,直到公元前100年,罗马成为地中海周围所有国家的统治者——除了埃及。

罗马成为这个世界的新霸主,而且能维持很多年的霸主地位,是因为罗马人做事非常实际。

希腊人喜欢美的东西,美的建筑,美的雕塑,美的诗歌。罗马人模仿希腊人,从他们那里学到了如何创造美的东西,但他们最感兴趣的还是那些实用的事物。举个例子来说吧,既然罗马人统治了世界,他们就需要以一种便捷的方式向帝国的任何地方派遣使者和军队,所以他们必须有许多的道路。当然,那个时候还没有铁路,而通常的道

路也都是土路，这种路总是坑坑洼洼的，到了雨季就成了泥塘，根本没法走。

因此，罗马人开始修路。这些道路是一层层铺起来的。他们把大石头放在最下面作为地基，稍小一些的石头铺在大石头上，大块平整的石板放在最上面。他们修建的道路有几千英里长，有许多条这样的很长的道路通向整个帝国的各个区域，人们可以由各个不同的地方，通过铺设好的道路抵达罗马。正如人们说的："条条大路通罗马。"这些道路修建得非常牢固，其中的许多条道路一直保留到今天，要知道它们可都是2000多年前修建的！

还有两项非常重要的城市设施，也显示出罗马人注重实际的作风。如果现在你生活在城市里，想要用干净的水，只要把水龙头打开就行了。而那个时候，城市里的人们喝的水和用的水，通常得去附近的井或泉水边打上来提回家里。这些井水和泉水经常被污染，人们喝了这样的水就会生病。那时每隔一段时间，人们就会因此而暴发可怕的瘟疫。瘟疫是非常严重的传染病，像我们前面讲过的雅典的那次瘟疫，人们会大批地死去，埋都埋不过来。

罗马人想要干净的水，于是他们开始寻找一些未被污染的湖泊。通常情况下，这些湖泊都离城市很远，所以他们就造了一些大管道把水从各个地方引到城里来。这些大管道不是像现在这样用铁或是陶制作的，而是用石头和混凝土造的，被称为"引水渠"。如果引水渠要经过河流或是山谷，就要架起一座桥来托住它。罗马的许多引水渠一直保留至今，有一些仍在使用。

奥斯曼统治时期以弗所附近的古罗马引水渠（纽约公共图书馆）

在这一时期，那些用过的废水还有其他的废物和垃圾都是直接倒在街道上的，这样就使得城市和乡镇都脏乱不堪，也非常地不卫生，这也是导致瘟疫发生的一个原因。

罗马人建造了庞大的下水道系统，把脏水引到城外，排放到河里，或排到其他他们认为不会引起危害或疾病的地方。现在我们知道，将废水直接排放到河里是不对的，因为这样做会污染河流，人们喝下这种被污染的河水会生病。当时的罗马人只知道不能让废水污染城市和街道，却不知道如何避免废水污染河流。现在，每个大城市都有水管和下水道了，但在欧洲，最先大规模建造它们的是罗马人。

罗马人还做了一件非常有意义的事情，那就是制定人人都要遵守的规则，我们现在称为法律。他们当时制定的很多法律都非常公正合理，我们现在的法律有些还是以它们为范本制定的呢。

罗马帝国所有的城市和乡镇都要向罗马城进贡或交税，因此罗马成了一座非常富有的城市。缴纳来的巨额钱财被用来修建城市中美丽的建筑物、供奉神灵的庙宇、宫殿、公共浴室和被称为"竞技场"的大型露天场所。

竞技场有点像我们的足球场、棒球场或是体育场。不过，它可不

是踢足球或是打棒球的地方,这里表演的是双轮车比赛,还有两个男人之间或是人和野兽之间的决斗。双轮车有两个大轮子,车体却很小,由两匹或四匹马拉着,驾驶的人站在上面。你可能在马戏团看过这种马车比赛。

在所有这些运动里面,罗马人最喜欢的是角斗士的搏斗。角斗士通常是罗马人在战争中抓到的俘虏,都是一些非常强壮有力的男人,他们通过互相搏斗或是和野兽搏斗来取悦看台上的观众。角斗士的搏斗非常残酷,但是,罗马人就喜欢这种血腥的场面。他们喜欢看到一个角斗士杀死另一个角斗士或是杀死一头野兽,觉得这是最有趣和最刺激的。通常,角斗士之间的搏斗都以其中一方的死亡作为结束,就像约定俗成的一样,人们不看到这样的场面是不会满意的。

有的时候,如果一个角斗士被打败了,但是,他在决斗的过程中表现得异常勇猛,在搏斗方面也非常优秀、有风度,这时,竞技场的观众就会对他竖起大拇指,这个手势代表着观众希望获胜的角斗士饶

罗马斗兽场

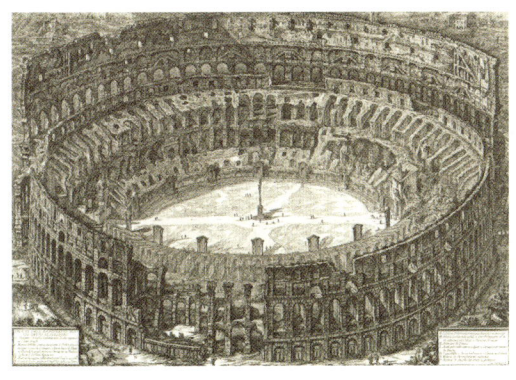
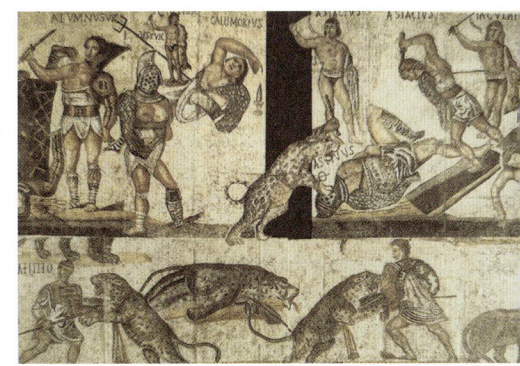

过他的性命。所以,获胜的角斗士在杀死他击倒的角斗士之前,都要等着看观众的手势,如果他们把大拇指朝下,那就意味着他必须将对手杀死来结束决斗。

虽然罗马人生活的城市是这样的美丽、卫生和先进,但是整个帝国的财富大部分落到了富人的手中,这就使得贫富差距越来越大。罗马人把战场上抓到的俘虏带回罗马,让这些人成为为他们无偿劳动的奴隶,所有的脏活、累活都让这些奴隶来干。据说,奴隶的数目是罗马人的2倍之多,平均下来每个罗马公民都有2个奴隶为他服务。

你还记得在布匿战争中打败汉尼拔的那个年轻将领大西庇阿吧?他有个女儿叫科妮莉亚,她生了两个儿子,都很优秀,科妮莉亚自然很为他们感到骄傲。

有一天,一个非常有钱的罗马女人来拜访科妮莉亚,向她炫耀自己的戒指、项链和其他一些珠宝首饰。她有许多这样的珠宝,所以非常得意。

炫耀完这些珠宝之后,她说想看看科妮莉亚的宝贝。

科妮莉亚叫来正在外面玩耍的两个儿子,把他们揽在怀里说道:"这就是我的宝贝。"

但是,孩子们小时候是父母的宝贝,等他们长大了可就不见得仍是宝贝了。你想知道科妮莉亚的宝贝后来怎么样了吗?

这两个孩子长大后,人们叫他们格拉古兄弟。两兄弟看到富人的日子过得奢华至极,而穷人的日子却过得苦不堪言,他们就想要改变

这种状况。他们看到穷人没有东西吃,没有地方住,认为这是非常不公平的。于是,他们想办法降低食物的价格,好让穷人能买得起粮食;他们还想方设法地给穷人弄一小块土地,让他们可以种菜。他们真的做了很多这样的事情。但是,富人不想分给穷人这些好处,因此他们杀死了两兄弟中的一个,后来把另一个也杀死了。这就是科妮莉亚的宝贝最后的命运。

第29章
罗马人中最高贵的一位

我们大家猜个谜吧：

有人捡到了一枚很古老的硬币，硬币上面的日期是公元前100年。绝对不可能有这种钱币，你知道这是为什么吗？看看你能不能猜出来，先不要看后面的答案。

猜到了没有？那是因为我们所说的公元1年是以耶稣基督诞生为起点的，后来才把那之前的时间都叫作公元前。而在耶稣基督诞生之前的人不可能知道耶稣什么时间会出生，所以也不可能在硬币上刻上这样的时间。

在公元前100年的时候，有个小男孩在罗马出生了，他的名字叫尤利乌斯·恺撒。

如果你问他，他是什么时间出生的？他会回答说：是在653年。

你想想这是为什么呢？

因为罗马的纪年是从罗马城建立的那一年，也就是公元前753年开始计算的，他们把那一年叫作第一年。而恺撒是在罗马城建成后的

第29章 罗马人中最高贵的一位

恺撒像（1512—1514年）

第653年出生的，所以说换算成我们的纪年就是公元前100年，明白了吧？

在那个时候，整个地中海地区到处有海盗横行。而这个时期罗马成了世界的统治者，所以有很多装载着金银财宝的船只从帝国的各个地区送往罗马城。海盗们就沿着海岸四处航行，伺机抢劫这些船只上的金银财物。

在恺撒长大成人后，他被派去出海剿灭这些海盗，却被海盗们俘虏了。海盗们把恺撒关了起来，还派人送信到罗马勒索大笔赎金，否则就不放人。恺撒知道如果钱送不来，他肯定会被海盗杀死，他还知道，不管钱送不送来，他都有可能被杀掉。可是，他不但不害怕，反而对那些海盗说，如果他能活着回罗马去，总有一天他会率领舰队回来找他们报仇的，到时候他不会放过他们中的任何一个。不过，后来钱送来了，海盗们就把他放走了，他们认为恺撒一定不敢再回来，他那些话只不过是吹牛罢了。而且，海盗们觉得他无论如何也逮不住他们的。然而，恺撒这个人说到做到，他真的去找海盗们复仇并把他们都抓起来关进了监狱。之后，他按照罗马处置盗贼的办法，把他们都钉死在了十字架上。

罗马帝国远方的属国经常起来反抗罗马，它们想摆脱罗马这个

141

异国的统治。要平息这些地方的叛乱,需要一个善战的大将来统领军队。因为恺撒在与海盗的作战中表现英勇,他被任命为一支军队的将领,并被派去与两个远方的属国作战,这两个地方分别是西班牙和西班牙北部一个叫高卢的国家(现在的法国)。

恺撒征服了这些国家,然后他用拉丁文写下了自己的战斗经历。他为什么用拉丁文呢?因为拉丁文是他的母语。现在,这本书被称作《高卢战记》,通常是学习拉丁文的人首先要阅读的入门书籍。

公元前55年,恺撒乘船横渡到大不列颠岛(也就是今天的英国),征服了那里的大部分地区。第二年,也就是公元前54年,他又一次率军远征大不列颠。

恺撒征服了罗马帝国西部的广大地区,还将这些地区管理得很好,因此他在罗马帝国非常有名,并且非常受战士们的爱戴和尊敬。

在当时,罗马还有一位非常有名的将领叫庞培。在恺撒征服帝国西部的同时,庞培在罗马的东部也率领大军不断向外扩张,作为一名将领,庞培十分优秀,连战连胜。庞培曾经和恺撒是至交,但当他看到恺撒征服了那么多的疆域,又那么受战士的爱戴时,他开始忌妒恺撒了。你看看有多少争端和战事都是由忌妒引起的啊!至少你已听说过两个这样的故事了,现在这个和前面说过的罗马对迦太基的忌妒。

于是,趁着恺撒率军出征在外时,庞培来到罗马的元老院,说服议员们下达命令,要恺撒交出兵权,并返回罗马。

当恺撒接到这个命令后,他认真地考虑了很长时间。最后,他决定回到罗马,但他并不是要交出兵权;相反,他决定率军回去,夺下

罗马城,自己掌权。

在恺撒管理的地区和罗马城之间有一条小河叫卢比孔河,罗马的法律禁止任何将领带兵渡过卢比孔河——这条河是条分界线,罗马人担心如果有将领带兵越过这条界线,就能长驱直入占领罗马,并擅自称王。

因为恺撒决意不再服从元老院,他就率兵渡过了卢比孔河,进入了罗马。

恺撒的凯旋(安德烈亚·曼特尼亚绘)

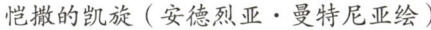

庞培像

现在，人们把那些与危险分隔开来的界线叫"卢比孔河"，还用"渡过卢比孔河"来形容人已经没有退路，只有破釜沉舟去拼搏，才能赢得胜利。

庞培听说恺撒已经领兵逼近罗马城之后，立即逃往希腊。没几天的工夫，恺撒不但成了罗马的领袖，还成了全意大利的头领。接着，恺撒就去希腊追击庞培，在一场战役中把庞培打得屁滚尿流。

赶走了挡路的庞培，恺撒成了整个罗马帝国的最高统治者。因为埃及当时还不属于罗马，恺撒接下来攻打了埃及并征服了这个国家。当时，埃及的统治者是一位美丽的女王，名叫克娄巴特拉。克娄巴特拉长得非常美丽迷人，似乎能让每个人都不由自主地对她着迷。克娄巴特拉极力取悦恺撒，弄得他神魂颠倒，几乎忘记了其他的一切。尽管他已经占领了埃及，但他仍允许克娄巴特拉继续做埃及的女王。

正当此时，远在罗马帝国东部的一些人组织起来发动战争，想要摆脱罗马的统治。于是恺撒离开了埃及，迅速到达叛乱的地方，很快平息了叛乱，然后把获胜的消息送回了罗马。他讲述这场胜利的语言极为简洁，是对战争结果最为拉科尼亚式（还记得这个词的含义吗？）的描述。他信里只有三个字。虽然对信使来说，传递一封三千字的信和三个字的信并没有区别。恺撒这个消息就是用电报发送也是最简短

第29章 罗马人中最高贵的一位

的了。他写的是"Veni, vidi, vici",这三个拉丁文字的意思是"我来,我见,我征服"。

当恺撒返回罗马后,人们想立他为国王,至少他们嘴上是这么说的。其实,恺撒已经不仅是国王,事实上他是整个罗马帝国的首脑了。但他并没有称王,因为自从公元前509年塔克文被逐出国境后,罗马就再也没有国王了。罗马人曾经对国王又恨又怕,即便取消国王之后,他们对这个头衔还是心有余悸。

有些人认为恺撒已经手握大权,这是非常可怕的,因为他足以借此称王。因此,他们想出了一个计谋,以防止这样的事情发生。这些密谋的人里面有一个叫布鲁图的,他曾经是恺撒最要好的朋友。

有一天,这些密谋的人埋伏在恺撒去往罗马元老院的路上,就像放学后,有些孩子藏在角落里等着与他争吵过的同学露面一样。

在恺撒正要走进元老院的时候,这些密谋的人一拥而上把他包围起来,纷纷用剑向他刺去。

恺撒大吃一惊,试图保护自己,但他身上只有一支书写用的笔。虽然有句名言说"笔杆子比剑更有杀伤力",但在这样的时刻,笔实在没有多大的用处。

当恺撒看到布鲁图——他最好的朋友——向自己刺来时,他心痛欲裂,放弃了抵抗。他用拉丁语大声地喊"你,还有你吗?布鲁图",随后倒地身亡。这事发生在公元前44年。

安东尼,恺撒真正的朋友,在恺撒的尸体旁发表了一篇演说,他言辞激烈,周围的人都听得义愤填膺,如果他们能抓住那些谋杀犯,

145

凯撒之死（文森佐·卡穆奇尼绘）

定会将那些人撕成碎片。

莎士比亚写了一部戏剧叫《尤利乌斯·恺撒》来纪念恺撒大帝，而七月（July）这个月份也是以恺撒的名字（Julius）命名的。

现在，你来猜猜安东尼所说的"罗马人中最高贵的那个人"是谁呢？

"是尤利乌斯·恺撒吗？"

不，你错了。那个刺杀恺撒的好朋友——布鲁图，才被叫作"罗马人中最高贵的人"。

你想想这是为什么呢？

想要知道原因，那你就得去读读莎士比亚的这部戏剧，在这部戏剧的结尾有关安东尼的演说中去寻找答案。

后来，德国的统治者被统称为"恺撒"，这个词在那里的意思就是独裁者或者皇帝，而俄国统治者的发音也是源于恺撒的名字，他们简称"沙"，也就是"沙皇"。

第30章
被奉为神的皇帝

如果有个城镇或一条街道以一个人的名字来命名,那这个人的名气就不小了。

你想不想将来做点什么了不起的事情,也能有一条街巷用你的名字命名?

我们想象一下,如果一年中的某个月份是以你的名字命名的,那么,千百万人在接下来的岁月中,要不断地写下或说出你的名字了!

下面我要提到的这个人,不但有个月份以他的名字命名,而且人们把他奉为神灵!

恺撒被刺后,有三个人统治了罗马帝国。其中之一就是恺撒的好友安东尼,他曾在恺撒的尸体旁发表了著名演说。另一个是恺撒的义子,他叫屋大维。第三个人的名字你就不必知道了,因为安东尼和屋大维很快就把他除掉了。不久,他们两个又开始算计起对方的疆域了。

安东尼统治的是罗马帝国的东部,这部分地区的都城是埃及的亚

历山大城，安东尼就住在那里。

在埃及，安东尼跟之前的恺撒一样，爱上了克娄巴特拉，并最终娶了她。

屋大维的区域在罗马帝国的西部，后来他出兵攻打安东尼和克娄巴特拉，并最终打败了他们。被屋大维打败后，安东尼无法承受这样的结果自杀了。

克娄巴特拉对屋大维故伎重演，像之前迷惑恺撒和安东尼那样，希望他也能迷上自己，用这种方式占据上风。

只可惜没用。屋大维和恺撒、安东尼可不是一种人。他不但冷酷，而且精明。他没有心思去谈情说爱，不会中女人的圈套，更不会叫女人打乱他的计划，他所追求的是成为世界上最伟大的统治者。

克娄巴特拉看到自己不能让屋大维坠入情网，又听说自己将被带回罗马，还要像那些在战争中俘获的囚犯一样被游街示众，她无法忍受这样的耻辱，于是她决定死在埃及。

埃及当时有一种叫"角蝰"的小毒蛇，毒性很强。她拿了一条毒蛇，解开胸前的衣襟让它咬了一口后中毒死了。

屋大维成了罗马所有属地的统治者，当他回到罗马城后，人们都高呼他为"皇帝"。接着，他不再用"屋大维"这个名字，改称自己为"奥古斯都·恺撒"，因为这个名字的拉丁文有"皇帝陛下恺撒"的意思。这是在公元前27年。罗马人废除国王是在公元前509年。从那时起，罗马有了皇帝，皇帝的权力要比国王大得多，皇帝统治着许多的国家。

罗马万神殿内部

屋大维,这时他的名字已经改成奥古斯都·恺撒了,在成为罗马帝国的皇帝时,他只有 36 岁。罗马城是这个庞大帝国的都城。

奥古斯都开始把罗马建设成为美丽的城市。他拆毁大量用砖造的古老建筑物,建起富丽堂皇的大理石建筑。奥古斯都很喜欢自我夸赞地说,他得到的罗马是砖城,而留给后人的罗马却是一座大理石城。

罗马最精美的建筑之一是万神殿(Pantheon),万神殿的意思就是所有神灵的庙宇。不要把这个词和雅典的帕提侬神庙混淆,这两个词写法相近,读音相似,可这两座建筑却差别很大。帕提侬神庙得名于雅典娜·帕提侬女神的名字,而万神殿源于两个单词 Pan(所有的)和 theon(神),意思是所有神灵。

万神殿的顶部是个巨大的圆屋顶,是由砖和灰泥砌起来的。这个圆屋顶就像是个倒扣过来的碗,正中是一个圆形的孔,这个孔叫"天眼"。它是万神殿里唯一的"窗户",但是透过它,即使是在多云的天气,也能有足够的光线照进来,让人们清楚地看到整个神

罗马斗兽场和君士坦丁拱门的景色

殿富丽堂皇的内部。

在所有这些宏伟建筑的衬托下，整座城市看上去非常壮观，显出兴盛不衰的气象，以至于有人称它为"永恒之城"，现在还有人这么叫它。

罗马城有一块方形的公共场地，被称作广场，是个大集市，人们到这里来买各种各样的东西。广场的四周有神灵的庙宇、法院和其他一些公共建筑物。罗马法院的外观有点像雅典建造的庙宇，只不过罗马法院的圆柱是在建筑的内部而不是在外面。

为了庆祝重大的胜利，罗马还修建了很多凯旋门。当远征的英雄凯旋时，他和军队要通过这样的一个拱门，庆祝他们胜利归来。

罗马城还曾有一个巨大的半圆形露天竞技场,据说这座竞技场比从古至今的任何建筑的容量都要大得多,能同时容纳20万人——甚至比一些大城市的常住人口还要多。这座竞技场的名字叫马克西穆斯竞技场。后来,人们把它拆掉了,因为要腾出地方建其他的建筑。

另一个竞技场是罗马斗兽场,它是在奥古斯都去世一段时间后修建的。它能容纳的人数和现在罗马最大的体育馆所能容纳的人数相同。我们前面所讲的角斗士之间或是角斗士与野兽之间的格斗,通常是在这里进行的。现在这个斗兽场还在呢,不过已经是残破不堪的样子了。坐在古罗马皇帝坐过的位子上,你能看到那些关过野兽的小房子,还有野兽进入竞技场的门,那里直到现在还留着血迹呢,相传是被杀死的角斗士和野兽留下的。

奥古斯都在位时,涌现出了许多著名的作家,所以,那个时期被称为奥古斯都时代。最知名的两位拉丁诗人就生活在那个时期,他们是维吉尔和贺拉斯。维吉尔写的《伊尼特》(《埃涅阿斯纪》)讲述的是特洛伊人伊尼特在特洛伊城失陷后到处流亡最后在意大利定居下来的故事,他就是罗马城的开

奥古斯都像

创者罗慕路斯和瑞摩斯的曾曾曾祖父。贺拉斯则是写了许多短篇诗歌，它们又被称为颂歌，多数是描写牧羊人和牧羊女的爱情以及田园乡村生活的。人们都十分喜爱他的诗歌，就是现在，还有许多人给自己的儿子起名叫贺拉斯呢。

在奥古斯都死后，因为他为罗马做出了巨大贡献，所以他被奉为神灵。人们为他建造了庙宇，像神一样供奉他，并且以他的名字（Augustus）命名了八月（August）这个月份。

埃涅阿斯出逃（马丁·约翰·施密尼德绘）

第 31 章
影响世界纪元的男人

奥古斯都·恺撒曾经是全世界的主宰。

他得到的罗马是砖城,而留给后人的罗马是一座大理石城。有一个月份是以他的名字命名的,而且他被罗马人奉为神!

像他这样的人,世界上应该没人能比他更伟大了。可在奥古斯都生活的那个时代,还有一个人比他更伟大,尽管奥古斯都本人生前不知道这个人的存在。这个人出生于奥古斯都的罗马帝国东部的一个偏远小村庄,这个村庄叫伯利恒,而这个人的名字叫耶稣。

在耶稣出生后的很多年,除了他的家人和朋友,没人知道和在意过他的存在。

耶稣是一个犹太人,他的父亲是个木匠。青少年时期,他在父亲的店里干活,过着非常简朴、平静的生活。直到30多岁以后,他才开始传教布道。接着,他开始教给人们现在所知道的基督教的全部东西。

他说,世上只有一个上帝。

他要人们互敬互爱,要爱邻如己。

他告诉人们《圣经》中的黄金法则:"你想要人家怎样待你,你就要怎样待人。"

他教导说,在人死后有另一个世界,我们在地球上的短促一生只是在为那个世界做准备,因此,要通过此生的积德行善,才能"积攒财富于天堂"。

有的犹太人认真倾听耶稣的宣讲,并且十分相信耶稣教导的一切。他们认为耶稣会把他们从罗马人的罪恶统治下解救出来,他们早已对那些作威作福的罗马人恨之入骨了。而有些祭司则对耶稣的话心存忌惮。因为当时有很多人愿意听并相信他的话,祭司们担心总有一天他们会输给耶稣(耶稣的思想在他们看来是错误的),所以他们秘密地谋划着要将耶稣置于死地。

但在这个时期,如果没有所属地区的罗马长官同意,这些教士是

耶稣的诞生(约翰·科普利绘)

不能处死耶稣的。这个地区的长官叫彼拉多，教士们就去找彼拉多，告诉他耶稣想要称王。而耶稣只是说，他是天国的主宰，而不是尘世间的国王。这些教士之所以这样诬告耶稣，是因为他们知道彼拉多对耶稣所宣传的宗教一点都不关心，在罗马帝国内有各种各样的宗教信仰——有人信仰虚幻的神，有人信仰太阳、月亮以及类似这样的实体——多一个新的宗教信仰对罗马人来说没什么影响，仅因为耶稣向他人传播宗教，这个理由还不足以将他处死。但是，如果他们使彼拉多相信耶稣想要称王，那耶稣就会被钉在十字架上处死。彼拉多对教士们陷害耶稣的话并不十分相信，他并不认为耶稣会弄出什么事来。但他管理他的辖区还要借助这些人，所以他为了让他们满意，答应处死耶稣。这样，耶稣就成了牺牲品，被钉死在了十字架上。

耶稣选了12个犹太同伴与他一起传教，这12个人被称为使徒。在耶稣被钉死后，使徒们四处游历，向众人传播耶稣的教导。那些信仰追随耶稣教导的人们称为基督的门徒或基督徒。使徒是老师，门徒是学生。

耶稣和基督徒都不得礼拜罗马的皇帝。大多数罗马帝国的人很轻易地信仰一个又一个神灵，而基督徒是绝对不能这么做的。罗马人认为这些基督徒想要开创一个新的世界和帝国，而且是和罗马以及皇帝作对的，所以应该被关进监狱。因此，基督徒都是在秘密的地方集会，有时甚至在地下，这样他们才不会被抓起来。

不久，基督徒的领导者们变得大胆起来。他们从秘密集会的地方走出来，公开地传教布道。尽管他们知道会被关进监狱，还可能会被

两个强盗之间的基督(彼得·保罗·鲁本斯绘)

处死。可他们笃信耶稣的教导,愿意为基督教牺牲自己的生命,哪怕是像耶稣那样,为了大众被钉死在十字架上。

在耶稣死后的 100 年中,大量的基督徒被以叛徒的罪名处死。为基督而牺牲的基督徒被称为"殉道者"。第一位殉道者名叫司提反,他在公元 33 年被众人用石头活活砸死。

在帮忙处死司提反的众人中有个叫扫罗的。扫罗是一名罗马公民,和其他罗马人一样,他对身为罗马人感到非常自豪。他认为基督徒是国家的敌人,所以想方设法地让基督徒受到惩罚。可在后来,不知为何,扫罗忽然改变了想法,开始信仰起基督教,这可是他以前敌人们的宗教信仰。不管扫罗做什么和信仰什么,他都是虔诚的。虽然他从没见过耶稣基督,却成为基督徒的重要成员之一,后来成为一名使徒,人们用他的罗马名叫他"保罗"。

保罗不遗余力地四处传播这一新宗教,就跟当初反对它一样地热衷。后来,他被宣判死刑。不过,

司提反殉道(彼得·保罗·鲁本斯绘)

保罗是罗马公民,而非罗马的法官不能处死罗马人,也不能用钉在十字架上的方式来处决。于是,保罗上诉罗马皇帝,但是他仍然被关进了罗马的监狱,之后被斩首了。后来他被称为圣保罗。

彼得也是主要使徒之一。耶稣曾对他说:"我将给你天国的钥匙。"后来,彼得也被关进监狱,被判决钉死在十字架上。因为耶稣也是这样被钉死的,他觉得和他的主一样的死法是一种很大的荣耀,为了表示他对耶稣的尊敬,他要求头朝下钉死在十字架上。许多年以后,在彼得被处死的地方,罗马建成了世界上最大的教堂,圣彼得大教堂。

耶稣诞生之前都称为公元前,他诞生之后称为公元。你一定认为他诞生的时间就是公元元年,其实并非如此。

在500多年后,人们才开始以耶稣诞生的时间来纪年。可他们在开始纪年的时候,把时间弄错了。后来,人们才发现耶稣实际上出生于以公元纪年的4年之前,也就是说,耶稣生于公元前4年,但是,等发现这个错误的时候,已经来不及改正了。

第32章
血和雷

我小时候养过一条很大的纽芬兰犬，它是我最好的朋友之一。我不知道是谁给它起的名字，在我遇到它之前，它就有名字了。但是，不管给它起名字的人是谁，这个人不是不了解历史，就是个非常不会起名字的人。这条纽芬兰犬名叫尼禄，如果这条狗知道这个名字是什么人叫过的话，它一定会讨厌这个名字。

通常情况下，每个有趣的故事里都会有一个坏蛋，这样故事才会有意思。罗马的故事里坏人非常多，但是尼禄才是他们当中最坏的那一个。他是罗马的皇帝，生活在耶稣诞生后不久，是历史上最邪恶、最残忍的统治者之一。

他把自己的母亲杀了，他的妻子也没有逃过他的魔爪，被他杀了，他还杀了自己的老师。这位老师名叫塞涅卡，他也是一位智者，同苏格拉底一样。

我们认为，就是尼禄把彼得和保罗判处了死刑，因为他们都是在尼禄统治的时期被处死的。

第32章 血和雷

尼禄皇帝像

尼禄好像看到别人受苦或是被折磨,就特别开心。他喜欢看人们被野兽撕成碎片,这令他欢呼雀跃,激动不已。我见过一些男孩子,他们喜欢朝狗扔石头,就是想听它们被吓得汪汪叫,要不然就是折断蝴蝶的翅膀。这些男孩一定有点儿尼禄的心肠,你不觉得吗?

如果有个人是基督徒,那尼禄就有借口来狠狠地折磨他了。尼禄叫人在一些基督徒身上淋满焦油和沥青后,放在宫殿花园的四周,然后点上火,把他们当火炬一样烧着。据说,尼禄曾经在罗马城纵火,他这么做只是单纯想看火烧罗马城,从中找找乐子。他坐在一座高塔上,在那里一边看着火势蔓延,一边弹琴。这就是谚语说的"罗马失火,尼禄奏乐"。大火日夜不停地烧了整整一周,毁掉了大半个城市。之后,尼禄把罪责嫁祸给基督徒,说是他们放的火。你做过这种嫁祸于人的事吗?

有些人认为,尼禄实际上就是个疯子,我们倒希望这是真的,因为很难想象一个正常人会有他那样疯狂的行为。

尼禄为自己建造了巨大奢华的宫殿,里面装饰了大量的黄金和珍珠母。这就是有名的尼禄"金宫"。在金宫正面的大门前,立了一座

巨大的尼禄本人的塑像（colossal statue of himself），这座塑像有15英尺高，是用青铜铸造的。金宫和尼禄雕像后来都被毁掉了，在那个遗址上，几年后建起了克劳赛厄姆斗兽场（Colosseum，以coloss-al这个词而得名），它就建在尼禄雕像的那个位置上。

尼禄本人十分自负，他认为自己作诗和唱歌都很优秀。尽管实际上他两样都很糟糕，他却喜欢到处炫耀，反正也没人敢笑话他。如果有人胆敢取笑他，或是在他作诗和唱歌时笑一笑，他都会立刻把这个人处死。尼禄的残暴激起了人们的不满，就连不是基督徒的罗马人都对他又怕又恨，后来，军队也起来造反了。尼禄事先知道了人们要对自己下手，为了免于遭受被自己国民处死的耻辱，他选择了自杀。不过，他却是个懦夫，怎么也没勇气把剑刺进自己的胸膛。最后，是他的奴隶在旁边等得不耐烦，替他把剑插进了他的胸膛。就这样，罗马人除掉了他们最糟糕的统治者。

这就是我要讲的"血和雷"故事的第一部分，接下来是第二部分。

耶路撒冷的犹太人从来不愿被罗马统治。和基督徒一样，犹太人不能接受把皇帝当作神来崇拜。可他们一直没敢反抗。但在公元70年，他们造反了；他们宣布不再服从罗马的命令，也不再向罗马进贡。

当时的罗马皇帝派他的儿子提图斯率军前去镇压，要像惩罚不听话的孩子一样狠狠地教训他们。

罗马的军队犹太人哪里能阻挡得了，最后犹太人只能涌入他们的耶路撒冷城，做最后的抵抗。提图斯毁掉了这座城市，屠杀了里面的犹太人，据说有100万名犹太人被杀害。随后，提图斯洗劫了所罗

第32章 血和雷

门神庙,把里面值钱的装饰全部带回了罗马。在这之后,他们捣毁了这座巨大的神庙。

为了庆祝对耶路撒冷作战的胜利,罗马在广场上建起了一道拱门(凯旋门),提图斯和他的军队穿过拱门庆祝胜利。在这座凯旋门上刻着浮雕,描绘的就是提图斯带着所罗门神庙的战利品离开耶路撒冷的情景。在这些战利品中,最著名的就是他从神庙拿走的黄金制成的七臂大烛台。现在,我们可以看到许多用黄铜制的七臂大烛台的复制品。

后来,耶路撒冷城又被重建了,但是大多数幸存下来的犹太人从此之后就流落到世界各地。人们离开祖国散居在外这种情况叫"移民社群"(diaspora)。

故事的第三部分是"雷"。

在意大利,有座火山叫维苏威火山。你还记得吧?火山一词来源于火神伏尔甘的名字,火神就是那个铁匠神。人们想象他的炼炉就在火山的中心,是这个巨大的炼炉产生了火山喷发时的烟尘、火焰和灰烬。这座维苏威火山不时地发出轰鸣,剧烈地震动并喷发出火焰,还不断地有石头和热气飞溅出来,其中喷溢出的通红、熔化的石块叫火山岩。这是地球内部热量的爆发。可是,人们仍然在火山的附近建造房屋和城镇,甚至就住在火山边上。每隔一段时间,火山就会爆发喷出火焰,他们的家园就会被毁掉。但过后,他们又会回去,仍然在原来的地方盖房子居住!

在提图斯时代,有个小城镇叫庞贝,就在维苏威火山的山脚下。

罗马的富人们夏天习惯去那里避暑。在公元79年的一天，提图斯刚刚成为皇帝后不久，维苏威火山忽然爆发了。庞贝城的人们夺路而逃，但是已经来不及了。因为在逃跑之前，火山爆发喷出的气体令他们很快窒息，死亡，被深埋在了滚烫的岩浆下面，甚至都没有来得及挪动一下他们的位置。

这些人和他们的房子被埋在火山灰下面2000多年。岁月荏苒，人们都忘记了世界上有过这样一座城市，于是又在那里建设家园。后来的某一天，有人在以前的庞贝城上挖井，挖到了一只手——不，准确地说，应该是一只手骨。他告诉了其他人，于是人们开始不停地向下挖，看看还能挖到些什么，最后整个庞贝城被挖了出来。现在，人们可以去参观庞贝城的遗址，到那里看看它公元79年还没有被毁掉时的样子。

那里有许多去庞贝城度假的罗马人修建的房子，还有很多店铺、神庙、宫殿、公共浴室、剧院、市场和广场。街道都是用火山岩石块铺成的，那上面还有罗马人常用的二轮马车碾过的车辙。在一些十字路口还放着踏脚石，这样在下大雨的时候，即使路上满是积水，人们也能踩着这些石头穿过街道。这些踏脚石现在还保留在原地。家家户户的地板都是用彩色的石块拼起来的，组成了各种各样的图案。这种装饰手法叫马赛克，现在也保留了下来。有一家房子门厅的地板上，彩色石头拼起来的是一只狗的马赛克图案。这只狗下面还有一句拉丁文"Cavecanem"。这是什么意思，你能猜到吗？它的意思是，院内有狗！

第32章 血和雷

　　被埋在火山灰下面的人们的骨头也被发现了,那里还有女人戴的青铜饰物,装饰房间的花瓶,厨房用的罐子、锅和碗盘,还有用来照明的灯具。床和椅子被发现时,还是被埋之前的样子。还有更令人叫绝的,桌子上还放着蛋糕,一块吃了一半的面包,准备做菜的肉,火上放着水壶,下面是柴火灰,还有蚕豆、豌豆和一个没打破的鸡蛋——这也许是世界上最古老的鸡蛋了!

第33章
好皇帝和坏儿子

在尼禄这个邪恶的罗马皇帝死了90多年以后，一个叫马可·奥勒留的人登上了皇位。与尼禄的邪恶相反，他十分善良。很多人认为他是历史上最高尚、最伟大的人之一。

在当时，大多数罗马人没有什么宗教信仰。他们既不是基督徒，对本国供奉的朱庇特、朱诺和其他的那些神灵也并不虔诚。罗马人之所以供奉这些神灵，只是因为他们从小就被家里人告诉要这么做，再则，他们认为如果不敬奉这些神，就会倒大霉、吃大亏。他们供着神只是为了以防万一，怕自己真的倒霉。

虽然很多罗马人不信奉神灵，可他们却很愿意听从某位智者或哲学家的教导，并且尽量遵从他们所制定的规则。

大约在公元前300年，一位名叫芝诺的希腊哲学家讲授一种被称为"斯多葛主义"的哲学。他的思想逐渐传播开来，在一个世纪后传到了罗马。很多罗马人喜欢斯多葛主义，因为它教导人们要有良好的品行、智慧和承受困苦的力量。尼禄杀死的那个老师塞涅卡便是一名

斯多葛主义者,还写了关于斯多葛主义的著作。

又过了不到100年,马可·奥勒留成了罗马的皇帝,此人也是个斯多葛主义者。事实上他也需要如此,因为他有过一段非常艰难困苦的经历。他还把自己的思想记录了下来,这本著作现在被称作《沉思录》。他原本并没有打算把自己的想法出版发表,写下来只是为了提醒自己应该如何去思考和行动。

下面便是马可·奥勒留所信奉的一些准则:

· 必须平静地承受伤害和痛苦。

· 必须忍受所发生的一切,不管它看似多么糟糕。所有发生的事情都是上帝安排的,而上帝是善的。因此,所有的一切都是善的。

· 必须一如既往地履行自己的职责。

· 绝不去追求享受。

· 行为端正是生活中最为美好的。

· 我必须遵循上帝的法则。

· 所有人都是我的兄弟姐妹,对待他们,要像对待自己的兄弟姐妹一样。

马可·奥勒留是个虔诚的斯多葛主义者,他行事都遵循自己的准则,一贯履行自己应尽的职责。他对人友善,对穷人也很照顾,还试图去掉角斗士在决斗中的那些残酷和野蛮的成分。

直到今天,许多人还在阅读马可·奥勒留的《沉思录》。书中的

马可·奥勒留大理石雕像
（公元 161—169 年）

一些话听起来像是出自《圣经》。甚至到了今天，人们还把那些承受苦难而毫无怨言的人称作斯多葛主义者。

马可·奥勒留的原则之一是"宽恕你的敌人"。尽管马可·奥勒留不是基督徒，但他为人处世比后世那些身为基督徒的皇帝要高尚许多。

很多人自己能以身作则，却无法教育好自己的儿子，马可·奥勒留也一样，他没能把自己的儿子培养成一个好人。

马可·奥勒留可以说是好到了极致，而他的儿子康茂德坏到了极点。这个孩子在长大后，把履行职责、行为端正和遵从上帝的法则等统统抛在了脑后。相反，康茂德的第一个追求就是享乐，而且是最堕落的享乐。他完全忘记了父亲所教导的对他人要如同兄弟般友善，只想着自己享乐。

康茂德是个运动健将，有结实的肌肉和英俊的外表，对此他非常骄傲，还为自己制作了一座雕像。这座雕像展示了他发达的肌肉，整个身体有如大力神赫拉克勒斯一样强壮。康茂德让人们把自己当作神一样供奉。为了炫耀他肌肉的健美和力量，作为一个皇帝他竟然参加

第33章 好皇帝和坏儿子

摔跤比赛。要是有人挑他的过错或批评他,他就会把这个人毒死或杀害。他过着放荡不羁的生活。不过,最终他也是罪有应得,很多刺杀他的计划都没有成功,最后他却被一个摔跤手勒死了。

对于康茂德来说,快乐就意味着尽情地吃喝玩乐,参加通宵达旦的宴会。而对那些不同的、高尚一些的乐趣,康茂德却是一点儿兴趣都没有。

赫拉克勒斯装扮的马可·奥勒留之子康茂德

大约在芝诺的同一时期,还有一位希腊的智者,也可以说是哲学家,名叫伊壁鸠鲁。他的思想后来也在罗马流行起来,有千万人信服他的理念。那些信奉伊壁鸠鲁思想的人认为,最高的善就是快乐,但这种快乐又必须是善的。

举一些例子,伊壁鸠鲁主义者认为以下的这些快乐是善的:

- 为人正直诚实
- 对人公正
- 与好人交朋友
- 过朴素的生活

- 不要迷信，盲从
- 不要恐惧
- 心静地学习
- 保持镇静

伊壁鸠鲁主义者认为，任何带来痛苦的快乐都不是真正的快乐——应该说根本就不是快乐。试想一下，如果康茂德所遵循的是伊壁鸠鲁的快乐理念，而不是他自己那种放荡、自私的想法，那他会有多么幸福啊！

伊壁鸠鲁塑像

第 34 章
君士坦丁与新罗马

在耶稣被钉死后的许多年里,那些信仰基督的人都遭到了残酷的对待——我们称之为"宗教迫害"。仅因为是基督徒,他们被鞭挞,被石头砸,被铁钩子撕扯,还被火烤,甚至被活活烧死。然而,奇怪的是,即便他们受着这样的迫害,基督徒的人数却在与日俱增。他们坚定地相信有死后的世界,并且认为如果是为基督而死,那死后的生活一定会更加幸福,因此,他们甚至乐于承受折磨,坦然面对被杀的命运。最终,还是罗马皇帝下了命令,禁止迫害基督徒。事情的经过是这样的:

大约在公元 306 年,罗马的皇帝是君士坦丁,他并不是基督徒。他敬奉的是古罗马的那些神,不过,就是对这些神他可能也不

君士坦丁一世像(君士坦丁大帝)

那么信奉。

有一次,君士坦丁带兵和敌人作战,在某天晚上,他做梦看到天空中有一个燃烧的火焰形成的十字架,十字架下方有一行拉丁文字"In Hoc Signo Vinces",意思是"以此为标志,必将得胜"。君士坦丁认为,这寓意着如果他带着十字架参加战斗,就一定能征服敌人。他想试一试,看看基督徒的神是否灵验。于是,他让士兵们在盾牌上都做了一个十字架的标记,然后上阵杀敌,这次他果然打了胜仗。为了庆祝这次胜利,君士坦丁下令在罗马元老院建一座凯旋门——君士坦丁凯旋门,这座凯旋门就在罗马的广场上,由三个圆拱组成。之后不久,君士坦丁就宣布了基督教在罗马帝国的合法化。据说,在君士坦丁死前,他正式受洗成为一名基督徒。自君士坦丁之后,所有的罗马皇帝(只有一个除外)都是基督徒了。

君士坦丁的母亲叫海伦娜,她也成了一名基督徒。她把毕生的精力都奉献给了基督教事业,并在伯利恒和橄榄山修建了许多教堂。

君士坦丁的即位典礼

据说，她还去过巴勒斯坦，在那里找到了300年前耶稣受难的十字架，带了其中一部分回到罗马。她死后被追封为圣徒，现在，人们都称她为圣海伦娜。

君士坦丁命人在圣彼得受难的地方建了一座教堂。许多年后，这座教堂被拆除，在原地址建起了一座更大、更宏伟的教堂来纪念圣彼得。

君士坦丁对罗马城并不是很喜欢，他更愿意住在罗马帝国东部的一座城市，这座城市叫拜占庭。后来，他从罗马迁到拜占庭，并把那里定为都城。拜占庭又叫新罗马，之后改名为君士坦丁城。在希腊语中，表示城市的词叫 polis（音译为波利斯），这个词经常和地名组合在一起表示某座城市。比如，Annapolis（美国的安纳波利斯）和 Indianapolis（美国的印第安纳波利斯）。所以，君士坦丁城（Constantine）也就是 Constantinopolis，后来简化为 Constantinople，也就是我们现在所说的君士坦丁堡。

1572年君士坦丁堡鸟瞰图

罗马帝国承认基督教没多久，基督徒内部就发生了一场争论，辩论双方各执一词。他们争论的主要焦点是耶稣基督是否等同于圣父上帝。君士坦丁就把两派的人员召集到一个叫尼西亚的地方共同解决这一问题，双方在这里展开了激烈的争论。最终，他们达成了一致意见，认定在基督教会中都应坚信圣父等同于圣子。之后，他们同意把达成的共识用文字记录下来，记录下来的这个共识被称为《信经》（也就是信奉的意思）。因为《信经》是在尼西亚被记录的，所以又称为《尼西亚信经》，现在很多基督徒在每个礼拜日还要吟诵它呢。

在君士坦丁时代以前，罗马帝国没有星期天这个休息日。星期天和其他日子没什么两样，人们像平时一样，该做什么就做什么。君士坦丁认为，基督徒应该每周能有一天来礼拜上帝——这天是个神圣的日子，用英文表示就是 holyday，简称就是 holiday，我们现在叫假日。他把星期天定为基督教徒的休息日，这一天他们不需要工作，专门礼拜上帝，就如星期六是犹太人的圣日，星期五是穆斯林的圣日一样。

君士坦丁是整个罗马帝国的统治者，而另一个人则是世界上所有基督徒的精神领袖。这个人就是罗马主教，拉丁文是 papa，这个词在拉丁文里的意思跟英语里的"父亲"一样，用在基督教里面则指教皇（后来演变为 pope）。所以，罗马的主教就被称为教皇，而圣彼得被公认为第一任教皇。几千年来，教皇一直是世界各地所有基督徒的精神领袖，不管这些基督徒居住在哪一个国家。

第 35 章
野蛮的侵略者

  罗马城和罗马帝国的时代终于走到了尽头，这个帝国的强盛达到了巅峰，它也应该走向衰落、为别的国家所征服，可是你肯定猜不到是哪里的人们征服了罗马，并成为下一个世界霸主。

  几千年来，日耳曼部落一直生活在罗马帝国的北部边界。他们不时地穿过边界进入罗马的国境，因此，罗马人不得不经常和他们交战，好把这些人赶回他们的领土。尤利乌斯·恺撒曾和他们交战，马可·奥勒留和君士坦丁也是如此。罗马人将这些人称为野蛮人，其实他们把除罗马人外的所有人都称作野蛮人。罗马人认为所有的野蛮人都凶猛好战。

  多数日耳曼人都是浅色头发、蓝眼睛，也就是我们所说的金发碧眼。希腊人和罗马人以及其他生活在地中海周围的人都是深色头发、黑色眼睛。

  尽管一些日耳曼人已经迁移到罗马帝国，但他们多数生活在人烟稀少的地区而不是在繁华的城市。他们住在木头做的小屋里，有的小

屋就是简单地用树枝编起来的，像个大篮子一样的东西。女人们种菜、喂养牛马，男人们打猎、作战和打铁。打铁是非常重要的，因为铁可以制成用来作战的剑和长矛以及各种生产工具。这就是史密斯（铁匠的音译）这个名字在他们中非常受尊敬的原因。

每当男人们出去作战，他们都戴着自己杀死的兽头，通常是公牛的头、角，或是狼、熊和狐狸的头。这样做是为了让他们看上去更凶狠，

手拿头盔的日耳曼勇士（奥斯马尔·辛德勒绘）

让敌人更害怕。

在当时,"勇敢"是男人们最看重的品质。男人可以撒谎、偷窃,甚至杀人,但只要他是个勇敢的战士,就可以说是个好人。日耳曼部落没有国王,他们的首领通过选举产生。当然,他们总是选最勇敢、最强壮的人。首领不能让自己的儿子继承他的位置,所以部落的首领更像是总统,而不是国王。

这些北方的民族所信奉的神和希腊人、罗马人所信奉的神完全不一样。你也许能猜到,他们的主神是战神,叫沃登。沃登也是天神,犹如希腊的天神宙斯和战神阿瑞斯的结合体。据说沃登住在天上一个叫瓦尔哈拉的美丽宫殿里,有很多童话讲述他的精彩故事和冒险经历。星期三(英文是Wednesday)曾经写作Wodensday,就是以沃登(Woden)的名字命名的。因此,这个单词里面有个字母d,但这个字母并不发音。

托尔是另一位重要的神——雷电之神。他随身带着一把铁锤,就用这把铁锤和住在远方寒冷地带的巨人们作战,那里的巨人叫冰巨人。星期四(英文是Thursday)以前是Thorsday,就是以托尔(英文是Thor)的名字命名的。

另一位神是蒂乌(英文为Tiu),人们以他的名字命名了星期二(英文Tuesday)。还有一位神叫弗蕾亚(Freya),星期五(英文Friday)就源于她的名字。因此,我们一周有4天是以日耳曼的神的名字命名的,尽管现在根本没人信奉这些神灵。

一周里剩下的那3天,其中星期天(Sunday)和星期一(Monday)

哥特军队（勃克林绘）

是以日（Sun）、月（Moon）来命名的。而星期六（英文Saturday）是源于一位罗马神灵萨杜恩（Saturn）的名字。

大约在公元400年，这些北方的邻居很让罗马人感到头痛。因为他们开始挺进罗马的北部地区，就这样过了几年，罗马人再也不能把他们驱逐出去了。这些日耳曼部落中有两支部族进入了不列颠地区，住在那里的罗马人发现大势已去，就选择了最明智的做法——自己离开了那里，于是他们回到了罗马，把那里的土地和当地的原住民留给了这些侵略者。

在不列颠安顿下来的两支部落分别是盎格鲁人和撒克逊人，因此这个地方后来被叫作盎格鲁人的土地，简单地说，就是"盎格兰"。

盎格兰这个词经过多年的变音,就成了我们今天所说的"英格兰"——英国。英格兰人现在的全称仍然是盎格鲁-撒克逊人,而且我们把所有公元400年在不列颠定居的盎格鲁人和撒克逊人的后代都称为盎格鲁-撒克逊人。

另一支叫汪达尔的部落进入了高卢地区,高卢就是现在的法国。接着,他们继续南下到达西班牙,在那里烧杀抢掠、无恶不作。后来,他们乘船到达了北非,他们走到哪里,就破坏到哪里。所以,每当现在有人恶意地毁坏财物,我们就称他为"汪达尔人"。如果你用刀子乱刻书桌、撕坏课本或在墙壁和围墙上胡乱涂写,那么你也是个汪达尔人了。

在汪达尔部落之后,有一支叫法兰克的部落进入了高卢。他们后来就定居在那里,并把那个国家更名为法国。

意大利北部的民族是哥特人,他们有个领袖叫阿拉里克。后来,阿拉里克领导着哥特人翻山越岭进入意大利,在那里洗劫并摧毁了他们所见到的一切有价值的东西。接着,他们侵入了罗马,在那里大肆抢掠,罗马人对他们毫无办法。但这还不是最糟糕的,最糟糕的还在后面。

第 36 章
当野蛮人遇到世界霸主

在遥远的东北部地区有一个部落，罗马人和日耳曼部落的人都觉得那里的人太过凶猛，他们就是匈奴人。匈奴人居住在遥远的东部森林地带，那时候人们对这个地区还知之甚少。

尽管日耳曼人本身都是十分勇猛的战士，但他们还是很怕匈奴人。也正是因为他们害怕匈奴人，想离匈奴人越远越好，所以才越过边界侵入罗马帝国。毕竟，和罗马人打仗可比对付匈奴人容易多了。

有一位匈奴首领阿提拉曾经吹嘘说，凡是他的马蹄踏过之处，寸草不生。阿提拉和他所率领的匈奴人从遥远的东部不断地向外扩张，差不多要打到巴黎了，他们把一路征服的土地都变为了废墟。最后，罗马人和日耳曼人组成军队联合起来抵抗匈奴人的进攻，他们在离巴黎不远的一个叫沙隆的地方展开了激战，这场战争就是历史上有名的"沙隆之战"。

日耳曼人孤注一掷，殊死一战，终于击败了匈奴人。幸亏他们被打败了，如果得胜的话，这些疯狂的野蛮人可能会征服全世界呢。

因此，公元451年的沙隆战役在历史上十分重要，在历史书中都是用大写字母、大号字体特别记录的——451，沙隆之战。

阿提拉和匈奴人在沙隆被击败之后，又想去攻打罗马人。于是，匈奴大军掉转马头，攻向南边的意大利，他们所向披靡，一路烧杀，经过的地方甚至都没人敢去试图抵挡一下。他们觉得匈奴人都是怪物，即便敌人还离得很远，也望风而逃。就这样，匈奴人攻打到了罗马。

这个时期，罗马的教皇是利奥一世，利奥（Leo）是狮子（Lion）的意思。当然，利奥一世可不像狮子那样勇猛，他本人既不是军官，也不是战士。但是，他和他的红衣主教团以及其他一些主教却走出罗马城，前去会见阿提拉。他们这些人既没穿着盔甲，也没有携带任何作战的武器。他们都穿着华丽的长袍和色彩鲜艳的外套，这让人觉得他们去见阿提拉就犹如羊入狼群一样等着被杀了。

在阿提拉和利奥一世教皇相遇的那一刻，不可思议的事情发生了，具体的情况人们知道得并不是很清楚。可能是阿提拉被这些基督徒的气势和光芒震慑了，也可能是他害怕如果杀死这些仿佛是来自天国的圣人，上天就会惩罚他。无论如何，他没有伤害他们，也没有入侵罗马，而是掉转马头，永远地离开了意大利。就此，罗马完好无损地躲过了一劫，而阿提拉和匈奴人则回到了北边他们那片鲜为人知的土地。

令人生畏的阿提拉已经不再挡道，非洲的汪达尔人便认为他们进攻罗马的机会来了。阿提拉前脚刚走，汪达尔人就从非洲乘船顺着台伯河来到罗马，不费吹灰之力就占领了罗马，抢走了罗马所有

的财宝。

可怜的古罗马！"永恒之城"终于被打败，而且是彻底被打垮了。它曾是称霸多年的世界强国，而如今罗马所有的实力都荡然无存了。这座城市再也无法自保了。罗马最后一位皇帝有着很响亮的名字——"罗慕路斯·奥古斯都鲁"，这名字和罗马的第一任国王相同。但是，尽管这位皇帝的名字很响亮，他对罗马帝国的衰败却无力挽救。

罗马城在公元476年失陷。从此，以罗马为都城的帝国西部地区四分五裂，分别为日耳曼部落中各个不同的部族所占领。有一首童谣是这样唱的："矮胖子坐墙头，矮胖子栽跟头，国王的马，国王的兵，无法还他原来的样儿。"罗马帝国就像这个矮胖子一样，摔了一个大跟头，再也无法重新拼凑到一起了。只有以君士坦丁堡为都城的东部地区存在，这部分土地没有被野蛮人征服，持续了将近1000年，直到后来——我们还是等讲到那个时代的时候再提它吧。

人们把公元476年作为古代历史的结束，像这样的日期既准确又方便记忆，人们喜欢确定的时间。但古代的历史显然不会是在这一年便突然地结束了。这和我们每到12月31日就结束一年，新的一年从此开始，是完全不同的。你可以说古代历史早在公元476年之前就开始慢慢衰退，一个全新的时代逐渐在公元476年前后初露端倪。当然，说公元476年主要是因为记起来方便。

这个新时代被称为中世纪或中古时期，它起于公元476年，结束于公元1453年。那么，在公元1453年又发生了什么呢？到后面你就

知道了。

在中世纪的早期,从公元476年到大约公元1000年,日耳曼民族是欧洲人口的主体。他们很快就从被征服的罗马人那里学到了很多东西,甚至在他们征服罗马之前,他们中的大多数人不仅已经成了基督徒,还学习拉丁语。

统一的罗马帝国不复存在,人们也不再经常旅行或去往远处了。这就意味着像西班牙、意大利和高卢这些不同地区的人们很少再有机会相互交往。许多年以后,他们开始使用不同的表达语词,每个字的发音也变得不同了。千百年过去了,人们都不再讲陈旧、古典的拉丁文,而是使用新形成的西班牙语、意大利语和法语。这些语言都与拉丁文不同,相互之间也完全不同。不过,因为它们都源自拉丁文,所以有很多词汇都非常相似。

在不列颠,盎格鲁-撒克逊人和罗马人毫无关系,当然不会使用罗马语,他们一直保留自己的语言。一段时间后,盎格鲁-撒克逊人的语言被称为英语。盎格鲁-撒克逊人还一直保留着自己的宗教传统,这种传统一直保留到公元600年左右。

那个时期,一些英国奴隶在罗马的奴隶市场上被贩卖。他们都长得十分英俊,罗马教皇看到了便问他们是哪里人。

"他们是盎格鲁人。"有人回答。

"盎格鲁!"他喊道,"他们这么英俊,应该是'天使'(之所以这么说,一方面因为盎格鲁和天使的英文单词很接近,盎格鲁为Angle,天使为angel;另一方面天使最初是基督教中的概念,教

皇也希望更多的民族信奉基督教）才对呀。他们真的应该成为基督徒啊！"

后来，罗马就派了一些传教士去英格兰向英国人传播基督教，把盎格鲁人变成了"天使"。就这样，英国人最终也成了基督徒。

第37章
新的地方和新的英雄

　　日耳曼的国王们瓜分了西罗马帝国的土地，但是以君士坦丁堡为都城的东罗马帝国，仍然在罗马人的统治之下，这个罗马人叫查士丁尼。到那时为止，罗马人就已经有了一大堆要遵守的法律规则，因为它们繁多、混杂，所以常常出现此种情况：这条法律要求你这么做，而另一条却要求你不能这么做。这有点像你的妈妈说你今天晚上可以到9点再休息，而你的爸爸却告诉你必须在8点钟就上床睡觉。因此，人们很难分清楚什么是可以做的，什么是不能做的。

　　为了避免这种混乱的局面，并且能够更好地管理人民，查士丁尼专门制定了一套新的法律。其中的一些法规非常完善、公正，至今仍然在使用，如果你留意到了查士丁尼（Justinian）的前几个字母是"Just"（公正的意思），这会有助于你记住他是这套公正法律的制定者。

　　查士丁尼做的另一件事也一直影响到了今天，那就是他在君士坦丁堡建了一座非常华美的教堂——圣索非亚教堂。尽管它现在已经不是教堂了，但是历经悠久的岁月，它仍然屹立在那里，成了一个美丽

的名胜古迹。查士丁尼还做了一件你怎么也猜不到的事情,这件事和战争、法律或建筑都毫无关系。

那个时候,有些旅行者从遥远的东方,也就是今天的中国,带回了一个有关毛毛虫的奇妙传说,传说这种毛毛虫会用一种精细的超过1英里长的线把自己缠绕起来。他们还说中国人可以把这种长线解开,并用它织成光滑柔软的布料。这种线你可能已经猜到了,就是蚕丝,而这种毛毛虫就是蚕。欧洲人见过美丽的真丝布料,但蚕丝是怎样织成布料的,对他们来说却是个谜。他们觉得这种布料实在是太美、太漂亮了,就猜测它可能是仙女或精灵织成的,甚至可能来自天堂。查士丁尼听说了这个关于毛毛虫的奇妙传说,就派人把蚕带回了欧洲,这样,他的国民就能织成真丝布料了,也有丝缎带和华美的丝绸衣服了。所以,我们称他为欧洲丝绸业的创始人。

大约与查士丁尼同一时代的法国国王叫克洛维。克洛维是日耳曼

查士丁尼和他的随从(意大利北部韦纳德圣维他雷教堂中的马赛克作品)

第37章 新的地方和新的英雄

克洛维和士兵受洗

部落中法兰克部族的人，就是进入高卢地区并将其更名为法国的那个分支。和他这个民族的其他人一样，克洛维信奉托尔神和沃登神。克洛维的妻子叫克洛蒂尔德，他非常宠爱她。克洛蒂尔德认为，他们的人民似乎都很喜欢战争和其他残酷的行为，这是不对的。她听说基督教是不提倡冲突和战争的，就想成为一名基督徒。于是，她受洗成了一名基督徒。然后，她又想方设法地劝说自己的丈夫克洛维也成为基督徒。

此时，克洛维正准备打仗——这是基督徒最反对的事情。不过，为了让妻子高兴，他答应她，要是打赢这场战争，他就做个基督徒。结果，他真的打赢了，于是他遵守诺言，接受了洗礼，还让他的士兵也一起受洗。克洛维把巴黎定为都城，而巴黎现在仍然是法国的首都。

也是在这一时期，统治着英格兰的国王是亚瑟。英国的许多诗歌和故事都与亚瑟王有关，其中的大多数故事是虚构的，虽然我们知道这些故事并不真实，但它们却是很有价值而且十分有趣的——就像那些讲述特洛伊战争中的英雄们的故事一样。

据说，有一把剑叫艾克斯盖莱勒，又称王者之剑。这把剑紧紧地卡在一块石头当中，只有一个人能把它拔出来，这个人就是英格兰未来的国王。所有贵族都尝试着把这把剑拔出来，可是都失败了。直到有一天，

亚瑟王拔出石中剑（亚瑟·拉克姆绘）

有个叫亚瑟的年轻人轻而易举地把剑拔了出来。于是，他就顺理成章地成了英格兰的国王。

亚瑟王选了一些贵族同伴和他一起管理国家，由于他们在商讨国家大事时经常围坐在一个大的圆桌前，所以这些贵族都被称为圆桌骑士。一位著名的诗人丁尼生写了一首长诗来描写亚瑟王和他的圆桌骑士，这首长诗的名字叫《国王之歌》。这首诗你得自己去读，因为接下来我们要讲另一个故事了。

第38章
善是什么

你认为什么是"善"呢?

日耳曼人认为勇敢是善。

雅典人觉得所有美丽的事物都是善。

斯多葛主义者认为尽职尽责,并平静地忍受苦难是善。

伊壁鸠鲁主义者觉得,适宜的快乐是善。

殉道者认为,"善"意味着为耶稣基督遭受苦难,乃至牺牲。

自从殉道之风刮起后,一些基督徒想要做出更加突出的善行,于是他们就进入旷野之中,一个人去过离群索居的生活。他们想要远离尘嚣,这样便可以将全部精力用于祈祷和思考神的旨意。他们认为这样才是善。

这些人中有一个人最奇怪,他叫圣西蒙·斯泰莱特。他想要离开人群,就为自己建了一个15米多高的柱子,柱子顶上就是他住的小房间,这里只有能坐下的地方,根本没法躺下来。他在那上面生活了许多年,度过了无数个白天黑夜、春夏秋冬,无论炙热难耐还

是大雨倾盆，他从未下来过。他的朋友们只有搭梯子才能到他那儿，去给他送食物。他觉得只有这样把自己置于高处、远离人群，才能过最神圣的生活。这就是他关于善的观念，但是我们会觉得这样的人简直是疯了。

不过，在这个时候，很多想要过圣洁生活的男女已经不像最开始那样选择离群索居了，他们为了共同的信念，聚集在一起。这些男人叫修道士，女人叫修女或圣女，他们居住的房子叫修道院。修道院中修道士的头儿叫作修道院院长（abbot，这个词来自耶稣的母语亚拉姆语中的 abba，是父亲的意思），他管理着其他所有的修道士——如同父亲管教他的孩子们一样——并给他们制定规范，必要的时候还

苦修的圣徒西蒙（威廉·爱德华·弗兰克·布里顿绘）

要惩罚他们的过错。女修道院院长也是这样管理着所有修女(圣女)。

公元500年左右,在意大利生活着一个名为本笃的修道士,他极力主张:一个人要想过神圣的生活,就必须努力工作,工作是神圣生活中非常重要的一部分。他还认为,修道士不能拥有自己的钱财,因为耶稣在《圣经》里说过,"你若想成为完人,就要去变卖你的所有,把所得分给穷人"(《新约·马太福音》第19章:21节)。本笃组建了一个修道会,并为赞同他的基督徒制定了三条规定:

第一,必须遵守约定,不能拥有自己的钱财。

第二,不许结婚。

第三,服从修道院院长。

这一修道会被称为本笃修道会。

现在,你可能会觉得几乎很难有人会承诺在一生中都履行这三条规则:不能有自己的钱财,不管修道院院长让你做什么,都得服从,还不能结婚。但是,在当时,欧洲的每个国家都有许多人成了本笃修道会的成员。

通常,修道士和修女都住在像牢房一样简陋的小屋子里,吃饭是在修道会的食堂,他们一起坐在一个桌子旁边,食物也都是一些粗茶淡饭。他们在日出和日落时要唱赞美诗,除此之外,一天还要唱四次;他们甚至还会在半夜醒来祈祷。唱赞美诗就是他们的主要工作,但这并非全部。他们还要干各种各样的活儿,不管这活儿是擦地板还是在花园挖土,他们都做得很开心。无论这些人以前是贫是富,都要遵守

一样的规定。

有时候，会把修道院建在一块贫瘠、潮湿的土地上。正因为这样的地方不好，甚至比不好还要糟糕，既不卫生，又很危险，所以才把这样的地方给修道士住。但是，修道士不在意这些，他们会马上着手去清理这个地方，把湿地的水排干，耕种不毛之地，让荒地慢慢变成良田，种上自己吃的蔬菜和给马、牛、羊食用的草料。他们吃和用所需的一切，都是靠自己生产和制作的。

在做抄写的修道士

第38章 善是什么

不过,修道士和修女要做的不仅是这些粗活,他们也要做一些细致的工作。那个时候,活字印刷术还没有发明,欧洲人还不知道印刷术,书籍都是靠手抄写的。那些会读书写字的修道士和修女就做这个活儿,他们抄写拉丁文和希腊文的古书。有时候是一个修道士慢慢地读要抄写的书,其他几个修道士听着他的诵读,一起写下听到的内容,这样就可以一次多做几份拷贝了。

那时的书也不是纸质的,而是用小牛皮或羊皮做的,叫牛皮纸或羊皮纸。这种纸比真正的纸要结实、耐用。

修道士抄写的这些古书叫"手稿",也就是"手写本"的意思。其中有一些现在被保存在了博物馆和图书馆里。有些手抄本被绘制得很美,首字母和边角上都有花朵、藤蔓、小鸟等图案做点缀,图案的色彩很艳丽,有红色、金色和其他颜色。如果没有这些修道士和修女做这样的抄写工作,那么,很多古书可能早就失传,我们今天也就无从看到它们了。

修道士还有写日记的习惯,他们日复一日、年复一年地坚持记下发生过的重大事件。这些古老的日记(按照通常的说法叫编年记)告诉了我们那个时代的历史。那时候还没有报纸,如果修道士没有写下这些历代志,我们就无法知道那时发生的事情了。

那时的修道士都是受过良好教育的人,他们会把自己所知道的一切都教给别人,不管男女老幼。对于旅行的人来说,修道院还是临时旅馆,如果有人去那里借宿,他一定会被收留,还有食物吃,有地方休息,无论他是否有钱付账。

　　修道士和修女还经常接济穷人和任何需要帮助的人。病人也会到修道院寻求医治和照顾，所以有时候修道院又像是一座医院一样。很多得到过帮助和照顾的人都会给修道院送贵重的礼物作为答谢，所以，虽然修道士和修女连一个自己的汤匙都没有，但修道院里还是很富有的。

　　看了上面的故事，你就会知道，修道士和修女不仅是神圣的信徒，他们也给那个黑暗和危险的年代带来了一丝曙光。当然，除他们外，还有其他一些亮光闪烁在那个黑暗的年代。关于这些，你会在这本书的后面读到。

第 39 章
一些非洲国家

在君士坦丁做罗马皇帝时，基督教在整个罗马帝国得到了传播。比如，在意大利和希腊等欧洲南部的国家，在叙利亚及土耳其等中东国家，以及埃及与利比亚等北非的国家。早期基督徒中最重要的一个人物——圣奥古斯丁，他就是北非希波城中的主教，是一位非常著名的老师和作家。非洲最早的修道士经常住在埃及远离人群的沙漠中。埃及人的亚历山大城，就是亚历山大大帝很早之前建造的那座城市，在基督教世界中变得重要起来。亚历山大城的主教都是早期教会中的领袖人物。

传教士们也去了罗马帝国以外的国家，他们向北到达欧洲边远地区，也南下进入非洲。一些传教士经由埃及南部到达努比亚和阿克苏姆。努比亚位于埃及南部，现在这个地区叫苏丹。阿克苏姆在东南面，是今天的埃塞俄比亚的一部分。在前面的故事中，我们已经讲过努比亚的历史跟埃及的一样久远。在古代，阿克苏姆同样有过一段精彩的历史，我现在就讲给你听。

阿克苏姆位于红海沿岸,和对岸的阿拉伯隔海相望。在公元前1000年,一些来自阿拉伯北部沙巴地区的人迁移到了阿克苏姆,并在那里安顿下来,与当地人一起混居。后来,阿克苏姆的国王征服并统治了沙巴。可以想见,在那些年中,阿克苏姆和沙巴的人们之间一定有不少的交往。

据说,示巴(沙巴的另一个称谓)的一位女王曾经受到犹太国王所罗门的邀请,去到了耶路撒冷,成了所罗门的妻子。在埃塞俄比亚有一个流传已久的传说,即当地的国王都是所罗门王和示巴女王的后代。就连埃塞俄比亚最后一任国王海尔·塞拉西(于1974年结束了其统治生涯)也声称:所罗门——这位《圣经》中著名的国王——和示巴女王是他的曾曾曾曾……祖父母。

阿克苏姆周围有很长的海岸线,因此它成为贸易中心。在阿克苏姆,船向北航行,可以沿红海抵达埃及,向南则可进入印度洋,沿着非洲东海岸穿过印度洋就能到达印度。船上都满载着贵重的物品,如黄金、象牙和香料等。此外,阿克苏姆还使用大篷车穿过沙漠,与那些不能从水路到达的地区进行贸易往来。阿克苏姆的商人们也到罗马帝国做买卖,而罗马和希腊的商人也来阿克苏姆居住,并在这里经商。那时,阿克苏姆是一个非常富有的王国。国王们都穿着奢华的长袍,乘坐着大象拉的车。其中有一位国王特别有名,他叫埃扎纳,大约在公元330年即位,差不多和罗马皇帝君士坦丁生活在同一时期。

跟大多数古代的统治者一样,埃扎纳也是一位军事领袖,他不断去征服周边国家,扩大自己的疆域。但是,他最广为人知的还是皈依

基督教。他之所以皈依基督教，是因为受到了两个来自叙利亚的年轻基督徒的影响。传说这两个年轻人是因为遭遇了海难才来到这里的，也有传言说，他们是被红海的海盗俘获并被卖到了这儿做奴隶的。因为他们能识文断字，就被送到王宫做了记录员。其中的一个年轻人成功地劝说埃扎纳国王皈依了基督教，之后，埃扎纳国王把基督教定为国家的官方宗教。自此以后，阿克苏姆的基督徒和埃及亚历山大城的基督徒之间开始了密切的交往。最初，埃及和阿克苏姆的基督徒都是用希腊语来举行宗教仪式。后来，他们开始用自己的语言来礼拜上帝，埃及人是用科普特语，而阿克苏姆人是用自己的吉兹语。阿克苏姆国王还让人把《圣经》翻译成了吉兹语。

几百年过去了，阿克苏姆一直是信仰基督教的王国。在中世纪，欧洲的基督教国家都建造了许多宏伟的大教堂。而阿克苏姆的国王们也开始建造起大教堂来，他们建造的教堂有一些和你所见过的教堂很不相同。其中，以拉利贝拉岩石教堂最为著名。

12世纪，埃塞俄比亚的国王是拉利贝拉，他派出众多石匠前往埃塞俄比亚北部遥远的山地，在那里建造岩石教堂。石匠们首先要挖开地下，将地下的岩石凿成坑道状，然后把工匠们放入地下的这些坑道内，凿开巨大坚实的岩壁，修建成教堂。其中的一个教堂被建成了十字架的形状，而最大的教堂的长度超过了100英尺。在教堂里面，工匠们用鲜亮的颜色绘制了美丽的图画，还用金叶子来装饰墙壁和祭坛。要是你现在去埃塞俄比亚旅行，还能见到这些教堂呢！

在埃扎纳国王以后的几百年中，阿克苏姆与基督教世界中的大部

分国家中断了联系。这是为什么呢？在下一章中你就会知道，是因为阿拉伯征服了整个北非，并在那里创立了新的宗教——伊斯兰教。一些埃及人仍然坚定地信仰基督教，但大多数埃及人和众多的努比亚人都转变为信奉伊斯兰教的回教徒（穆斯林）。而这时，阿克苏姆也中断了它过去的贸易线路，这样它就逐渐从繁荣走向了衰落。不过，这个国家却保持了自己的独立和宗教。因为这里的基督徒离基督教世界太遥远了，埃塞俄比亚（阿克苏姆）的基督徒逐渐离开了欧洲人的视野。可他们并没有消失，一直存在着。现在，我们重新发现了他们的历史。

第40章
穆罕默德其人

我们知道有两大宗教产生于我们现在称为中东的地区,这两大宗教就是犹太教和基督教。在这一章,我会给你讲述在这个地区产生的第三种宗教——伊斯兰教。

每100年是一个世纪,你也许会觉得很奇怪——从500年到600年这100年叫6世纪,而不叫5世纪;从600年到700年这100年叫7世纪,而不叫6世纪;等等。所有的时间都是这样计算的。哦,我们现在讲到了7世纪,也就是公元600多年。要知道,在这个时期,出现了一个让世界发生改变的人。

在阿拉伯,有个叫穆罕默德的人,他出生于一个贫穷的家庭。因为父母在他很小的时候就去世了,他被叔叔抚养长大。他叔叔经营着一支骆驼商队,就跟现在的火车或卡车一样,可以运送旅客和货物。穆罕默德住在阿拉伯的麦加城,麦加城是商队的贸易中心。这些骆驼商队穿过阿拉伯沙漠到达北非和地中海沿岸东端的陆地。尽管穆罕默德没有受过多少正规的教育,但他随着商队游历过许多著名的地方,

见识了各色各样的人。他在为叔叔工作时，遇到了一位富有的阿拉伯女人，名叫赫蒂彻。没过多久，他们就结婚了，生活幸福融洽，还共同养育了四个女儿。

大约在穆罕默德40岁时，他遇到了一件非同寻常的事。据穆斯林的传说，穆罕默德经常去沙漠里的一座山上，在那里学习和思考。有一天，天使加百利在他面前显灵了，并带来了上帝的旨意。穆罕默德聆听了上帝的旨意，然后开始把它传达给其他人。不过，在当时他并没有想着要创立一种新的宗教。

穆罕默德信奉犹太人和基督徒所信奉的上帝。在阿拉伯，既有信奉上帝的犹太人和基督徒，也有信仰其他众多神灵的人。这些人经常由于宗教信仰不同而发生争执和械斗，穆罕默德希望通过他的教导可以使人们更加理解彼此。

穆罕默德常常看到身边有不公平和罪恶的事情发生，于是，他就教导众人要转变自私自利的生活方式，更加关心那些不幸的人。然而，让每个人都心甘情愿做出改变是不可能的。于是，在信奉穆罕默德教诲的众人中，诞生了一个新宗教。他的信徒被称为穆斯林，而他们的宗教则被称为伊斯兰教。"伊斯兰"意为"顺从上帝"。

赫蒂彻是第一个听她丈夫传教的人，很快，麦加城的人们都开始成为穆罕默德的信徒，不过，也有些想要阻止他布道的人。公元622年，穆罕默德和他的信徒们从麦加城迁移到麦地那城。这次迁移被称为"希吉来"（该词本指逃亡）。许多年后，他们又回到了麦加城。今天的穆斯林仍然经常讲述加百利在穆罕默德面前显圣和希

吉来的故事。

穆斯林从希吉来那一年开始纪年,因此他们把公元622年作为他们的元年,就像基督徒以耶稣诞生那一年、罗马人以建立罗马城那一年开始纪年一样。你注意到了吧?基督徒、罗马人和穆斯林的元年是不同的。

穆罕默德在希吉来之后只活了10年,也就是在公元632年,他去世了。新继任的穆斯林领袖被称为"哈里发",也就是伊斯兰教国国王的意思。哈里发继续传播穆罕默德的教义。第一任哈里发叫艾卜·伯克尔,第二任哈里发叫欧麦尔。后来,穆斯林所信奉的这些来

《古兰经》手抄版首卷插图

自上帝的教义被记录下来，成为《古兰经》（也称作《可兰经》）。《古兰经》是穆斯林的圣书，而"古兰"来自"诵读"一词，因为穆斯林从幼年时就开始诵读《古兰经》了。

基督徒在教堂里礼拜上帝，犹太教徒在犹太教会堂或寺庙中礼拜上帝，而穆斯林则是在清真寺里礼拜"安拉"。穆斯林一天要祈祷五次，只要没有特殊情况，他们无论在什么地方都要坚持祈祷。穆斯林祈祷有一个宣礼人，就是召唤大家一起做祷告的人，音译为穆安津。到了祷告的时间，穆安津就会走到尖塔上或是清真寺的阳台上，高喊："来祷告吧，祷告吧，只有一个真主，他就是安拉。"

在祷告时，穆斯林会面朝麦加城的方向，因为他们心目中的圣地克尔白神庙就坐落在麦加城的大清真寺广场内。穆斯林在一生之中至少要去麦加城朝圣一次。

伊斯兰教早期非常辉煌，在一任任哈里发的领导下，穆斯林建立了一个很大的帝国，这个帝国大部分的土地是原来罗马帝国的领土。穆斯林的军队沿着地中海周围行进，穿过中东，一路几乎没有阻碍地抵达了君士坦丁堡。

但是，在君士坦丁堡这个亚洲通向欧洲的门户前，穆斯林却吃了败仗，城里的基督徒把滚烫的焦油从城墙上泼下来，阻挡了穆斯林的进攻，就这样，穆斯林被基督徒赶了回来。之后，穆斯林多次试图攻下君士坦丁堡，均以失败告终。除此之外，穆斯林的军队也向西穿过北非，渡过直布罗陀海峡进入西班牙，还穿过比利牛斯山脉进入法国南部。公元732年，也就是穆罕默德去世的100年后，他们在法国靠

近普瓦提埃城的地方遇到了强劲的对手。

法国的国王有个得力助手叫查理,绰号"铁锤查理",因为他打击敌人就像铁锤那样有力。查理担任着宫相的职务,只有国王的亲信才能担此重任。铁锤查理和他的法国战友们打败了穆斯林,阻止了他们向欧洲进一步扩张。

仅过了一个世纪,伊斯兰教就广泛地传播开来。地中海沿岸各国,从君士坦丁堡,一直到北非南边,向北经过西班牙到法国,都在穆斯林的统治之下。许多老百姓都成了穆斯林。直到今天,伊斯兰教依然是中东和北非地区的主要宗教。

第41章
阿拉伯的天下

或许你读过童话故事《一千零一夜》，而我们这个故事要讲的是阿拉伯的天下。在穆罕默德死后的100年里，穆斯林攻占了北非和中东的广大领土。接着，他们征战到了波斯和远东地区。很快，他们的帝国就变得比以往的罗马帝国更加庞大了。在中东和北非的人们看来，很显然，这以后的几百年便是阿拉伯人的天下。欧洲的大部分地区，穆斯林并不曾占领，但欧洲人还是从穆斯林那里学到了很多的东西。

腓尼基人发明了字母表，阿拉伯人发明了我们使用的数字[①]：1、2、3、4、5等，以及这些数字的组合。罗马人不使用数字，他们是用字母代替数字：如他们用字母V代表5，X代表10，C代表100，M代表1000，一个罗马孩子要把这些字母相加，该有多麻烦啊！请看这个算式：

---

① 阿拉伯数字是印度人发明的，后来由阿拉伯人传遍世界，因此被称为阿拉伯数字。

```
    Ⅳ
    Ⅶ
       ＋ＭＣ
   ⅩCⅡ
    Ⅶ
```

我们可以把数字上下对应、排列起来相加，罗马人却不能，因为字母和数字不一样。如果想用罗马数字做乘法或是除法，那就更复杂了，譬如这个数学算式：

```
  ＭＣＶⅡ
× ⅩⅠⅩ
```

罗马数字让人看着都头痛。和这种用字母代表数字的方法比较起来，阿拉伯数字是多么方便啊！

现在有些地方还在用罗马数字，如表盘上，可现在我们的运算全部都是使用阿拉伯数字。

阿拉伯人建造了很多漂亮的房子，这些房子看起来和希腊人、罗马人以及基督徒的建筑物很不相同。这些建筑的门窗不是方的，也不是圆的，而是马蹄形的。他们喜欢把清真寺的顶部建成像洋葱一样的形状，把屋顶上的四个角建成尖塔形的，宣礼员就是在那里召唤着教徒来做礼拜。在建筑的墙壁上装饰着漂亮的马赛克和华美的图案。穆

斯林有个传统,不去仿照任何自然物制作图案。他们的《古兰经》上有一条戒律,与基督教的"十诫"相似,"不管天上、地下还是水里的东西,都不得仿制"。所以,大多数穆斯林从不画任何有生命的东西,如植物、动物。若是画了,就违反了戒律。于是,他们用几何线条来设计图案,避免模仿任何自然物。这些图案被称作"阿拉伯式花纹",尽管它们与任何自然物都不太相同,却依然很漂亮。

阿拉伯人的贡献不仅是发明了数字,还有一个发现一直影响到现在呢:有一种小灌木生长在阿拉伯,这种灌木上结着小小的浆果,浆果里面有种子,绵羊十分喜欢吃这种浆果,它们吃过浆果后就非常精神。后来,阿拉伯人也尝了这种浆果的种子,结果他们也变得非常有活力。他们先是烘烤这些种子,然后把它们碾碎,放到水里煮开后,

库姆的贾汉吉尔汗学校与萨法维建筑装饰

便成了一种饮品，我们称为咖啡①。它是由阿拉伯人发明的，现在已成为畅销全球的一种饮料了。

另一种用浆果或葡萄做成的饮料是酒。可人们在喝了酒之后往往会表现得异常兴奋，甚至做出疯狂的举动，而穆斯林不喜欢这样的行为，他们禁止伊斯兰教的信徒喝含有酒精成分的饮料，如葡萄酒、啤酒或威士忌酒。

人们的毛料衣服通常是用绵羊或山羊的毛制成的。须用大量的羊毛才能织成一小块布料，因此毛料是很贵的。阿拉伯人发明了用棉花这一植物来做布料的方法，这样做成的布料就便宜多了。为了让布料看上去更漂亮，阿拉伯人用各种形状的、蘸上颜料的木块在素布上印上各种色彩鲜艳的花纹。用这种方法印染的布料叫作印花布。

阿拉伯人用一种非常好的钢做刀和剑，这种钢即使弯成弓形也不会断。据说，他们制作的刀剑都十分锋利，连落在水中的头发也能斩断，而平时，这只有最锋利的剃刀才能做到。这种刀剑的刃不仅锋利，而且十分坚韧，不用什么劲儿就能砍断铁棒。其出产地在东边的大马士革（现属于叙利亚）和西边的托莱多（现属于西班牙），所以，人们把这种刀剑称作大马士革剑或是托莱多剑。遗憾的是，现在没有人知道阿拉伯人制作这种宝刀的方法了，人们将此称为技艺失传。

在巴比伦这座城市遗址的附近，阿拉伯人建了一座叫巴格达的城。要是你看过《一千零一夜》，那你一定读到过这座城市，因为这些故

---

① 咖啡豆的广泛传播和使用与阿拉伯人密切相关，最初的发现一般归功于埃塞俄比亚牧羊人卡尔迪的传说。——编者按

事大多提到过巴格达。巴格达是穆斯林的东部都城,阿拉伯人在巴格达建起了一所很大的、闻名遐迩的学校。他们也在穆斯林的西部都城——西班牙的科尔多瓦建起了一所规模宏大的学校。伊斯兰教从撒哈拉沙漠的南部传播到非洲西部以后,他们在那里的廷巴克图城又建起了一座很不错的学校。

我再给你讲一些阿拉伯人的事情——他们用钟摆制作成了钟表来计时,可以说,在这之前,人们还没有过真正的钟表;他们还建起了漂亮的图书馆;等等,还有许多这样的事情。可我们讲到的这些也足以让你了解阿拉伯人有多么聪明和灵巧了。

阿拉伯人和腓尼基人、犹太人一样,都属于闪米特族。阿拉伯人跟同族的腓尼基人一样聪慧——你还记得我们前面说过,腓尼基人很聪明吧——同时,他们又像犹太人一样,有虔诚的信仰。

对于女人,穆斯林的看法跟我们不同。多数穆斯林认为女人让男人们看到自己的脸是不庄重的行为,因此女人们要是去有男人的地方,都会戴上很厚的面纱遮住自己的脸——除了眼睛露在外面以外。有了这个面纱,她们能看清别人,却不会让其他男人看到自己的模样。穆斯林认为,女人们戴上面纱可以起到保护自己的作用。在他们的习俗中,一个男人可以娶四个老婆——只要他能够把她们都保护好,并一视同仁地关爱她们。

抄写和收藏如亚里士多德这样的希腊哲学家和诗人的作品,也是穆斯林所做的一件事。罗马城沦陷后,许多作品在西欧失传了。是穆斯林的学者们把这些作品收藏了起来,并在几个世纪以后,把它们送给欧洲人学习和研究。

第42章
欧洲黑暗的中世纪

　　欧洲于黑暗中度过了300年。那个阶段的人们很无知，所以我们说是黑暗的。唯有知识能给人以光明，但在那个时期没有能给欧洲带来光明的智者。

　　阿拉伯人有智慧，但他们不在欧洲。

　　在800年，有个国王把四分五裂的欧洲再度统一起来，建成了新的罗马帝国。不过，此人却不是罗马人，而是法国人。法国人也叫法兰克人，是日耳曼部落的一个分支，就是日耳曼人在罗马帝国终结后统治着欧洲。这位法国国王叫查理，是铁锤查理的孙子，在第40章中我们讲过铁锤查理，他带领法国军队在普瓦提埃挫败了穆斯林的进攻。查理的法语名字叫查理曼，为"查理大帝"之意。

　　开始时查理曼只是法国的国王，可他并不满足。不久他便把邻近的一些地区和国家征服了，其中包括西班牙和德国的一些国土。德国有个地方叫亚琛，查理曼在那里建立了自己的都城。那里有许多温泉，是泡澡的好地方，查理曼喜欢泡热水澡，而且他游泳游得相当不错。

查理大帝

那时,意大利大部分地区在教皇的管辖之下。但是教皇和意大利北部的一些部落之间总是摩擦不断。于是教皇就派人找到查理曼,问他愿不愿意南下去降服这些部落。这对查理曼来说可谓正中下怀,他当然乐意帮这个忙,于是便立即进军意大利,轻而易举地解决了这些闹事的部落。教皇很是感激,想着回报他的帮助。

在这一时期,世界各地的基督徒为了能在圣彼得大教堂祈祷,经常远赴罗马。不知你还记不记得,圣彼得大教堂就建在圣彼得蒙难的地方。公元 800 年,查理曼到罗马祭祀。在圣诞节那天,他到了圣彼得大教堂,正当他在祭坛前祷告时,教皇来了,并为他戴上一顶王冠。随后,教皇称呼他为"皇帝",那时的教皇有

教皇利奥三世在圣诞节加冕查理曼为皇帝

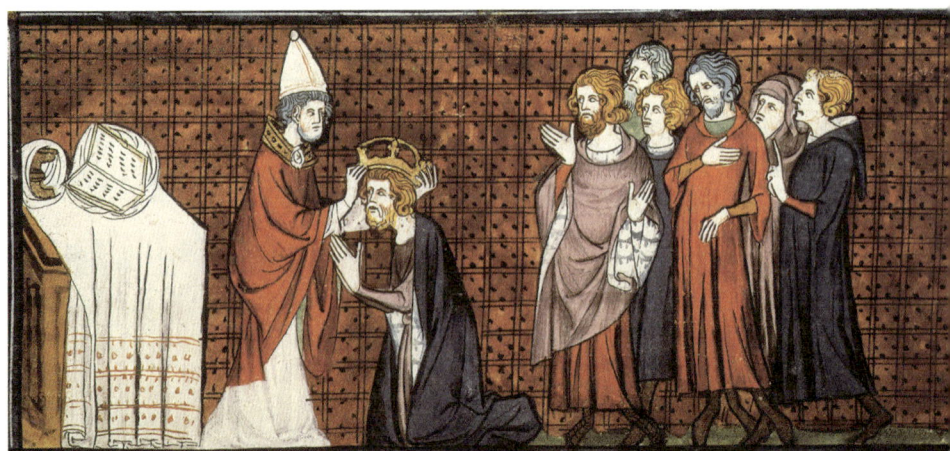

权任命国王和皇帝。于是，查理曼成了意大利的皇帝，也是他统治下的其他所有国家的皇帝。查理曼帝国像一个版图较小一些的罗马帝国，不同的是，它是由法国人而非罗马人统治。

那时有文化的人很少，几乎没有人会读书写字。查理曼自己便是个文盲，可他愿意学习，愿意了解一切未知的事物。他渴望学到别人会的一切事情，可在他的国家中，没有这样博学的人。在英格兰，有个名叫阿尔昆的教士，他比北欧的任何人都要聪明，都要学识渊博。于是，查理曼邀请阿尔昆从英格兰来到自己的国家，给他和他的人民授课。阿尔昆既教授基督教文学，也给人们讲授在欧洲连年征战中幸存下来的拉丁语和希腊语的作品。

查理曼很快就掌握了这些知识，可学到写字时，他却遇到了麻烦。他阅读没有问题，却好像怎么也学不会写字。据说，他睡觉时都会把写字本放在枕头底下，每当醒来就练习写字。可到最后，除了自己的名字，他还是什么也写不了。虽然查理曼是成人后才开始学习的，可一旦开始，他就从未中断过，直到生命的最后一刻。为了叫别人不要像他一样错过早年的学习机会，查理曼下令在他帝国所有的修道院里都要开办学校，就连自己的宫殿里他也建了一所学校。你想一想，他这样做是为了什么呢？

查理曼让他贵为公主的女儿们去学习织布、缝纫、做衣服和煮饭等这样的生活技能，而查理曼自己也一样，虽然他是具有无上权力的君王，能得到自己想要的任何东西，可他仍厉行节俭，吃粗茶淡饭，穿朴素的衣服。他身边的人都爱穿绫罗绸缎，可他却一点都不喜欢。

有一天，为了让这些贵族知道他们天天穿锦衣靓饰显得多么可笑，查理曼故意在暴风雨快来时带这些贵族去森林里打猎。你能想象这些贵族的丝绸长袍在被雨水打湿、沾满泥浆又被荆棘划破以后的那种滑稽、狼狈的样子吗？

不过，尽管查理曼穿着朴素，他却喜欢住得富丽堂皇。他给自己建造了宏大的宫殿，宫殿里面的桌椅都是金银做的，其他的家具也都十分奢华。他还在宫殿里专门修了一些游泳池，还有一个很大的图书馆，一个剧院，宫殿的外围是美丽的花园。

在"黑暗的中世纪"，人们用一种奇怪的方式判定一个人是否偷窃、杀人或犯了其他的罪。那时的嫌疑犯并不是被带到法庭，通过法官和陪审团的审讯，判定他是否说了真话，是否犯了罪。依照当时的规矩，嫌疑犯得扛着一块烧红的铁块走十步，或者把胳膊伸进煮沸的水中，或者光着脚从烧红的煤块上走过去。据说，如果他没有触犯法律，这么做根本伤不到他，即使被烫伤了，也能很快痊愈。这叫"神断法"，似乎起源于《圣经》中沙得拉、米煞和亚伯尼歌等人的故事。据《圣经》里讲，在尼布甲尼撒时代，这些人曾从红红的熔炉里面走过去却毫发无损，因为他们没有犯错。虽然查理曼聪慧过人，却仍然相信神断法。现在，我们当然不会用这种残酷、武断的方法来断定一个人是否有罪。不过，如果我们说有个人遭受了许多考验他品行和能力的磨难，仍可以说"他经历了神断法"。

在查理曼还活着时，遥远的巴格达有个名叫哈伦的人（哈伦这个词的意思为"受神启示的人"）。要是你读过《一千零一夜》，你就一

定听说过他，因为《一千零一夜》的故事都是在那个时期写成的，许多故事里都讲到了哈伦。哈伦是穆斯林，而不是基督徒，他曾带领穆斯林与基督徒对抗过，可他却非常仰慕查理曼。为了表示对查理曼的崇仰，哈伦给查理曼送去了很多珍贵的礼物，其中的一件礼物就是钟表（你还记得吧，钟表是阿拉伯人发明的）。这对意大利人来说弥足珍贵，因为那时欧洲还没有钟表。人们凭借太阳投射在日晷上的影子，或是通过沙漏来判断时间。他还送给查理曼一头大象，在这头大象进到法兰克王国的宫廷时，人们都惊呆了，因为他们还从未见过大象呢。

哈伦是一位十分聪明、优秀的穆斯林领袖，因此他被称为"指引正道者"，这一称谓是说他是个"公正的"人。你还记得那个被称作"公正的阿里斯蒂德斯"的希腊人吗？他们都是因为执政公正而被这样称呼的。哈伦经常装扮成工人，到老百姓中去考察民情。他与在大街上、市场上遇到的人们交谈，以了解人们对他管理国家的一些看法。他发现当他穿着破烂的衣衫时，人们都能跟他自如地聊天，因为他们不知道他就是国王。用这个办法，哈伦体察到了许多民间疾苦，以及了解到了对于他的政策和做法人们存在不满意的地方。回到自己的宫殿后，他便下令更改那些可能是错误或是不公平的政策和法令。

查理曼死后，再也没人能统治这个新的罗马帝国，于是它又一次四分五裂了。

第43章
英国人的启蒙时代

英格兰只是一个小岛。

公元900年,它还只是个微不足道的小岛。从那以后,英格兰渐渐变得富有、强大起来。又过了一段时间,它成了一个势力遍布整个世界的帝国。

英格兰仍然是一个小岛。

可它现在早已成为世界上的一个十分重要的岛国了!

大约在查理大帝之后的100年——也就是900年,是一位名叫阿尔弗烈德的国王统治着英格兰。在阿尔弗烈德小的时候,他学习得非常吃力,因为他根本不喜欢读书。我们前面的故事里就讲过,那个时代的许多手抄书都是修道士抄写的,上面都用鲜亮的颜色描绘着漂亮的图画和字母。有一天,阿尔弗烈德的母亲拿了这样一本书给她的孩子们看,并允诺谁先读懂它,就把这本书送给谁。这是孩子们之间的一场竞赛。阿尔弗烈德想要得到这本书,所以平生第一次,他刻苦地学习起来。他非常努力,在很短的时间内他首先学会了阅读,于是,

他在他的兄弟们中赢得了这本书。

在阿尔弗烈德长大以后,英格兰经常受到海盗的侵扰。这些海盗也是英格兰人的同族,是一个叫丹麦的日耳曼部落。英格兰人在很久以前就做了基督徒,成了文明人,但丹麦人仍然是些野蛮、粗鲁之人。他们从海上过来,登上英格兰海岸,抢劫附近的城镇和村庄,然后带着抢来的所有值钱的东西渡海回去——就如坏孩子翻过农夫的篱笆,从人家的果园里偷走苹果一样。后来,丹麦人变得越发大胆起来,他们在抢劫之后根本不急着逃走,就像那些坏孩子偷了苹果后,还对着追赶过来的农夫吐舌头、扔石子一样。英格兰派军队去对付这些海盗,可不仅没能给人家颜色看,还被海盗打败了。情形看起来不妙,似乎没有人能管得了丹麦人,只要他们高兴,甚至还要征服英格兰,统治英格兰人呢!

还有一次,英格兰人和丹麦人打仗,结果阿尔弗烈德所率领的军队差不多全军覆没,只有他自己逃了出来。他衣衫褴褛,饥渴难耐,筋疲力尽,来到一个牧羊人的小屋前,想跟主人要点东西吃。牧羊人的妻子正在火炉旁边烤蛋糕,她对阿尔弗烈德说,如果他能在她去挤

阿尔弗烈德大帝的童年(埃德蒙德·雷顿绘)

阿尔弗烈德被牧羊人的妻子责备（詹姆斯·威廉绘）

牛奶的时候替她看火，等蛋糕烤好了就可以给他吃一个。于是，阿尔弗烈德就在火边坐了下来。但是，他一直想着怎样才能打败丹麦人，完全把烤蛋糕的事忘记了。等到牧羊人的妻子回来，蛋糕全都烤焦了。她为此非常恼火，大骂了他一顿，把他轰走了。因为阿尔弗烈德没有告诉她自己是谁，所以牧羊人的妻子也不知道自己赶走的是英格兰的国王。

后来，阿尔弗烈德痛定思痛，经过认真思考，认为击败丹麦人

第七章 英国人的启蒙时代

阿尔弗烈德大帝

最好的办法不是陆战,而是水战。于是,他着手建造比丹麦人更大、更好的战船。一段时间后,他有了一支舰队,他的船的确比丹麦人的要大得多。可船太大了,一到浅水区便会搁浅。而丹麦人的船因为小,所以能靠着岸边行驶。不过,一旦进入深水区,阿尔弗烈德的战船就会显出它的优势,变得势不可当。这是英格兰历史上的第一支海军,在很长的一段时期里,英格兰海军的规模都是世界上最大的,而这正是得益于阿尔弗烈德大帝在1000多年前创立的海军。

与丹麦人争战多年之后,阿尔弗烈德认为最好的办法还是跟他们达成协议,在英格兰拨出一块土地给他们居住,条件是他们不再抢劫,安安稳稳地过日子。丹麦人接受了这个条件,他们在阿尔弗烈德给他们的土地上安顿下来,后来也成了基督徒。多年以后,丹麦人和英格兰人之间开始相互通婚。最终,他们融合成了一个民族,再也没有人能分出哪些人的祖先是丹麦人,哪些人的祖先是英格兰人。

阿尔弗烈德颁布了严厉的法规,犯法的人会受到严厉惩罚。据说,

217

在阿尔弗烈德统治期间，英格兰人民都非常小心谨慎，遵纪守法，就是有人把金子遗落在路边，也不会有人把它拿走。

阿尔弗烈德不仅组建了海军，律法严明，还像查理大帝一样，在宫廷内建立了学校。这所学校的学生既有孩子，也有成年人，因为很多成年人也很无知，需要受到教育。除此之外，他还做了许多有益于人民的事情。

譬如，他是最先用燃烧的蜡烛来计时的人。在前面的故事里说过，当100年前哈伦送给查理大帝钟表时，它对当时的人们来说是多么稀罕啊。同样，阿尔弗烈德发明的这个办法在当时也是很不简单的，因为那时的英格兰还没有钟表。阿尔弗烈德观察蜡烛燃烧的速度，并在蜡烛上标出每燃烧一小时会耗蚀的高度。这就叫"蜡烛钟"。

蜡烛也可照明，可在户外，很容易就被风吹灭了。所以，阿尔弗烈德把蜡烛放到一个小盒子里，为了让烛光能透出来，盒子都是用很薄的牛角片做的，因为那时玻璃是非常稀缺的。

阿尔弗烈德的这些发明，如果和现在各种伟大的发明和精密的机器相比，似乎显得微不足道。可我之所以告诉你这些，是为了让你知道，那时候的英格兰人和欧洲其他的日耳曼部落有多么无知，而阿拉伯的思想家和他们的时钟又有多么先进！和他们相比，英格兰人才刚刚起步。

第44章
维京人与世界的尽头

如果你知道在下个星期或是在明年，这个世界将不复存在，你会做些什么呢？

10世纪的人们认为，根据《圣经》的启示，世界会在公元1000年——拉丁文称为"千禧年"——的时候结束。

有些人对世界将要结束并不感到沮丧，因为他们在现实生活中命途多舛，穷困潦倒，很少感觉到幸福和快乐，所以他们急着想去天堂——他们认为只要自己今生没做过坏事，在天堂就一定可以过上好日子。因此，为了能在这个旧世界结束后，在天堂里有自己的一席之地，他们很注意自己的言行，尽可能地多做善事。

而另有一些人却并不希望这个世界结束。不过，他们觉得如若这个世界真的很快就要结束，他们最好还是及时行乐，在离开人世前让自己好好地享受。

后来，公元1000年到了，什么事情都没有发生，世界末日没有降临。起初，人们认为一定是时间计算错了——耶稣诞生后的第1000年

还没有到来。年复一年,人们一直在等世界末日的来临。他们又重读了《圣经》,觉得书里面所说的时间可能是指耶稣"死"后的第1000年,而不是指他诞生后的第1000年。时光荏苒,终于等到了耶稣死后的第1000年的到来,世界仍然没有任何变化,人们开始猜测,世界末日的时间一定是因为某种不可知的原因而推迟了。在千禧年过去了好多年后,人们才最终意识到,世界并不会就此终结。

每过一段时间,便会有些自作聪明的人跳出来造谣说,世界末日就要到了。但是,毫无疑问,世界会在我们人类的世代繁衍中一直存在下去。

此时,基督徒都在揣测世界末日到来的真正时间,而生活在北欧的人们还没有成为基督徒(大约在公元1000年之前,北欧还没有基督徒),所以他们对《圣经》里世界末日的说法毫不关心。他们与在阿尔弗烈德时代迁移到英格兰的丹麦人属于同一个种族,被称作北欧人或维京人。他们是敢于冒险的航海家,像古代的腓尼基水手一样坚强,一样无所畏惧;他们把船都漆成黑色,船头镌刻着海怪和龙的图案;他们航行在北部海域,向西朝着日落的方向行驶,他们比其他任何的水手都航行得更远;他们还发现了冰岛和格陵兰岛。最后,在首领雷夫·埃里克森的带领下,他们抵达了美洲的海岸。所以,在欧洲的基督徒期待世界末日(the end of the world)的同一年,也就是公元1000年,维京人到达了有些人认为是世界尽头的地方(the end of the world)。

维京人管这个新地方叫文兰(Vineland 或 Wineland,意思是葡萄酒产地),因为他们在那里发现了可以酿酒的葡萄。他们讲述了在前

往文兰的航程中发生的事情，这些事情叫"萨加"，我们现在还可以读到讲述这些事情的故事呢！在萨加中，文兰被描述为一个美丽的国度，那里遍地都是碧绿的青草、繁茂的丛林和野小麦，以及各种飞禽走兽和鱼类，到了冬天，那里的气候仍温暖如春。维京人还见到了生活在那里的当地人，就是我们所说的美洲印第安人。

这些爱冒险的人都去过哪些地方，我们知道得并不确切，我们只知道他们到过纽芬兰岛、加拿大，还有南边的马萨诸塞州的科德角。尽管维京人还继续在大西洋北部航行了好长一段时间，但他们在美洲

第十七章 维京人与世界的尽头

维京人到达芝加哥（约翰·哈尔玛绘）

维京战船,挪威海盗船,奥塞贝格号船头,约公元820年左右制成

并没有待多久。我们只是好奇哥伦布是否知道维京人的文兰"萨加"和他们在欧洲之西、大西洋对岸那片土地上的故事,他的航海、探险是不是受到了维京人的影响。

第 45 章
城堡与骑士

你是不是觉得城堡只是童话里才有的？你是不是认为只有故事里的王子和公主才会住在城堡这样的地方？

大约在公元 1000 年，欧洲各地几乎到处是城堡，这些城堡可不是童话里的那种，而是里面住着人的真正的城堡。

在罗马城于公元 476 年陷落之后，罗马帝国变得四分五裂，就像剪碎的拼图，后来人们就在四分五裂的国土上修建城堡，一直修建到 14 世纪。为什么要修建城堡呢？下面我们就来说说其中的原因，以及怎样修建城堡，后来为什么又停下不建了。

在古代，每当一个国王或者是亲王打败他们的敌人之后，他都会对那些和他一起作战、帮助他获胜的将领论功行赏。但他可不是给他们分钱物，而是把占领的一些土地分给他们。这些将领又会把自己所得的部分土地分给各自有功的下属。这些受封土地的人称为领主或贵族，每个头领也被称为领主的封臣。每个封臣都必须承诺随时准备跟随他的领主去作战。不过，他不能用一种随意的而必须是以一种隆重

的方式去做出承诺,这样才会更有约束力。封臣须跪在领主面前发誓,随时效忠领主。这就叫"宣誓效忠"。从这以后,每年至少有一次,他得做出这样的承诺。这种分封土地的方式叫封建制度。

每一个领主,或者说每个贵族,都会在自己分到的土地上修建城堡,带着众多手下生活在城堡里面,俨然是那里的一个小皇帝。城堡不仅是他的家,也是防范别的贵族来进犯的堡垒。那个时候,贵族们经常为了抢夺对方的土地而打仗,所以他们要时刻保持警惕。为了增加攻打的难度,城堡通常建在山顶上或悬崖上,这样即便敌人能打过来,也要费上半天劲儿。城堡的墙通常是用石头砌成的,墙的厚度一般为3米多。城墙周围常有一条壕沟,沟里注满了水,这是为了使敌人更难进入城堡,这种沟一般被称作城濠或护城河。

在不打仗时,男人们就在城堡外耕种土地;而到了贵族们要开战时,人们便会带着粮食、牲畜以及全部家当躲到城堡里,在打仗期间,人们可能会在城堡里待个一年半载的。因此,城堡都建得很大,这样才能容纳较多的人和家畜。事实上,城堡就是一座有着围墙的城镇。

在中世纪,城堡内的诸多事务是靠女人们打理的,如做饭、纺线、织布、监督仆人、照看牲畜,这些事情都得由她们来做。有时候男人们长年在外征战,女人们还得自己种粮食,管理家庭财产。因为那时战火不断,很多女人成了寡妇。于是,她们不得不挑起养家糊口的担子。

城堡里有很多小房子,它们有的用来住人,有的用来喂养牲口,

还有的用作厨房和储存粮食。有的城堡里面还有教堂或者小礼拜堂!而城堡里最大的房子自然是领主自己住的,他住的房子叫"要塞",意思是城堡中最为坚固的部分。

要塞里最主要的房间是大厅,它非常大,其功能就像我们现在的客厅加餐厅。里面的饭桌其实就是些又长又宽的大木板,吃饭时用东西把木板垫起来。吃完饭后,就把木板收起来。吃饭不用筷子、勺子和盘子,也没有擦嘴的餐巾纸。人们都是用手抓饭,吃完饭舔一舔手指,再把手在衣服上蹭一蹭。这个时候,可没有什么餐桌礼仪可讲,骨头和油渣到处乱扔,他们的狗是可以进餐厅的,于是地上的东西就成了狗的美餐。到处是一片狼藉!饭后,仆人会送来水和毛巾,供想要洗手的人用。

一家人在吃完晚饭后常常聚在一起,听吟游诗人唱歌、讲故事来消遣那漫长的夜晚。

住在城堡里面,贵族和他的属下似乎很安全,不必怕敌人的进攻。因为任何想要攻进来的人都要先穿过城堡外的护城河。之后,有一座吊桥通往城堡的入口或大门处。而城堡入口本身是一个坚固的铁闸门,这闸门平时开着让人进出。等到打仗时,吊桥就收起来。不过,有时敌人来得突然,已经接近城堡,还未能收起吊桥,就得立即将铁闸门放下。如果吊桥收了起来,要想进城堡,除了涉水过护城河再无他途。敌人若要过护城河,城堡里的人就会扔石头砸他们,用烧化的沥青浇他们。城堡的墙上没有窗户,只有一些细长的孔,战士们可以从这些孔里向敌人射箭。而敌人想要把箭射进来可就难了。

225

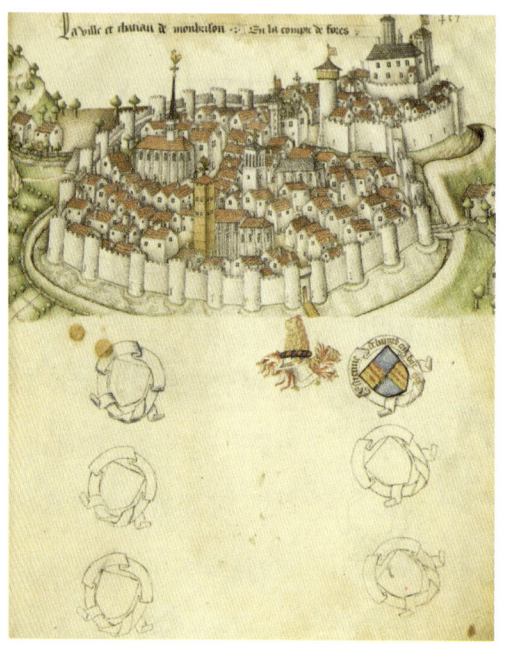

城堡图,蒙布里松镇和城堡,或奥弗涅军械库,由赫罗纪尧姆献给查理七世国王

尽管攻打城堡非常难,可当时的人们还是会常常来攻打城堡!有时,敌人会建造一座很高的木塔架,下面装有轮子。这样,他们就能把它推到靠近城堡的地方,站在木塔架上向城堡里射箭。

有时候,敌人也在城堡外面挖地道,一直挖到护城河下面,挖到城墙下面,进入城堡。

有时候,他们制作一种叫破城槌的庞大机器,用它来捣毁城墙。

有时候,他们用巨大的投石器,把石头抛向城堡内。当然了,那时候只有石头,还没有大炮、炮弹、枪支和火药呢。

贵族及他的家人都是有钱的上等人,而那些手下人的生活则不比奴隶强多少。和平时期,多数平民生活在城堡外面,城堡外面的这片土地叫庄园。贵族对平民很吝啬,很苛刻,尽可能少地给予,却想尽可能多地榨取。就像他养马是为了打仗用,养牛是为了喝奶、吃肉一样,他养活这些平民只是为了让他们替他打仗,给他干活。可他对这些人还不如对自己养的家畜好呢。平民们没日没夜地干活,最后还要把自

己种的大部分庄稼的收成给贵族领主,而他们自己则住在像牛棚一样破烂的小木屋里,这木屋就一个房间,地上很脏。木屋顶上是个阁楼,可以踩梯子上去,人们一般是睡在阁楼上。一堆稻草就是他们的床,没有被褥,睡觉时还是穿着白天干活的衣服。

这些做农活的平民叫作农奴。有时候,农奴实在忍受不了这样的生活,便从领主的庄园逃跑。如若逃掉的农奴在一年零一天后还没有被抓到,那他就是自由人了。如若在一年零一天内被抓到了,贵族领主就会残暴地惩罚他,鞭打他、用烙铁烫他,甚至砍下他的双手。事实上,除不能随意杀死或是卖掉他们以外,一个贵族领主可以对自己的农奴任意地作践和蹂躏。

你怎样看待这种封建制度呢?

第46章
海盗的孙子了不起

在阿尔弗烈德做国王的时候,丹麦人经常侵扰英国。

在差不多同一时期,他们的同族维京人(别称北欧海盗)常常袭击法国的海岸。

后来,阿尔弗烈德国王给了丹麦人一部分英国靠海的土地,于是丹麦人在那里安顿下来,变成了基督徒。

同样,法国国王为了不让维京人再来骚扰,把法国靠海岸的一部分土地给了维京人。而他们也像丹麦人一样,安顿了下来,变成了基督徒。

这些在法国恣意横行的维京人的头领是一位骁勇的海盗,他的名字叫罗洛。按惯例,罗洛得去亲吻法国国王的脚来表达敬意,以此作为得到土地的答谢。但罗洛觉得向国王下跪并亲他的脚太丢面子了,于是就派他的一个手下替他行礼。这手下也不愿意,可他只能奉命行事,只是在吻国王的脚时,把国王的脚抬得过高,让国王朝后摔了个跟头。

给了维京人的那块土地叫诺曼底，直到今天它还是叫这个名字，而住在那里的人被叫作诺曼底人。

公元1066年，一个有权势的公爵统治了诺曼底，他叫威廉，是海盗罗洛的孙子。

威廉不仅身体强健，意志坚定，而且管理起人来很有一套。他的箭射得又远又准，杀伤力极强，射术远超其他骑士。不说别的，单说他用的弓箭，就没有其他人能拉得开。

威廉和他的子民都成了基督徒，但在他们看来，基督教的上帝更像是他们自己以前所崇拜的神沃登，只是换了个名字而已。威廉信奉"强权即公理"，由于他是海盗的后代，行为举止仍然像是个海盗。只要是他想要的东西，就一定会把它夺过来，尽管他也算是个基督徒。

虽然威廉当时只是一个公爵，但是他想做国王，而且想做英格兰的国王。毕竟，英格兰与他的公爵领地之间仅隔着一条海峡。另外，英格兰国王爱德华还是威廉的表兄弟，他觉得有这层关系在，他就是去夺取王位也不是没有道理。

恰好一位年轻的英国王子哈罗德在诺曼底海岸遭遇危险，被人救了，带到了威廉那里。威廉想，这可是把英国弄到手的好机会，因为哈罗德实际上就是未来英国的国王。于是，在他放哈罗德走之前，让这个年轻人做出保证，等轮到他执政时，就把英国送给威廉，就像一匹马或者一副盔甲可以随意赠送一样。为了让这个保证更加神圣，有约束力，就像现在西方人发誓时把手放在《圣经》上一样，威廉叫哈罗德把手放在祭坛上起誓。在哈罗德发完誓后，威廉把祭坛的顶板揭掉，

下面露出了一些基督教圣徒的骸骨。对着圣徒的骸骨发誓可以说是最为神圣的誓言了,谁都不敢做出违背这种誓言的事,因为这会触怒上帝的。

随后,哈罗德回到了英国。等到他即将做国王的时候,英国人当然不会同意他把英国送给威廉。再则,哈罗德也说他发这个誓是违背自己的意愿的,是被逼迫的,所以根本就不应该算数。于是,哈罗德便做了国王。

威廉听说哈罗德做了国王后非常愤怒。他觉得自己被骗了,哈罗德违背了自己的誓言。于是,他召集了一支军队,渡过了海峡,要将英国从哈罗德手里抢过来。

威廉在下船上岸时,被绊了一跤,头朝下栽了个跟头。所有的战士都惊呆了,他们都很担心,认为这是个不祥的征兆——用希腊人的话说,是个凶兆。可威廉的反应十分快,他在摔倒的一瞬间,用两只手各抓了一把泥土。站起来时,他假装自己是故意摔倒的,他把双手举过头顶,说他抓起泥土是个好兆头,表明他将占有英国全部的土地。这样,他便把一个凶兆变成了吉兆。

战斗打响了,英国人为了保家卫国与敌人展开了激烈的搏斗,他们不愿让这些外国人占领他们的国土。本来,他们几乎已经要打赢这场战争了,可这个时候,威廉却心生一计,下令让他的军队假装战败逃走。

英国的军队紧追不舍,他们被胜利冲昏了头脑,队形散乱地追赶着诺曼底人。趁着英国军队四散开来、杂乱无序的那一瞬间,威廉发

出一个信号，他的战士们迅速地掉转头来，杀向对手。英国人大吃一惊，他们还没来得及重新调整队形，就被击败了，国王哈罗德被箭射穿眼睛而死。这就是哈斯丁战役，是英国历史上著名的战役之一。

哈罗德发起了一场英勇的战争，但他的运气不佳。就在这场战争爆发的几天前，他刚刚和自己的兄弟打了一仗，因为这个兄弟谋反，集合了一支军队来对付他。对哈罗德的失败，我们感到惋惜，不过，也许事态的发展最后反而会有利于英格兰，这种事谁又能说得准呢？

威廉乘胜追击，向伦敦进发，在公元1066年圣诞节，把自己加冕为了英国的国王。从那之后，他就被称为"征服者威廉"。而这一战事也被称作"诺曼征服"。从此以后，英国就增添了新的国王谱系——一个海盗出身的诺曼底家族。

就像分一块馅饼一样，威廉把英国分成若干份给他手下的贵族们，他所遵从的也是封建制度分封土地的方式。贵族们也得向他俯首称臣，宣誓永远效忠于他，准备随时为他去征战。贵族们都在所分的领地上建起城堡，威廉则在伦敦的泰晤士河畔为自己修建了一座城堡。他将其建在了尤利乌斯·恺撒曾修建过城堡的遗址上；阿尔弗烈德大帝也在那里建过一座城堡，只是那座城堡也不见了踪影。唯有威廉建造的城堡至今仍屹立在泰晤士河畔，它便是著名的"伦敦塔"。

威廉是个杰出、英明的领袖，非常有智慧。他派人去勘查英国所有的土地，调查所有的人口和他们的财产情况，随后形成的这份记录被称为《英国土地志》，就跟有些国家每十年进行一次"人口普查"一样。这里面清楚地记载着当时住在英国的人们的姓名和他们的全部

财产,甚至具体到每个人有多少头牛和猪。即便在今天,英国人通过这本《英国土地志》,仍能查到他们祖先的姓名,知道他们有过多少土地、牛、羊和猪。

为了防止有人在夜里作乱,威廉创设了"宵禁令"。每晚在某个特定的时间钟声响起,然后所有的灯都必须熄灭,每个人必须待在屋子里——大概就是让你上床睡觉吧。

不过,威廉也做了一件令英国人非常愤怒的事。他特别喜欢打猎,可在伦敦附近没有打猎的场所。为了有个猎场,他占用了许多的村庄、房屋和农田,让那里变成了一片森林。这个地方就是"新林",虽然它迄今已有900多年的历史,很是"古老",但人们还是叫它"新林"。

威廉虽然是海盗的后代,但他很会治理国家,他让人们都过上了安稳的生活。从此再也没有别的国家能够征服得了英国。因此,1066年,对英国人而言,几乎是他们的建国元年。

第47章
朝圣者的探险

你有没有玩过"到耶路撒冷"这个游戏？在这个游戏里，音乐一停，每个人都去争抢座位。

在中世纪，也就是在古代和现代之间的那个时期，"去耶路撒冷"是欧洲各地基督徒梦寐以求的事。他们想要目睹一下耶稣受难的地方，于耶稣墓前做祷告，带回几片棕榈叶作为此行的纪念。回来后，他们会拿着棕榈叶向人们炫耀，或者是把它挂在墙上，逢人便自豪地说起自己去过耶路撒冷的事。

总有些虔诚的——也有些不怎么虔诚的——基督徒要去耶路撒冷。有时，他们会独自前往，不过更多的时候是结伴而行。那时没有现在的交通工具，不管穷人们是从法国、英国、西班牙，还是从德国出发，他们都得徒步走完全程。因此，要到达耶路撒冷，少则要花上几个月，多则得用几年。这些前往耶路撒冷的人都被称为"朝圣者"，而他们的一路跋涉被称作"朝圣之旅"。

耶路撒冷那时是由土耳其人居住，土耳其人是穆斯林。你们还记

得吗？穆斯林信奉伊斯兰教。土耳其人当然不会喜欢这些前来拜谒耶稣墓的朝圣者，经常虐待他们。所以有些朝圣者回去后逢人便讲，土耳其人对他们是如何如何不好，土耳其人把耶路撒冷的那些圣地已糟蹋得不成样子。

公元1100年之前，罗马有位名叫乌尔班的教皇，他在听了这些朝圣者所讲的故事后，非常震惊。他觉得耶路撒冷这座圣城，还有它所在的圣地，不是被基督徒而是为穆斯林所占有和统治着，这是无论如何也不能容忍的。乌尔班为此发表演说，号召各地虔诚的基督徒一起前往耶路撒冷去朝圣，并从穆斯林手中夺回耶路撒冷。可耶路撒冷不仅是基督徒的圣城，也是穆斯林和犹太教徒的圣城，因此为争夺这座城市而频繁地发动战争，也就在所难免了。

就在这一时期，有个人们称作"隐修士彼得"的修道士（隐修士指那些远离人群完全独自生活的人，他们经常生活在山洞里或小木屋里，行踪隐秘，没有人能够找到他们或去看望他们，这样他们便可终日祈祷。隐修士彼得认为这样的生活有益于他的灵魂，饥渴、困苦能锻炼自己的意志）出现在人们的视野中。隐修士彼得去过耶路撒冷，他在那里的所见令他非常气愤。他回来后逢人便讲，让耶稣墓落在穆斯林手里真是莫大的耻辱，他号召人们和他一同前去夺回耶路撒冷。在教堂，在路口，在集市，只要是有人聚集的地方，就有他的身影，他是个优秀的演说家，听到他讲述耶路撒冷情况的人无不痛哭流涕，都请求跟他一同前往耶路撒冷。

之后不久，成千上万的老百姓，无论男女老少，都来了，他们发

誓要加入朝圣的队伍，去占领圣城耶路撒冷。因为耶稣是被钉死在十字架上的，所以他们把红布剪成十字形状，缝在外衣上作为袖标。历史上称这些朝圣者为"十字军战士"。这些人知道这一去要走很久，也许永远都回不来了，因此有些人在离家之前，变卖了自己的全部家当，也有些男人把妻子留了下来。十字军里不仅有穷人，还有贵族领主，甚至有王子和亲王。所以，这一路除了步行的大部队，还有大批骑马的人。

原计划是在公元1096年的夏天出征，可有些人太心急了，他们不等约定时间到来，就推举隐修士彼得和另一个绰号叫"穷光蛋沃尔特"的基督徒作为领袖，在一切还没有准备好的情况下就提前出发了。

这些人没学过地理，也没有地图，完全不晓得耶路撒冷有多远，

圣乌尔班二世宣扬十字军东征

也没想过这一路要走多久,吃饭住宿问题怎么解决。他们只是一味地信赖隐修士彼得,相信主会给他们提供一切,为他们指明方向。

他们在行进的路上高呼着"前进,基督教的战士们"的口号。成千上万的人就这样朝着东方遥远的耶路撒冷进发了,他们中不知有多少人死于疾病和饥饿。每走到一座城市,他们就会问:"这儿是耶路撒冷吗?"他们压根儿不知道,在他们和耶路撒冷之间还隔着千山万水。

当耶路撒冷的伊斯兰军队得知十字军要到来的消息后,他们决心保护圣城,不让这些欧洲人得逞。他们出征去对付这些基督徒。这一战非常惨烈,伊斯兰军队几乎杀死了所有跟随隐修士彼得出发的先头部队。而此时,按照原定时间出发的十字军战士仍在赶往这边的路上。

将近4年后,出发时声势浩大的十字军在到达耶路撒冷城外时却只剩下了一小队人马。终于看到耶路撒冷就在自己面前的这些基督徒,可说是欣喜若狂,他们跪倒在地,泣不成声,他们不断地祈祷,唱圣歌,感谢上帝让他们到达了旅程的终点。随后,十字军战士对这座城展开了猛烈的进攻。他们奋勇作战,最终攻克了耶路撒冷。这些基督徒涌进城门后大开杀戒,据说,这座圣城在片刻之间血流成河。这种行为,对耶稣的追随者而言,是多么让人不可思议啊,他们不是一贯宣扬要反对战争和杀戮吗?此时,他们全然忘记了《圣经》里的教诲:"收起刀来吧!凡动刀者,必死于刀下。"

后来,十字军战士推举出一位名叫戈弗雷的将领来管理耶路撒冷。

第七章 朝圣者的探险

十字军归来（卡尔·弗里德里希·莱辛绘）

大多数战士返回了家乡，不过，也有些人留了下来，因为他们发现这里有比欧洲更多的土地，能过上更富裕的生活。

第48章
三个国王

这儿有三个国王：

英国的理查一世（Richavd），

法国的腓力二世（Philip），

还有德国的腓特烈·巴巴罗萨（Frederick Bavbarossa）。

如果你在心里多念几遍他们的名字，那么，这三个名字就会萦绕在你的大脑中，想停下来都难。

上一章说到耶路撒冷被基督徒夺了回来，可好景不长，穆斯林发起攻击，很快便把它夺了回去。

基督徒又发起了第二次十字军东征。自那以后，在接下来的200年里，基督徒们发起过一次又一次的十字军东征，一共有八九次吧。有时候，这些后来到达的十字军会把耶路撒冷重新夺回来，但能保持住的时间都很短；有时候，他们会完全失败。

第三次十字军东征大约在第一次东征的100年之后，在接近公元1200年的时候。三位国王——英国的理查一世、法国的腓力二世和德国的腓特烈·巴巴罗萨——联合起来发动了第三次十字军东征。但其中有人并没能完成这次征战，下面我就从后往前倒着来讲讲这三个国王的情况。

先说德国的腓特烈·巴巴罗萨，巴巴罗萨是"红胡子"的意思，是不是很有趣？给国王起绰号是当时的风俗。腓特烈国王的都城在亚琛，查理大帝也曾定都于此，不过查理大帝是包括很多国家在内的庞大帝国的皇帝，而腓特烈只是德国的国王。当腓特烈年轻力壮时，也曾想让自己的国家像查理大帝的新罗马帝国那般庞大、强盛，可他却没有查理大帝的英明、骁勇，因此成就不了查理大帝那样的丰功伟绩。他和其他两个国王一起发动第三次十字军东征时岁数已经很大了，最终也没能到达耶路撒冷，因为半路过河时他就掉进河里淹死了。这便是第三个国王腓特烈·巴巴罗萨的情况。

第二个国王是法国的腓力二世，他很嫉妒第一个国王，也就是英国的理查一世，因为理查一世非常受十字军战士的拥戴。结果，腓力二世中途放弃东征，返回法国去了。

这样，十字军的队伍里就只剩下了英国的理查一世。如果当时他也返回自己的国家，而不是带着十字军继续前进就好了。可他觉得十字军东征要比待在自己的国家里处理棘手的国事强多了。

理查一世为人温和善良，又勇敢坚强，人们都称他为"狮心王"。虽然他对犯错的人惩罚非常严厉，但是能做到公正无私。因此，人们都很拥戴他，同时对他充满敬畏，因为他对罪恶的行为严惩不贷。

就连理查一世的敌人也很敬慕他。在第三次十字军东征时，耶路

撒冷的穆斯林国王是撒拉丁。虽然理查一世是来攻打他的敌人，但是撒拉丁仍然很敬佩他，甚至和他成了朋友。因此，撒拉丁没有与理查一世交战，还和他达成了友好协定，答应以后不再对耶稣墓不敬，不再为难前来朝圣的基督教徒。既然双方都对这样的安排感到满意，理查一世就把耶路撒冷交给了撒拉丁，踏上了归程。

在返回的路上，理查一世被德国国王腓特烈·巴巴罗萨的儿子抓了起来，关进了监狱，他用理查一世做人质向英国索要一大笔赎金。理查一世的朋友们很是着急，但又不知道他被关在了哪里，不知道如何才能找到他。

幸好理查一世有个非常宠爱的乐师，名叫布隆德尔。布隆德尔写过一首歌，理查一世很是喜欢。在理查一世被关起来期间，布隆德尔到处游荡，每到一个地方都会唱起这首歌，他走遍大街小巷，希望理查一世能听到这首歌。一天，他碰巧来到理查一世被关押的那座塔楼下面，在他唱起这首歌时，理查一世听到了，并接着唱完了这首歌。于是，理查一世的朋友们知道了他被关押的地方，交了

撒拉丁的胜利（古斯塔夫·多雷绘）

赎金，将理查一世救了出来。

理查一世终于回到了家乡，他回到英国后，还发生了许多历险故事。那时，英国有个叫罗宾汉的著名大盗，经常抢劫路人。理查一世想出一个办法，他装扮成修道士，故意被罗宾汉关起来，随后他趁机抓住了罗宾汉，让罗宾汉得到了应有的惩罚。后来他发现罗宾汉其实是个性情很直爽的好汉，于是便宽宥了罗宾汉与他的手下。

理查一世的盾形徽章的图案是由三只从上到下排列的狮子组成的，现在的英国军队盾牌上还有部分图案与这个图案一样呢。

在理查一世的第三次东征后，又开始了第四次十字军东征。在第四次东征之后，又在公元1212年（好记！两个12）组织过一次十字军东征。不同以往的是，这次的十字军战士都是由孩子组成的，所以他们又被叫作儿童十字军或者童子军。这支童子军的率领者是一个12岁的法国男孩，叫司提反，他的名字与第一位基督徒的殉难者的名字一模一样。

就这样，法国各地的孩子们离开了家。我怎么也想不通这件事，为什么他们的父母会同意呢？童子军朝着地中海的方向行进，一路向南。他们觉得，海水会自动向两边分开，会出现一条大路一直通往耶路撒冷，就像他们在《圣经》里读过的一样。《圣经》里说，当从以色列离开埃及时，红海的水会自动向两边分开，出现一条大路让他们通过。但现实是，海水并没有从中间分开，给孩子们让出一条路。

这时，他们遇到了一些主动说要用船把童子军送到耶路撒冷的水

手,而且他们说只求付出,不求任何回报,这么做完全是出于对上帝的爱。孩子们上了船后,才知道这些水手都是海盗,他们直接把船开到了穆斯林的地盘,随后,把这些孩子都卖给了穆斯林做奴隶。如果这是在《格林童话》中,也许孩子们还能设圈套把海盗们抓起来呢,可现实却是残酷的,所以,我无法给这个故事一个美满的结局。

第八次十字军东征(最后一次)是由法国国王路易九世率领的。路易九世是个十分虔诚的基督徒,他将自己的一生都奉献给了基督教事业,因此在他死后,被追认为圣徒,人们称他为"圣路易"。可这次东征还是失败了,从此以后,耶路撒冷一直由穆斯林统治着,直到1918年,英国将它夺了过去。从1918年到1948年以色列建国之前,耶路撒冷一直在英国人手里。迄今为止,以色列犹太人和巴勒斯坦人——穆斯林和基督徒——都想统治这座圣城,为此,他们展开了长

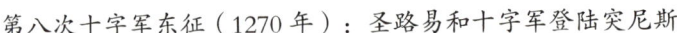

第八次十字军东征(1270年):圣路易和十字军登陆突尼斯

年的战争。这座对犹太人、基督徒和穆斯林来说都非常神圣的城市，始终处在战乱之中，这不免令人感到遗憾。

那些东征的十字军并不全是善良的基督徒。就像现在一样，一些人只不过是名义上的基督徒。说来也怪，许多十字军战士事实上都是无赖，他们参加十字军，只是为了冒险，找乐子，说穿了就是打着十字军东征的旗号来烧杀抢掠。

十字军东征最终也没能实现既定的目标：让耶路撒冷回归基督教世界。尽管如此，十字军东征还是很有意义的。在十字军第一次东征时，这些人的文明程度远不如他们要去征服的敌人。可旅行比起书本，能让人学到更多的东西，多年的长途跋涉让十字军战士增长了不少见识。他们一路上了解到各地的风俗习惯，学会了使用当地的语言和文字，也学到了历史和艺术方面的知识。

那时还没有公立学校，受过教育的人屈指可数。这些归来的十字军战士起到了学校的作用，他们把学到的一切，包括文化和知识，都教给了本国人，让他们知道了一个全新的世界。

第49章
西非的三个国家

在中世纪英国和法国成为欧洲重要国家的那一时期，西非有三个国家也变得强盛起来。这三个国家是加纳、马里和桑海，都位于撒哈拉沙漠的南部——尼日尔河沿岸。

非洲的这一地带之所以富有，是因为这里有金矿。千百年来，西非人把金子卖给他们的邻国，也卖给撒哈拉沙漠北边的柏柏尔人，他们的金子甚至被卖到了罗马帝国。

在掘金人和买金子的商人之间有许多故事。每当矿工要卖金子，他们都会把金块带到离金矿较远的地方，以免让这些陌生人发现金子是从哪儿挖出来的。矿工们通常会在事先约好的地方等着，商人来到这里后，把他们拿来交易的物品放下。待商人走出视线后，矿工们就留下一些金子，然后找个地方藏起来（他们不想与这些商人见面，担心自己会被迫说出金矿的位置）。商人回到原地，看看矿工们留下的金子。如果觉得交易公平，就拿着金子回家；如果觉得给得不够，就会再次离开，等那些躲在一边的矿工再放出来一些金子。直到交易双

方都满意了,才各回各家。这就如同交换棒球卡,要想交易成功,必须双方都满意。

西非人需要交换回来的物品中有一个重要的东西,那就是盐。你知道这是为什么吗?因为西非的天气特别热,那时还没有冰箱,只能用盐来储藏食物。你吃过牛肉干吗?牛肉干就是先把肉晒干,然后再撒上盐来保存。现在你能想到许多其他办法来防止食物腐坏,但在那个时代,只能用盐,因此盐是很稀罕、很值钱的东西。直到今天,我们还在用盐做食物防腐剂呢,如果有人工作干得好,我们会说他 worth his salt(称职的)。

碰巧,撒哈拉沙漠的北部就有大量的盐。所以,尼日尔河沿岸的居民便与北非的柏柏尔人做买卖——用金子换盐。由于盐的价格高,西非人和柏柏尔人是以等量的金子换等量的盐——一斤金子换一斤盐。看看,盐在那时候真是值钱啊!

由于有金矿,因此西非的一些国家都很富有。加纳王国最初通过征服邻国,变成了大国。这是因为加纳王国有训练有素的步兵,作战骁勇的骑兵,还有大量的金子做后盾。每当加纳国王出现在公众场合时,他的那些高举盾牌的随从的长剑上都有亮闪闪的黄金剑柄,他们的战马披金戴银,还有国王本人的马就拴在一个约27千克重的大金块上,这一切都显示出加纳国王所拥有的无上的权力和无比的财富!尽管曾经富可敌国,加纳最终还是衰败了,对于所有的帝国来说,衰败都是早晚的事儿。

接下来,西非最富有的就是马里了。马里的国王松迪亚塔占领了撒哈拉一带所有重要的商业城市，还有盛产黄金的地域。他作为国王不仅富有，还特别有智慧。每次他的军队攻占了新的领土后，他就留下一些战士在那里的土地上耕种，这样下来，马里很快就成为西非农业最发达的地区，因此这个国家既因盛产黄金而富有，又有充足的粮食储备和一支强大的军队做后盾。

马里最著名的国王是14世纪统治这个国家的穆萨一世。在他统治期间，他的帝国向西延伸至大西洋，帝国内有近800万人口。阿拉伯和北非的穆斯林商人，都来马里做生意。后来，穆萨一世也成了信仰伊斯兰教的穆斯林。像其他的穆斯林一样，他也去麦加朝圣。而穆萨一世的朝圣之旅使他出尽了风头。他行经的路线经过埃及的开罗，带着500名奴隶，每个奴隶都带着一个2.5千克重的黄金权杖，此外还有100头大象，每头大象背上都驮着45千克重的黄金。另外，还有几百匹骆驼驮着食物、武器和其他一些朝圣需要的物品。在埃及和阿拉伯，穆萨一世送出不少黄金。穆斯林被公认为是很慷慨的，穆萨一世的确如此。他还用金子购置了一些礼物，送给路上遇到的人们。旅途中，有人问他他的王国有多大，他回答说："一年。"你猜他这话是什

曼莎·穆萨

么意思？他是说从他王国的一端到达另一端要走上一年。

在返回国内时，穆萨一世带回了一些艺术家和建筑师，让他们在廷巴克图和马里的其他一些城市修建清真寺。为了建起一个像样的图书馆，他还带回了一些学者和很多的书籍。大多数书籍是用阿拉伯文写的，那是许多穆斯林使用的语言。廷巴克图成了一个学术交流的中心，还开设了一个大型的图书市场。许多天文学家、数学家、哲学家和诗人，都来到这个有着大型图书馆和许多清真寺的城市，许多医生和律师也来到这里工作和教学。国王对这些人才都十分器重。不断有大批的外国游客前来参观廷巴克图，一些游客还写下了他们的所见所闻，我们现在还能读到它们。一个来自北非的穆斯林游客发现了这样一件令人惊讶的事情：这里的女人可以接受教育，而且和男人一样受尊敬。

在穆萨一世死后，马里帝国开始分裂。不久，第三个重要的帝国桑海在尼日尔河流域脱颖而出。在桑海，国王的财富主要也是金矿，他同样掌握着一支强大的军队。桑海的国王桑尼·阿里·贝尔不断扩展桑海的疆域，直到他的帝国比马里曾经拥有的疆土还要大。贝尔国王死于1492年，这正是哥伦布航海出发去寻找美洲的那一年。在这之后，桑海屡遭外国的入侵，国势逐渐衰落。这些入侵者开始时只是一些北非的摩洛哥人，后来，一些沿着非洲海岸航行经商的葡萄牙人也加入进来。桑海王国再也没有了叱咤风云的力量和财富。在这些富有的帝国风光了1000多年后，尼日尔河流域的土地被分裂成很多的小国。

第50章
影响欧洲的"哥特式"

在中世纪的欧洲，人们几乎每天去教堂，有时甚至一天去好几次，不只是做礼拜时才去。人们去了教堂后，可以祷告，也可以向神父讲述自己的苦恼，征求他的建议，还可以在圣母玛利亚像前点上蜡烛许愿，或者去了那儿只是为了跟朋友们聊聊天。

在十字军东征期间和东征刚结束时，许多人想得最多的事就是他们的教堂。

几乎所有的欧洲人都是基督徒，不过，在许多欧洲的城镇中也居住着一些犹太人。你也许还记得在公元70年罗马人攻占了耶路撒冷，迫使犹太人不得不离开了他们的圣地，四处流亡，他们中有一些人就来到了欧洲。

对基督徒来说，他们附近只有一所教堂，每个人都去同一所教堂做礼拜，既然教堂是大家的会堂，人们也自然愿意贡献出自己的钱财、时间和精力，尽可能地把教堂建得美观和富丽堂皇。所以，那时的法国和欧洲的其他地区，都修建了许多世界上最豪华的教堂和大教堂。

第50章 影响欧洲的"哥特式"

这些教堂和大教堂至今依然耸立在那里,因为它们都非常地美丽壮观,因此,人们常常不远万里前来参观。

你知道什么是大教堂吗?大教堂不仅占地面积大,更主要的是,它是主教私人的教堂。在大教堂的圣坛专为主教设了一个特殊座椅,因此,大教堂也叫主教座堂。

这些教堂和大教堂与古希腊、古罗马的神庙完全不同,实际上,它们和以往的任何建筑都不一样。

如果你用积木搭过房子,你可能会这么做:先立起两块积木,然后,把另一块积木横着放在这两块积木上面做屋顶。古希腊和古罗马的房子都是这样建成的。

但是,在中世纪,欧洲的基督徒却不是这样盖房子的。

用积木搭建房子时,你可能想过把两块积木的顶端相互靠在一起形成屋顶,就像字母A的形状。如果你试过,就会知道是什么结果了:两块斜靠在一起的积木会倒向一边,房子会"垮塌"。可是,欧洲的这些教堂差不多都是用这种方法建造的,人们把石头做的拱顶盖在直立着的石柱上面。不过,为了防止石拱把它下面的立柱压倒,盖房子的人搭了很多支架和支柱。支架和支柱也是用石头做的,这些石头做成的支撑物叫"飞扶壁"。

意大利人认为,用这种办法盖房子的人真是疯了。他们觉得这样的建筑肯定不牢固,很容易坍塌的——就像纸牌搭的屋子一样。公元476年,哥特人征服了意大利,当地的人们认为哥特人野蛮又无知,所以后来人们就把那些粗野、愚昧的事物都称作"哥特式"的。我刚

刚提到的这类建筑也被称作"哥特式"的,尽管哥特人和这种建筑毫不相干。

的确,听我这么说,你可能会觉得这种用飞扶壁做支撑的建筑一定会既不稳又丑陋吧?可事实却并非如此。它们不会塌掉,虽然偶尔也有一两个建筑因为建盖时粗心而倒塌,可那些最大、最好的建筑直到今天依然完好无损地屹立着。尽管有些守旧的人仍坚持认为,只要不是古希腊、古罗马风格的建筑,就都不好看,可我们中的大多数人却对这些哥特式建筑的美丽和壮观感到惊叹。

在修建哥特式教堂前,要先在地上画一个巨型的十字架,十字架的头要朝向东方,因为东方是耶路撒冷的方向。教堂就是按照这

飞扶壁

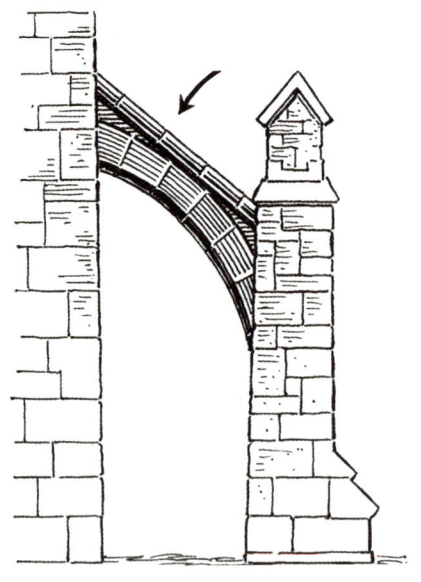

兰姆主教堂后殿的飞扶壁

从西南方向欣赏科隆大教堂的景色

种十字形来建造的，这样在建成后，你若是从高处俯瞰教堂，它的形状就像是一个祭坛总朝向东方的十字架。

这些哥特式教堂都有美丽的尖顶，这些尖顶的寓意为指向天空的手指。尖顶上的门窗既不是方的，也不是圆的，而是尖的，就像人们祷告时并拢合十的手指。

在哥特式教堂的每面墙壁上几乎都有巨型的窗户。这些大窗户并不是普通的玻璃，而是用彩色玻璃拼成的美丽图画。不同颜色的小块玻璃拼在一起，看上去宛如一幅幅精美的油画。这些图案远比普通的油画漂亮，当阳光照射到彩色玻璃上，它们鲜艳的色彩就放射出宝石般的光芒。这些玻璃窗上的美丽的图案讲述的是《圣经》中的故事，它们就像书中的彩色插图一样。那些不善于识文断字的人，看到这些图画，便了解《圣经》的故事了。

教堂的石壁上还镌刻着圣徒、天使和《圣经》中人物的肖像。这些石像和美丽的玻璃插图相互映衬，使整个教堂看上去像是用石头和玻璃制作而成的《圣经》。

除了这些神圣的事物，还有些用石头雕刻成的奇特的野兽塑像，这些野兽都是自然界中不存在的怪物。它们通常被放置在屋檐的边缘处或是屋顶的角上，有时还被当作排水口，也就是"滴水嘴"。据说，它们能把魔鬼从这神圣的地方吓跑。

没人知道这些哥特式教堂是谁建造的，谁设计的，也没人知道制作石像和玻璃插图的这些雕刻家和艺术家是谁。几乎每一个人都为修建教堂出了力。大家不仅是捐钱，还付出了时间和劳动。男人们雕刻

石头或制作彩色玻璃,女人们则缝制圣衣和祭坛罩,并在上面刺绣。

有些哥特式教堂花了几百年才建成,所以那些从开始就建造教堂的工人没等看到教堂竣工就死了。在这些哥特式的教堂当中,著名的大教堂有英国的坎特伯雷大教堂、法国的巴黎圣母院大教堂、德国的科隆大教堂和法国的沙特尔大教堂。

尤以科隆大教堂耗时最长,从它开始动工,到过了近700年,还没有彻底完工。自中世纪以来多有战乱,有些大教堂就是毁于战火之中的。

哥特式教堂是用美丽的石头和发着钻石般光芒的彩色玻璃精心

斯特拉特菲尔德萨耶圣玛丽教堂的彩色玻璃窗

巴黎圣母院滴水嘴

建造起来的，工艺精湛，十分完美。现在，很多教堂也采用了尖塔、尖门以及一些彩色玻璃等哥特式元素，祭坛也朝向东方。虽然它们在这些方面模仿哥特式风格，但是它们很少有哥特式教堂那样的石头天花板、拱扶垛和彩色玻璃墙。建造真正的哥特式教堂耗资巨大，非常困难，如今人们没有那么多时间、金钱和兴趣来建造这样的教堂了。

这就是哥特式教堂的故事，它们和哥特人可一点儿关系也没有哦。

第51章
没人喜欢的约翰

众人爱戴的"狮心王"理查一世有一个兄弟叫约翰,和理查一世正好相反,没有人喜欢约翰。

这个约翰后来却当了国王——一个凶残狠毒的国王。

他是历史上另一个令人讨厌的恶棍似的人物,虽然人们都不喜欢他,但是愿意听有关他的故事,当得知他得到了应有的下场,都高兴得不得了。

约翰担心他年轻的侄子亚瑟会取代他做国王,于是就把亚瑟杀了。有人说他是雇人杀的,也有人说是他亲手杀的。凭借这样恶劣的手段获得王位,已不是什么好的兆头,后来的事情变得越来越糟,也是在所难免。

后来,约翰和罗马教皇发生了一场争执。那个时候,教皇是全世界基督徒的领袖,各地的教堂都要听从他的指令。教皇让约翰任命某人做英国的主教,而约翰想让他的一个朋友做英国的主教,因而不同意教皇的意见。教皇说如果约翰不遵照他的旨意,他就关闭

英国所有的教堂。约翰根本不吃教皇这一套，说如果他愿意，尽管去关。于是，教皇下令关闭了英国所有的教堂，直到约翰做出让步为止。

这事儿要是放在现在，也许没有多大影响，可在那个时候，教堂是每个人生活中的头等大事。关闭了教堂，就意味着没有地方可以举行宗教仪式，如孩子们不能受洗，而那时，人们传统的观念都认为，孩子们不能受洗，死后就入不了天堂；情侣们将无法举行婚礼；死者也不能举行基督徒的葬礼。

英国人立刻觉得自己受到了上天的诅咒，他们害怕有灾难降临。毫无疑问，这个罪魁祸首就是约翰，是他导致了教堂的关闭。人们对约翰的行为感到愤怒，纷纷义愤填膺地谴责他，这让约翰很害怕——担心人们会联合起来反对他。接着，教皇威胁说，要重新任命一个人，代替约翰做英国的国王（教皇的确有这个权力）。这一下，约翰慌了，老老实实地认了错，表示自己愿意接受教皇的一切指令和安排。按理说，通过这件事，他应该吸取教训了，但约翰的脑袋太笨，他总是做这样那样的蠢事，并且一错再错。

约翰总认为国王的权力至高无上，地球是围绕着国王转的，其他人来到世界上只是为了听凭他的吩咐，向他进贡钱财。过去的国王有的也许也是这么想的，可是他们做得并不像约翰那么过分，那么明显。约翰总跟富人们要钱，他狮子大开口，如果人家不愿给他那么多，就把人家关进监狱，让人给他们用刑，用铁夹子夹他们的手指，直到把他们的手指骨夹碎了，血流不止，甚至把他们处死。

约翰的行为变得越来越放肆，越来越邪恶，贵族们对他的行为忍无可忍。公元1215年，他们把约翰抓了起来，挟持到泰晤士河边的一个叫伦尼米德的小岛上。在这里，他们逼迫约翰签署了一些他们用拉丁语写成的文件。这对当时的英国人来说是件好事。贵族们逼迫约翰同意签订的那份协议被称作《大宪章》。

可约翰签订《大宪章》并非心甘情愿。他怒火中烧，大发脾气，就像一个被宠坏的孩子生了气时发疯似的又踢又叫一样。不过，到最后他还是不得不签了字。

可约翰连他自己的名字都写不了，他无法像常人一样签字。他戴着一个印章戒指——给那些不会签名的人准备的——要签名时，先将一些烧化的蜡油滴到协议上需要签名的地方，而后把印章往蜡油上按一下就行了。

在《大宪章》里，约翰同意赋予贵族们一些权利，而在现在的我们看来，这些权利是我们每个人都应该拥有的。比如，人们有权利拥有自己的财产，有权保护这些财产不被他人非法夺走；除非人们确实做了错事又接受了公开的审判，否则不应被关进监狱，也不应受到国王或任何人的处罚。《大宪章》里除这几项重要的规定之外，还有许多类似的条约。

但约翰并没有履行《大宪章》中的条约，时机出现时，他就像那些被迫违心地答应某件事之后又很快反悔的人一样，马上撕毁了协议。

不过，约翰很快就死掉了，所以《大宪章》对他并没有产生什么

约翰国王不情愿地签署《大宪章》（迈克尔·亚瑟绘）

影响。可是，在他之后继任的英国国王都得遵守这个宪章。所以，从公元1215年开始，可以说英国的国王不再像过去那样是人民的主子了，而应该说是人民的公仆。

第52章
很会讲故事的人

在离英国很远很远的地方，在遥远的太阳升起的东方，过了意大利、耶路撒冷，跨过底格里斯河与幼发拉底河，越过波斯（现属于伊朗），在那片遥远的土地上，有一个国家叫"中国"。

如果地球像玻璃一样透明，那么你低头往脚下看，就可以看到中国在地球的另一端。

自古以来，在地球的另一端就生活着中国人。可历经千百年，欧洲人对于那片土地和居住在那片土地上的人仍然知之甚少。

大约在13世纪，从北方来的蒙古人统治了中国。很快，他们就有了征服世界上所有国家的势头。蒙古族的领袖名叫成吉思汗，他作战非常勇猛。成吉思汗有一支骑兵队伍，这些人都是骁勇善战的将士。

成吉思汗和他的骑兵们占领了从中国到欧洲的广阔土地，他们征服了成千上万的城市和村镇以及沿途的一切。没有人能阻止他们。

成吉思汗征服了从太平洋到欧洲东部的所有国家。最后他停了下来。对于这样的一个结果，他似乎已经满足了，因为他建立起来的帝国，

成吉思汗像

其版图已经远远超过了罗马帝国和亚历山大帝国。

直到成吉思汗死后,情形仍是这样,因为他的儿子像成吉思汗一样勇猛,他们继续征服着更多的国土。

可成吉思汗的孙子远不像他的祖父那么好战,他叫忽必烈,与他的父亲以及祖父有很大的不同。他把都城建在中国一个叫大都(今北京)的城市,从他父亲手中接管了这个巨大的帝国。忽必烈建造了巍峨的宫殿,宫殿周围都是美丽的园林,他为自己建的这座都城如此美丽、如此壮观,即便是智慧的所罗门王也没有住过像忽必烈这样宏伟的宫殿。

在离中国很远的意大利北部,有一座城市是完全建在水上的。那里的水道就相当于街道,人们出门都是靠船而不是马车。这座城市就是威尼斯。大约在公元1260年,威尼斯城里住着两兄弟,他们分别是尼古拉·波罗和玛菲奥·波罗。波罗兄弟有个想法,就是去世界各地走走、看看。于是,这两个威尼斯商人就像故事书里探寻宝藏的人一样,朝着太阳升起的地方开始了他们的旅程,经过几年一直向东的旅行和历险,他们终于见到了皇家园林和忽必烈金碧辉煌的宫殿。

当忽必烈听说有两个从不知名的国家远道而来的白人就在自己的宫殿外面时,他很想见见他们。在波罗兄弟俩被带进了宫殿后,他们给忽必烈讲了自己国家的情况,讲了基督教和其他一些他从未听说过的事情,这两个人很会讲故事,凡是他们所讲的事情,都很生动有趣。几年后,波罗兄弟返回了他们的故乡威尼斯。

对波罗两兄弟和他们所讲的那些故事,忽必烈非常感兴趣,他很想再见到他们,再听他们讲故事。公元1271年,波罗兄弟带着哥哥尼古拉10岁的儿子马可又来到了中国。这一次,忽必烈请他们留下来,给他多讲些故事,作为回报,他送给他们许多珍贵的礼物。

忽必烈给波罗兄弟一个黄金通行证

波罗兄弟在这里待了下来,学会了当地的语言,在中国成了颇具影响力的人物。

他们在中国住了大约20年后,波罗兄弟觉得该回去看看自己的亲人了。于是,他们请求回国。虽说忽必烈不愿意让他们走,但最终还是同意了。就这样,他们踏上了归程。

待他们终于到达威尼斯的时候,由于他们已离家太久,又经过长时间的车马劳顿,已经没有人认识他们了。他们几乎已经忘记了自己国家的语言,说起话来就像外国人一样。他们的衣服因为长途跋涉而变得破烂不堪,俨然是两个流浪汉,连他们的老朋友都认不出他们了。没人相信这两个衣衫褴褛、灰头土脸的陌生人就是20年前失踪的那两位威尼斯的绅士。

波罗兄弟给镇上的人讲述了他们的经历,以及他们到过的那些无比富饶和繁华的地方。大家听后都认为两兄弟异想天开,编故事哄他们高兴呢。

马可·波罗马赛克图

波罗兄弟撕开他们的破外套,从里面掏出许多珍贵奇异的宝石和钻石,其中包括红宝石、蓝宝石和珍珠等,这些珠宝足够买下一个王国。人们无不感到惊讶,开始相信他们说的都是真的了。

马可·波罗(尼古拉的儿子)

把他的故事讲给了一个人听，这个人把这些事情记录了下来，写成了一本书，叫《马可·波罗游记》。这本书十分有趣，直至今天也是人们非常喜欢读的书。不过，我们不能把书里的故事全当真。我们知道为了能吸引读者，令他们感到惊奇，书中的很多事情被夸大了。

马可·波罗描述了忽必烈的宫殿有多么宏大，他提到里面有个巨大的饭厅，能同时容纳几千人就餐；他还说有一只特别大的鸟，能载着一头大象飞行；他告诉人们诺亚方舟仍然在亚拉腊山上，只是山高坡陡，终年覆盖着积雪，所以没有人能攀登上去。

《马可·波罗游记》中的"战争中的可汗"（最初出版于1298—1299年，经常被重印和翻译）

第53章
魔针和魔法药粉
——指南针和火药

在马可·波罗回到意大利的同一时期，欧洲人听说有一种魔针和一种魔法药粉，这两件东西能用来做一些不可思议的事情。有些人说是马可·波罗把这些东西从中国带回来的，可我们现在知道，是阿拉伯水手把许多神奇的东西由中国带入了地中海，才使得欧洲人了解了它们。

其中有一件奇妙的东西就是小魔针。这种小魔针一旦放在一根稻草上或托住它的中间部位，无论你怎么用力转，最终它都会指向北方。这样的针装在一个盒子里，就成了"指南针"（也称罗盘）。

你可能想不到这样一个小玩意儿会有多大的魔力，不过，不管你信还是不信，这个小东西真的使发现新大陆成为可能。

也许你做过这样的游戏，把一个小朋友的眼睛蒙上，让他在屋子中间转上几圈，然后要他朝着门、窗或房间的某个方向走。你知道的，当一个人转上几圈后，再分辨方向是很困难的，当他以为自己是直接走向目标时，其实是朝着完全相反的方向走，那时的他显得多么滑稽啊！

其实，水手在海上，就有点像是被蒙住了眼睛的孩子一样。当然，在天气好的时候，他能凭借太阳和星星的方位来辨识自己行进的方向。可当乌云满天，看不到太阳，也看不到星星时，他就不知道该向哪个方向前进了。这时，他就很容易迷路，经常朝着与目的地相反的方向航行，完全不知道自己已经走错了路。

大多数水手在指南针发明之前，都不会离开岸边太远，他们航行的水域总是在视线能看到岸边的区域之内。之所以这么做，主要就是担心自己再也回不到岸上来。

当有了指南针以后，即便是在暴风雨的天气，水手也能继续航行，而且始终是朝着目的地的方向。他们只要按照盒子里的指南针所指示的方向走，就不会有错。不管船怎样打转、怎么绕弯，小针总是指向北方。当然，水手们并不总是要去北方，但只要知道了哪个方向是北，他们就很容易辨别出其他的方向了。我们大家都知道的，上北下南，左西右东。他们所要做的就是掌好舵，让船朝着目的地的方向行驶。

不过，在指南针出现后的很长一段时间内，水手们都不敢用它。因为他们认为小针是被施了魔法的，怕用这种魔针会带来不好的后果。水手们大多很迷信，他们担心如果带着指南针上船，指南针可能会给他们的船施以魔咒，给他们带来厄运。

另外一件有魔力的东西是火药。

1300年之前，欧洲没有机枪、大炮和手枪这类东西。打仗中使用的都是弓箭、刀剑、长矛等。用剑只能在大约一米的范围内伤人，但

第53章 魔针和魔法药粉——指南针和火药

是用枪炮在数里之外就能杀死敌人、击毁城墙。在火药发明后，古代骑士们所穿的盔甲显然已经成为"摆设"，因为这些盔甲根本挡不住炮弹和子弹。火药彻底改变了战争规模和性质，使战争变得更加恐怖。

虽然马可·波罗在回来后应该提起过他在东方见过的火药和大炮，但大多数人认为，是阿拉伯人把这种知识传到欧洲来的。不管是谁将制作火药的方法传到了欧洲，我们都可以断定，是亚洲人最早发明了火药。不过，在火药被发明后过了很久，它才被制作成威力十足、可以造成巨大伤害的武器。事实上，在欧洲过了100多年后，枪炮才替代弓箭，成为作战的武器。

第54章
历史上最长的战争

公元1338年,英国的国王是爱德华三世,他还拥有法国的一部分土地,法国国王想把这些土地从他手里夺回来,而爱德华三世却梦想着把整个法国据为己有。他声称自己是法国前国王的亲戚,比现任国王更有领导这个国家的资格。于是,他悍然对法国发动了战争,这场战争一直断断续续地打了100多年,史称"百年战争",它是历史上持续时间最长的战争。

英国军队乘船越过英吉利海峡,在法国登陆。第一次战役于1346年打响,战场在一个叫克勒西的小地方。英国军队都是步兵,主要由普通的老百姓组成,而法国军队多是身披盔甲、骑着战马的骑士。

法国的骑兵们认为,这些普通的英国士兵根本无法跟自己相比,他们既不是正规部队,装备也差。不过,英国士兵使用了一种叫长弓的武器,这种长弓射出的箭很有力量,在这次作战中,它发挥了巨大作用,让他们彻底击败了法国的骑兵,尽管这些骑士都是贵族,又受过正规训练,还骑着骏马,被盔甲保护着。

在这次的战役中,英国人首次使用了大炮。不过,这些大炮并没有起到多大的作用,它们的杀伤力不强,射程很短,只是能把炮弹像个篮球或足球一样扔过去。炮弹使法军的马匹很害怕,可爆炸后并没有什么威力。但这只是个序幕,它预示着不久以后骑士、盔甲和封建制度的终结。

克勒西战役之后,欧洲暴发了一场可怕的瘟疫,这一传染病的学名叫"淋巴结鼠疫",人们通常称它为"黑死病"。这种传染病就像伯里克利时代雅典的瘟疫一样,是场可怕的灾难。不同的是,这场瘟疫不仅是发生在一个城市或一个国家。它所到之处,无一幸免。随着黑死病的广泛传播,死于这种传染病的人越来越多,多于任何一场战争中死去的人数。淋巴结鼠疫之所以又叫黑死病,是因为感染了这种病的人全身会出现许多黑色的斑点,一旦出现这些斑点,便会在几小时或是一两天内死去。任何药物都没有用,所以一旦染上病就没有生还的希望。很多人一发现自己染上淋巴结鼠疫,就马上自杀了,有些人只是因为受不了这种惊吓就死了,实际上是"被吓死的"。

黑死病肆虐了2年,千百万人染上了这种病,三分之一的欧洲人死于这场瘟疫。经常是整个城镇的人都染了病,很多地方连埋尸体的人都没能剩下,大街上、屋门口、市场里,到处是尸体。

因为再没人收割,田地里的庄稼就自己烂掉了。马匹和牛群在村庄里到处乱跑,无人看管。就连海上的水手也染上了黑死病,经常有船只在海上漂来荡去,船上却已经连一个驾船的人都没有了。

假如全世界的男人、女人和孩子都死于这场瘟疫,那会是怎样惨

烈的景象呢？如果真是这样，那之后的世界历史又会怎样呢？

此时，英法百年战争仍然在年复一年地打下去，好像觉得因黑死病而死的人还不够多似的。参加过克勒西战役的士兵们已经去世多年，但他们的孩子长大后会继续作战，死去；他们的孙子长大后也会再赴战场，继续送死；他们的曾孙也会继续地重复这一魔咒……英国军队这样持续不休地和法国打仗。那时候，法国的王子非常年轻，也很懦弱，法国人几乎绝望了，因为没有一个强悍的领袖能领导他们作战，彻底驱逐这些长年侵犯他们的英国人。

这时，在法国的一个小村庄里，有个穷苦的农家女孩（是个牧羊女），名字叫贞德。在照看自己的羊群时，她做了一个神奇的梦。在梦中，她听见有个声音在向她召唤，说只有她才能担当重任，率领法国军队作战，把法国从英国人的手中拯救出来。于是，她就去找王子身边的贵族，把这个梦告诉了他们。可他们根本不相信她和她的梦，也不相信她有这样的能力拯救法国。

不过，他们对这女孩的话也不是完全不信。为了试试她，他们将另一个人伪装成王子的模样，让他坐在王位上，而真正的王子和贵族们站在了一边。随后，他们将贞德叫来。贞德进来后，只看了坐在王位上的那个王子打扮的人一眼，就毫不犹豫地从他身边走了过去，径直来到真正的王子面前。她向王子下跪，并对王子说："我是来带领您的军队取得胜利的。"王子立刻将自己的令旗和一副盔甲交给了她，她便骑着马，冲到了队伍的最前头。

法国士兵们振作起了精神，认为这是上帝给他们派来了一位天使。

他们英勇杀敌，浴血奋战，接连打了许多胜仗。

可对英国士兵来说，贞德这个死对头，更像是恶魔派来的，所以她不是天使而是女巫，他们都很怕她。后来，她被英国人俘虏了。贞德虽然帮助过法国国王，并为他立下汗马功劳，可他根本就没打算救她。既然形势已经好转，他也就不想再让一个女人做他军队的统帅，士兵们也不想受一个女人的指挥，他们很高兴能摆脱掉她。

英国人指控她是女巫，并以此宣判了她的罪行，然后，将她活活烧死在火刑柱上。

虽然贞德死了，但她似乎给法国人带来了好运，让他们的士兵获得了新生。自那以后，法国军队的力量大大地增强了，在经过100多年的斗争后，终于把英国人赶出了自己的国土。在这100多年的战争中，成千上万的人受伤、致残，成了盲人乃至死亡，而英国打了这么多年也没有捞到什么好处，还跟战争开始前一样，100多年的拼死厮杀什么也没有得到——所有的战争都是白忙一场。

战斗中的圣女贞德

第55章
印刷术和火药
——新旧世界的交替

直到那个时候，欧洲各地还没有一本印刷出来的书（有的只是手抄本），没有一份报纸，甚至一本杂志。手抄书自然是特别慢，也很昂贵的，因此，就连这些手抄书也非常少，只有国王和少数富人才有几本。譬如《圣经》这样的书，买它的价格和买一栋房子的钱差不多，所以穷人是买不起书的。假如教堂里有一本《圣经》，那可是珍贵之物，必须用链子把它锁起来，防止被人偷走。想想看，还有人去偷一本《圣经》！

我前面讲过，是中国人发明了印刷术。后来，人们都开始用这种新的办法印制书本。印刷的过程大致是这样的：首先，根据书的内容，把所需的活字模按顺序摆放好（这些字模是用木头做的）；其次，给它们刷上墨汁。最后，将纸压在刷好墨汁的字模上，这就制成了一页书。只要字模设置好，哪怕印上几千份，也是很快、很轻松的。之后，可以把这些排列好的字拆开，将它们重新组合，印制下一页。这便是活字印刷。这一切看上去多简单啊，可怪就怪在人类经过了几千年，

才发明出了这种活字印刷的办法。

通常人们认为是德国人古腾堡印出了欧洲的第一本书,你猜他印的是什么书?当然是欧洲人认为的世界上最重要的一部书——《圣经》。印制这本厚厚的《圣经》,用去了古腾堡5年,直到1456年才完成。

英国第一本上面印有出版日期的书是一个名叫卡克斯顿的英国人印出来的。这本书的名称是《哲学家名言录》,印刷于1477年。

在此之前,很少有人会读书识字,就连国王和王子也不会。没有书可用来教他们读书识字,即使他们会阅读,也几乎没有可供他们阅读的书。那么,即便你会读书,又有什么用呢?

古腾堡印刷了《圣经》第一页

第55章 印刷术和火药——新旧世界的交替

可以想象,在没有书、没有报纸和没有任何印刷品的情况下,中世纪的人想要了解世界上发生的事,或是学习一些他们渴望了解的知识,该有多难啊!

印刷术发明后,一切都改变了。故事书、教科书和其他的书都可以大规模地印刷,而且价格便宜了。以前的人们连一本书都没有,现在却能买得起书了。人们还能读到世界上所有著名的作品,可以学习地理、历史和任何想要了解的知识。活字印刷术的发明很快改变了一切。

在印刷术发明后不久,英法百年战争也结束了。

与此同时,其他一些有着千年历史的事物也要画上句号了。

我给你讲过,在7世纪,穆斯林想要攻占君士坦丁堡,但是基督徒从城堡上往下泼沥青和焦油,阻挡了他们的进攻。

公元1453年,穆斯林又一次进攻君士坦丁堡。不过这一次的穆斯林是土耳其人,他们并没有用弓箭去攻城,而是使用了火枪和大炮。君士坦丁堡的城墙挡不住新发明的火药,最终沦陷了。君士坦丁堡落到了土耳其人的手里,1000年前东罗马皇帝建起的雄伟的圣索非亚大教堂,变成了一座穆斯林朝拜的清真寺。这便是东罗马帝国的终结(西罗马帝国早在公元476年就灭亡了)。

自从君士坦丁堡沦陷以后,之后的战争都开始使用火药,城堡也就再没什么用处了。身着盔甲的骑士也派不上用场了,弓箭也退出了历史舞台——那些武器都无法抵挡这一新型的作战方式。世界上响起了新的声响,那是炮弹爆炸的轰隆声!在这之前的战场上,除胜利者

273

的欢呼和垂死的士兵的呻吟声外,可没有这炮火的声音。这种新型的战争改变了世界的面貌,因此,有些人以公元1453年来作为中世纪的结束,和现代历史的开端。

火药使中世纪走到了尽头,而印刷术和指南针的发明又帮助促成了现代历史的开始。

《君士坦丁堡陷落》(摘自贝特朗东·德拉布罗基耶尔的《奥特雷默之旅》,法国国家图书馆,手稿)穆罕默德二世的土耳其军队于1453年进攻君士坦丁堡。一些士兵将大炮指向城市,另一些士兵则拉着船只前往金角湾

第56章
一个发现"新"大陆的水手

你最喜欢哪本书呢?

是《爱丽丝漫游奇境记》?

还是《格利佛游记》?

在刚有了书的印刷和出版时,孩子们最喜欢的一本书是《马可·波罗游记》。

在意大利有个小男孩,他特别喜欢读《马可·波罗游记》,因为那里面的故事深深地吸引了他,那些关于遥远的亚洲国家的故事,还有故事里提到的数也数不清的金银财宝,都令他非常向往!这个男孩的名字叫克里斯托弗·哥伦布。克里斯托弗·哥伦布出生在热那亚城,它在意大利的最北端,也就是"靴子"的顶部。和大多数海港城市的男孩子一样,他经常听码头上的水手们讲他们旅行中的奇遇,所以他此生最大的志向就是出海,去所有他读到过和听说过的奇妙的地方看一看。终于,机会来了,14岁时,他开始了他人生中的第一次航海。在这之后,哥伦布又经历了很多次航行,渐渐地

他成了一个中年人,但他从未踏上过《马可·波罗游记》中讲述的那些国家的土地。

那时候,很多船长想找到去印度的最近的航线,马可·波罗以前走的那条路太漫长了。他们认为走海路一定会更近一些,现在有了指南针的帮助,他们就敢驶往远海,去寻找一条这样的水路。

当时,已经印出了很多的书。有些航行的书是古希腊和古罗马人写的,有些则是阿拉伯人写的。尽管有些没受过教育的中世纪的人坚信地球是平的,可航海家们都知道地球是圆的。哥伦布读过这些书,他对自己说,如果地球真的是圆的,那么一直向西航行便能抵达印度。相比乘船到达地中海的尽头,然后再走马可·波罗走过的数千英里的陆路,这条水路会便捷得多,也短得多。

哥伦布越想越认定他的这个办法可行,他急切地想找艘船来检验这个想法。可他只是个水手,既没钱买也没钱雇一艘船来做这个实验,他也找不到人帮助他。

为了实现自己的梦想,哥伦布先是去了一个叫葡萄牙的国家。葡萄牙位于大洋边上,葡萄牙人民应该都是不错的水手,事实也的确如此。作为水手,葡萄牙人和古代的腓尼基人一样享有盛名。哥伦布觉得他们可能会对自己的想法感兴趣,会帮助他去做成这件事。再者说,葡萄牙的国王确实对发现新的大陆很感兴趣。

但是,和其他人一样,葡萄牙国王也觉得哥伦布是个大傻瓜,根本不愿意理会他。不过,这位国王还是想要证明一下哥伦布的想法究竟有没有价值,而且,倘若真有新大陆,他希望自己是第一个找到它

的人。于是,他秘密地派出一些自己国家的船长出海去探险。一段时间后,他们都逐个儿回来了,都说他们去了自己所能到达的最远的地方,西边除了水,还是水,什么也没有。

在葡萄牙碰了钉子的哥伦布又去了另一个国家——西班牙,当时的西班牙在国王斐迪南和王后伊莎贝拉的统治之下。此时,斐迪南国王和伊莎贝拉王后正忙得不可开交,根本没有闲暇听哥伦布的想法,他们正忙着和穆斯林交战。你还记得吧,穆斯林自732年后,就在西班牙了,他们最北到过法国。最后,斐迪南和伊莎贝拉赢了,把穆斯林从西班牙赶了出去。之后,伊莎贝拉王后开始对哥伦布的想法和计划产生兴趣,最终她答应帮助他,甚至还说,如果有必要,她会变卖

女王面前的哥伦布

自己的珠宝,给哥伦布凑钱买船。于是,在女王的帮助下,哥伦布买了三条小船:尼娜号、平塔号和圣玛丽亚号。这三艘船实在太小了,今天的我们都不敢乘着它们去远海。

最后,一切都准备好了,哥伦布从西班牙的巴罗斯海港出发(大约有100名水手随行),朝着西方广阔无垠的大西洋起航了。他们先是经过了加那利群岛,然后不分昼夜地朝着同一个方向向前行驶。

看看你是否能这样地想——在那个时候,除了少数的斯堪的纳维亚人,几乎所有的人都是这么认为的——全部的世界无非就是我们到现在为止所学过的那些地方和国家。试着忘掉你曾听人谈到过北美洲和南美洲。当时的人们当然不知道有这两个大陆了。试着想象甲板上的哥伦布,他白天望着翻滚的海浪,晚上注视着黑暗的夜空,他希望早晚会到达——不,不是新大陆,他可不是在寻找新大陆——中国或是印度。

哥伦布出发一个多月以后,他的水手们开始心急了。这片辽阔的海域无边无涯,前方、后方和左右,不管哪个方向,除了海,还是海,似乎不太可能存在陆地。他们开始想返航了,担心继续航行下去,自己就再也回不到家了。他们请求哥伦布返航,还说再往远走那一定是疯了,前面除了海水什么都没有,这样没完没了地航行下去,是什么也找不到的。

哥伦布同他们争论,但是并没有用。最后,他答应水手们,如果再过几天还看不到陆地就回去。几天过去了,一切仍是照旧,水手们

哥伦布和船员争吵:这艘船不会回头的

第56章 一个发现"新"大陆的水手

实在坚持不下去了,他们密谋除掉哥伦布,打算到了晚上把哥伦布丢到海里去,然后他们就返航,等回去后告诉西班牙人,哥伦布失足落海了。

最后,当所有人——除了哥伦布——都已经放弃希望时,一个水手看见水上漂过来一截树枝,上面还挂着浆果。它是从哪里漂过来的呢?接着,他们又看到了空中飞翔的鸟儿(鸟儿从来不会飞得离岸边太远)。接着,在航行了两个多月之后,一个漆黑的夜晚,他们看到前方很远处闪烁着微弱的火光。或许在这个世界上,再也没有这么小的火光能带来这么大的喜悦了。有火光就意味着有人,有人就意味着有陆地,陆地——陆地才是他们此行的目的啊!1492年10月12日早晨,三条小船靠岸了。哥伦布猛地从船上跳下来,双膝跪地,向

上帝祈祷。随后，他升起了西班牙的国旗，以西班牙的名义占领了这片土地，并称它为"圣萨尔瓦多"（在西班牙语里意为"神圣的救世主"）。

当时，哥伦布认为这片土地就是印度或者附近的印度群岛了，其实不然。他要到达印度的话，中间还间隔着北美洲和南美洲两个大陆这么远呢。事实上，他只是踏足了美洲海岸巴哈马群岛中的一个小岛而已。

哥伦布和他的水手们很快便见到了岛上的居民。哥伦布声称这块土地是西班牙的，你可能会问，他怎么能这么做，这片土地显然是属于已经在这里居住的人的呀。他之所以这么做，是因为在那个时代，欧洲人都认为不是基督徒的人是没有任何权利的。所以，哥伦布认为他能直接接管这个国家，让它为自己所有。除此之外，他希望有一天这片新的土地能给他带来财富。

既然哥伦布认为他已经到达了印度，他就把这个岛上的居民称为印度人了。当然，我们知道他们实际上都是美洲原住民，并不是印度人。我们还知道这些美洲原住民在哥伦布跨越大西洋航行之前，就已经在那里生活了几百年。

哥伦布又到了附近的另一个岛上，可他没有发现想象中的金子和珍贵的宝石，也没见到马可·波罗曾描述的奇观。再说，他也出海很久了，于是他开始原路返回西班牙，还带了几个美洲原住民一起回去，还有一些当地人吸的烟草，这东西欧洲人别说见了，甚至连听都没有听说过。

哥伦布终于回到了家乡，人们见他回来了，又听说他发现了新大陆，都欢呼起来，每个人都兴奋得不能自已——不过，这股兴奋劲儿很快就消失了。不久，人们就开始议论纷纷，说哥伦布只不过是一直朝西航行，然后发现了一片陆地而已，他能做到，别人也一样能做到，没什么了不起的。

有一天，哥伦布正在和国王的贵族们共进晚餐，这些人又开始奚落他寻找新大陆的航行。于是，哥伦布从桌上拿了一个煮熟的鸡蛋，让在座的人试试谁能把鸡蛋立在桌子上，鸡蛋不停地从一个人的手里传到另一个人的手里，却没有一个人能将它立起来。最后，它又回到了哥伦布手中，只见他把鸡蛋的一头磕了磕，让蛋壳有一块破损，这样鸡蛋的下面就成了平的，蛋立住了。接着，哥伦布说："你们瞧，如果知道该如何去做，做起来自然会很简单。航海也是一样，我先做过了一次，告诉了你们是怎么做到的，你们当然觉得发现陆地是件非常容易的事了。"

从那以后，哥伦布又三次航行到达美洲大陆，算上第一次，一共有四次。可他始终不知道他到的地方是美洲。他一度抵达了南美洲，可他从未登上过北美洲的土地。

因为哥伦布没有带回西班牙人所期待的珠宝或是神奇之物，人们对他的航行渐渐没有了兴趣。有些心术不正的人开始嫉妒他的成就，他们甚至对他提出了指控，斐迪南国王让另一人取代了他的位置。哥伦布被镣铐锁着运回了家乡。尽管他很快被释放，但他还是戴着镣铐，并要求死后把镣铐葬在自己的身边，用它提醒自己，那些西班牙人是

怎样忘恩负义的。在此之后,哥伦布进行过一次航海,可他最后竟孤身一人死在了西班牙,甚至连朋友们都把他忘了。曾经的航海英雄竟然落到了这般境地。

在我们讲过的所有人中,不管是国王,还是王后,王子还是皇帝,没有谁能与哥伦布相提并论。诸如亚历山大大帝、尤利乌斯·恺撒、查理大帝,他们只知道一味地去夺取,去征服,去杀人,可哥伦布却是在"给予"。他为我们发现了一片新大陆。他没有钱,没有朋友,没有好运,还长期经受挫折和打击,却至死都在追求和坚持自己的理想。尽管被人嘲笑,被人看作疯子,甚至被当成罪犯对待,但他

从未放弃,

没有气馁,也

没有屈服!

第57章
寻宝的人

新大陆没有名字。因为它是新发现的陆地,人们就叫它"新大陆"了,就像人们把刚出生的婴儿唤作"新生儿"一样。

可它总得有个名字啊,那该叫什么呢?当然,如果让我们来取名,我们就会以哥伦布的名字来命名了。不过,它却被取了另一个名字,事情的原委是这样的:

在哥伦布之后,有一个名叫亚美利哥·韦斯普奇的意大利人坐船航行到新大陆的南部,他写了本游记,记录了他航行的经历。人们读了他的书,说到亚美利哥(Americus)描写的新大陆时,就把它称作亚美利哥了。这样,新大陆就以亚美利哥的名字被命名为亚美利加洲(现在的美洲)。其实,公平来讲,新大陆应该以哥伦布的名字来命名。但没办法,木已成舟。有时候,孩子们长大了,也想换个名字,可已经太晚了,不能再更改了。不过,在美洲人说到或是唱到他们的祖国时,他们还是称它为哥伦比亚,尽管在地图上它不叫这个名字。为了纪念克里斯托弗·哥伦布,美国人把许多城市、镇子、地区和街道都称作

哥伦布或哥伦比亚。

哥伦布的航海经历让人们知道,即便向远方一直航行,也不存在被抛出地球的危险,而且,在遥远的西方确实有大陆。在这之后,几乎每个去寻找印度的人都涌向了哥伦布航行的方向。"一群跟风的人!"情形往往是这样,一个天才在前面开创,然后就会有成千上万的人跟在后面模仿。每个船长都急着到西方去寻找新的国家,所以这个时期有很多新的发现,历史上把这个时期叫作"发现时代",又称"大航海时代"。这些人大多是想去印度,他们是奔着黄金、宝石和香料去的,以为这些宝藏在印度遍地都是,想要多少就有多少。

我们能理解这些人为什么要不辞辛苦地去寻找金子和宝石,但是他们还想要寻找香料(调味料)——如丁香和胡椒一类。你可能会感到奇怪,为什么他们那么想获得香料呢?你可能不太喜欢胡椒,也不太喜欢丁香的味道。但在那个时代,人们没有冰箱,肉和其他一些食物很容易腐烂变质。我们一般认为食物变质了就不能吃了,但他们在里面加入香料,去掉馊味后照吃不误,不然那些变质的食物就会变得很难咽下去。欧洲本身不产香料——它只产自气候温暖的国家,因此,人们要花大价钱买这种东西。所以,它跟金子、珠宝一样值钱。

有一位名叫瓦斯科·达·伽马的葡萄牙水手,他也是众多的寻宝人之一,也希望全程走水路去印度。但是,他没有像哥伦布那样向西航行,而是南下绕过了非洲。以前也有一些人想向南绕过非洲去印度,但都无功而返。这些半道回来的人讲了很多恐怖的故事,和水手辛巴

达的传说①一样可怕。他们说那儿的海面有时会变得像开水一样沸腾；还说有一座磁铁山，会吸住船上的铁栓，船会被一下子吸过去，被撞得支离破碎；还提到了涡流，船到了那里就会陷进去——会一直沉啊，沉啊，直到沉到海底；还说那儿有巨大的海蛇、海怪，一口就能把船只吞进肚子里。这些故事显然都不是真实的，可远洋航海确实经常遇到危险，在非洲南端有个地方叫风暴角，可能是因为经常有大风暴而得名。不过，这个名字听起来无论如何也不像是个好兆头，因此后来人们就叫它好望角了。

瓦斯科·达·伽马并没有被这些可怕的故事吓住，他一路向南航行，在经历了无数的艰难险阻之后，绕过了好望角，继续前行，最终到达了印度，在那里他得到了贵重的香料，然后安全返航。那是公元1497年，是哥伦布首次航行的5年后。瓦斯科·达·伽马是第一个走水路到达印度的现代欧洲人。

瓦斯科·达·伽马

关于这些"发现"，你要永远牢记一点，那就是有

---

① 译者注：辛巴达，是传说中的正义海盗和航海家，有很多关于他的历险故事，多半是神话虚构。

达·伽马经过好望角

一些人确实始终都知道这些地方！美洲原住民知道美洲，北欧人和维京人也知道。而印度人知道印度，很快其他地方的人们也会了解它。

看着其他国家的寻宝活动搞得热火朝天，英国人也不想在这场漂洋过海的寻宝热潮中落于人后。就在瓦斯科·达·伽马到达印度那一年，一个名叫约翰·卡伯特的人从英国出发，开始了探险之旅。他的第一次航行失败了，但他没有放弃，很快又开始了第二次航行，最终到达了今天的加拿大，还沿着海岸，一路航行到达了现在的美国。他宣称自己所到的这些地方都将归英国所有，可在他回去之后，英国对这些地域并没有采取什么行动，在过了100年之后才真正对这些地方有所行动。

还有一个西班牙人，名叫巴尔沃亚，他一直在美洲中部探险。后来，

第57章 寻宝的人

他来到了连接中美洲和南美洲的一小块陆地上,这块陆地我们现在称作巴拿马地峡。在这里,他出乎意料地发现了另一片大洋。他把这个新发现的大洋称为"南洋",尽管巴拿马地峡连接着中美洲和南美洲,但是巴拿马地峡是弯曲的,在这里,人看到大海时,是面朝南的。

接下来的这次航行是所有航行中航程最长的。葡萄牙人麦哲伦希望找到一条能"穿过"新大陆到达印度的新航线。他认为一定会有一个通道,能让他穿过这个挡路的新大陆到达印度。他希望自己的国家能给予他资助,而葡萄牙的当权者又犯了对哥伦布所犯过的错误,葡萄牙政府并没有理睬麦哲伦的请求,所以,麦哲伦去了西班牙,西班牙给了他五艘船。

有了这五艘船,麦哲伦开始了他远渡重洋的航行。在他到达南美洲后,他就沿着海岸线向南航行,想要找到穿过大陆的水道。找了一处又一处,每一处都像他要寻找的通道,结果都只是个入海口而已,这时,他的一艘船失事了,他还剩四艘船。

麦哲伦

他带着四艘船,继续沿着海岸向南航行,不久到达了现在叫合恩角的地方,在通过了这里的危险的海峡入

287

口后（后来这个海峡以他的名字命名为麦哲伦海峡），他继续向南航行。其中的一艘船中途放弃，沿着原路返回了西班牙。就这样，只剩下了三艘船。

剩下的这三艘船继续向前走，成功地到达了大洋的另一端，这个大洋就是巴尔沃亚所称的南洋。而麦哲伦把它称为"太平洋"，取"平静"之意，因为在麦哲伦经历了那么多的大风大浪后，这个大洋看上去非常平静。可是，船上的食物和水越来越匮乏，最终都被消耗完了，甚至连船上的老鼠也被他们逮住吃光了。很多水手因生病去世，可麦哲伦仍然坚持向前航行，尽管当时一起出发的人已经损失了大半。最终，他到达了现在的菲律宾群岛。在这里，他们和当地人打了一仗，麦哲伦不幸被杀死了。最后，剩下的人员已经不够驾驶这三艘船，因此他

麦哲伦在菲律宾群岛之死

们烧毁了一艘。

剩下的两艘船继续航行,后来,一艘船失去了航向,没了踪迹,再也没有了音信。最后就只剩下了一艘船,仅存的"维多利亚号"。照这种情形下去,似乎一艘船、一个人也剩不下了,那也就没人能讲一讲他们一路上的历险故事了。

"维多利亚号"艰难地绕着非洲海岸继续航行,麦哲伦的同伴们由于饥寒交迫和一路上经历的各种艰难困苦(包括海上的飓风和暴风雨)已经筋疲力尽。最后,一艘破烂不堪、到处漏水的船和18个船员终于驶进了他们3年前出发的港口。"维多利亚号"——"胜利号"!——这条已经没有了麦哲伦的船只,成为第一艘完成环球航行的船。这次航海永久地结束了持续多年的争论:地球究竟是圆的还是平的?因为有一艘船真的环绕着地球航行了一圈!尽管有了这样的证明,在此后的很多年里,还是有人不相信地球是圆的。

第58章
迷人的土地：寻金和探险

关于新大陆的富有和神奇，有各种美好的传说。

据说，在新大陆的某个地方，有一处"不老泉"，如果你在里面洗个澡，或是喝上几口水，你便能返老还童。

还有人说，在新大陆有一个叫黄金国的城市，整个城市都是用黄金建造的。

所以，喜欢历险的人，只要能筹到足够的钱，就会出发去新大陆寻找那些神奇的东西。这些人个个都认为如果能找到这些宝物，就能让自己出名，使自己变得富有和智慧，甚至永葆青春。

其中，有个西班牙人叫庞塞·德·莱昂，他在寻找不老泉的过程中，发现了佛罗里达州。他非但没有找到不老泉，反而和当地的居民发生了冲突，丢掉了性命。

还有个叫荷南多·狄·索多的人，他踏上了寻找黄金国的征程。在路途中，他发现了新大陆最长的河流——密西西比河。可他非但没能找到黄金国，还得了病，发起了高烧，最后客死他乡。他的同伴们

为了让美洲原住民害怕他们,就说荷南多·狄·索多是神。为了掩盖荷南多·狄·索多已经死去的事实,他们趁着晚上天黑,悄悄地把他葬在了由他发现的密西西比河里。随后,他们撒谎说他去天堂旅行了,不久便会回来。

美国南面的邻国现在叫墨西哥,当时墨西哥的原住民叫阿兹特克人,是印第安人的一个分支。阿兹特克人的文明程度要比其他印第安人的高得多,他们住的是房子,不像印第安人住的是帐篷;他们建造了精美的庙宇和宫殿;还修了道路和下水道等(和罗马人的类似);他们也有着丰富的金银矿产资源。不过,阿兹特克人的信仰还处在对诸神崇拜的时期,而且他们用活人祭祀。他们的国王是位杰出的首领,名叫蒙特祖玛。

西班牙人科尔特斯被国王派去征服这些阿兹特克人。他在墨西哥的海岸登陆,上岸后把船只都烧掉了,这样他们只能拼死一战。西班牙人穿越大洋时,还随船带了一些马匹。阿兹特克人从来没见过马,他们看到西班牙人骑的马时大为震惊,以为那些马是可怕的怪兽。在西班牙人开炮射击时,阿兹特克人更是变得惊慌失措,他们以为那是西班牙人释放的雷电呢。

科尔特斯向阿兹特克人的都城墨西哥城进军,墨西哥城建在一个湖心岛上。一路上他遇到的阿兹特克人都拼死抵抗,无奈他们使用的武器太过简陋,就像石器时代和青铜时代的武器一样,所以无法跟西班牙人的炮火相抗衡。

蒙特祖玛,他们的首领,希望和西班牙人化敌为友,送给科尔特

科尔特斯征服墨西哥

斯好几车黄金,还有许多丰厚的礼物;当科尔特斯到了都城后,蒙特祖玛并没有把他当作敌人看待,而是像对待上宾一样殷勤款待。科尔特斯给蒙特祖玛讲了基督教的情况,希望他也成为基督徒,但蒙特祖玛认为自己的神和基督教的神一样好,他不会改变信仰。于是,科尔特斯突然发难,把蒙特祖玛抓了起来,双方展开激烈的战斗。最后,蒙特祖玛被杀,科尔特斯成功地征服了墨西哥,尽管阿兹特克人拼死抵抗,可他们毕竟不是子弹和枪炮的对手。

在南美洲秘鲁,有另一支文明程度较高的印第安人部族叫印加人,他们甚至比阿兹特克人还要富有,据说,他们所在城市的道路都是用黄金铺设的。

蒙特祖玛接待科尔特斯

像科尔特斯征服墨西哥城一样,西班牙人皮萨罗前去征服秘鲁。起初,皮萨罗告诉印加的首领,教皇已经把印加城给了西班牙。可印加人从未听说过教皇,他们当然会纳闷儿,教皇和秘鲁有什么关系,他怎么可以把秘鲁送给别人呢?印加人当然不会把自己的国家拱手相让。

第58章 迷人的土地:寻金和探险

于是,皮萨罗就把秘鲁从印加人手中夺了过来。他只带了几百人,可他们有大炮,印加人哪里能抵挡得住大炮。

西班牙人发现的另一支部族是玛雅人。当时,玛雅人居住在现在属墨西哥和危地马拉的土地上。他们有一种不大为世人所知晓的文字,他们发明了一种历法,并修建了天文台以观测星象;他们还建造了很多高大的金字塔。和印加人一样,玛雅人也被西班牙人的枪炮征服了。

阿兹特克人、印加人、玛雅人——这些部落在西班牙人到来时,只是生活在美洲原住民诸多部落中的三支。你知道吗?印加人、阿兹特克人和玛雅人如今还生活在美洲,你可以在中美洲和南美洲见到他们建造的那些奇妙的建筑物。

293

皮萨罗征服秘鲁印加人（约翰·艾佛雷特·米莱绘）

  法国和欧洲的其他国家也派出探险者去攻占美洲的土地，然后又派出传教士向美洲原住民传播基督教，在你以后学习美洲历史的时候，老师会告诉你更多有关这方面的知识。

  许多探险者实际上就是海盗，甚至比袭击英国和法国的挪威人还要坏，因为他们把那些武器落后、无力反抗的人都残杀了。他们为自己杀人所找的借口是，他们想让原住民成为基督徒。如果基督教教徒杀害无力自卫的无辜百姓，那也就难怪原住民对基督教没有什么好感了。

第59章
东非的海岸线

美洲并不是航海家们唯一的目标,这些雄心勃勃的冒险家为了寻求刺激和财富去了许多的地方。当西班牙人在美洲征服阿兹特克人、印加人和玛雅人时,葡萄牙人去了非洲。就像克里斯托弗·哥伦布向西航行寻找去印度的航道一样,葡萄牙人也一直在寻找去印度和中国的航道。后来,他们决定绕非洲航行。虽然他们也不太确定是否能发现非洲大陆的尽头——一条绕过它继续前行的航线,但他们还是想试试看。

在哥伦布到美洲之前,一些葡萄牙探险家沿着西非的海岸一直向南航行,他们经过了以前穆萨一世帝国境内的塞内加尔河。然后,绕过大陆的拐角,到达了贝宁城。古代贝宁城是非洲的一个小国,在现在的尼日利亚境内。贝宁称国王为奥巴,以美丽的艺术品而闻名于世,如果你去大型的艺术博物馆参观,便能看到很多雕刻、塑像和祭天仪式中用的面具,它们都产自贝宁。由贝宁继续向南航行,他们经过一个叫刚果的国家。有一个探险家还曾到达了非洲的最南端,可惜的是

他随后便掉转船头，返航回家了。

在哥伦布从西班牙起航的5年之后，瓦斯科·达·伽马也从葡萄牙出发了。他最终胜利地绕过非洲的最南端，进入了印度洋。他沿着非洲的东侧一路向北航行，临了，继续朝着印度行进。他在东非时，发现了一些奇妙的城市，他以为这些城市还没有人知道。

话说回来，事实上，有些欧洲人早就知道这些城市了。希腊人、罗马人和埃及人都知道通往东非的路线。于耶稣诞生后不久，希腊曾有一本写给水手看的《旅行指南》，书中讲了如何到达这些港口，还讲了在哪些港口可以买卖象牙、龟甲和橄榄油。早些年，这些做港口的城镇都很小，每个镇子里住着1000多人。

公元900年前后，也就是查理大帝死后约100年，那时的欧洲人很少出海航行，几乎忘记了还有东非这个地方，而在这一时期有个阿拉伯的地理学家到达了东非。他当时是在从印度和中国返回家的路上发现的。后来，他在书中写道，东非气候温暖、土地肥沃，盛产黄金和很多珍奇之物。现在我们知道，从耶稣诞生的公元1年到公元1000年中，有不少商人到达过东非。考古学家们在东非发现了大量来自世界各国的货币，其中有波斯的、希腊的、罗马的、阿拉伯的，还有印度的和中国的；他们还发现了陶器和玻璃器皿的碎片，这些器皿来自中国、印度和阿拉伯。其中，以阿拉伯人来东非的最多。有些阿拉伯人本来是去那儿做生意的，后来干脆就定居在了那里。很快，东非人的语言就夹杂了一些阿拉伯词汇。之后，阿拉伯人把这种融入了阿拉伯词汇的东非语言用阿拉伯文字记录了下来，并将这种语言称作斯瓦

希里语，直到现在，斯瓦希里语还是东非的通用语言。

在早期游历东非的旅行者中，最出名的是一位来自丹吉尔的穆斯林，丹吉尔是北非的一个城市。这个穆斯林的名字是伊本·拔图塔，他就像是穆斯林中的马可·波罗一样。实际上，他生活的时代也和马可·波罗相同——公元1300年前后。伊本·拔图塔的旅行故事是用阿拉伯语写的，所以多数欧洲人没有读过，但是在说阿拉伯语的地方，他是非常出名的。

伊本·拔图塔是真的环游了世界！他在20岁时就离家去穆斯林的圣城麦加朝圣。朝圣完后，就接着周游世界，一直在外面游历了25年，其间从没回过家。他去过俄国南部、波斯、印度和印度尼西亚。和马可·波罗一样，他还不远万里去了中国。他的目标就是走遍世界上每个有穆斯林的地方，他实现了这个目标。

他去过的一个有趣的地方就是东非，那里有很多的穆斯林。有些是早年定居在那里的阿拉伯人，不过多数穆斯林就是当地的东非人。渐渐地，东非人和阿拉伯人开始通婚，他们的孩子就是两个民族的混血儿。

在伊本·拔图塔时代，东非的商业重镇渐渐发展为城市。这些城市就像早期希腊的城邦国家一样，都是相对独立的。每个城市都有自己的领袖，每个城市的周围都有乡村环绕着，男男女女在那里耕作，过着安宁的日子。现在，你还可以到东非的这些城市去参观，如摩加迪沙、马林迪、蒙巴萨和基尔瓦等。试着读上几遍这些名字，一开始也许你会觉得这些名字很奇怪，但是多重复几次就好记多了。

伊本·拔图塔把基尔瓦描述为世界上最美丽的城市,他说那里有很多喷泉和公共广场。城市的主要宫殿是建在一个陡峭的悬崖上,下面就是浩渺无际的印度洋。宫殿里有100个房间和一个八角形的游泳池,听起来很不错吧!你想不想到这样的王宫去做客呢?

这些城市都有供大型船舶停泊的港口。阿拉伯的船一般是18米到24米长,而波斯和印度的船要更大一些。有时,中国数以百计的船只组成的大型舰队也会来到东非的港口。非洲人用当地产的黄金、铁器和象牙来交换丝绸、玻璃器皿以及各种工具。有一次,马林迪城送了一份奇妙的礼物给中国的皇帝。它可不是黄金哦。马林迪的领袖可能觉得,虽然中国很富有、很强大,但这份礼物对中国的皇帝来说一定是个很大的惊喜呢!什么是中国没有的呢?这份礼物一定给中国人留下了深刻的印象,因为他们把这件事情的全部经过都记录下来了,所以我们现在才知道有这样的一份礼物。这份礼物就是一只长颈鹿。

这当然是中国没有的东西了!

有件事可以说明那些城邦的首领肯定都比较聪明,因为他们之间很少发动战争。虽然相互也有摩擦,可除港口之外周围的大多数城市没有大型的防御工事。他们认为用不着这些东西,因为他们从来不会没完没了地打下去。这意味着他们可以把所有精力用在贸易和农耕上。我敢肯定,这就是这些城市形成的一个重要原因。

不过,他们最终还是遭到了攻击。你能猜到是哪个国家想要接管这些城市吗?我来给你点儿提示。有个国家想控制这些贸易航线——想要插手与印度、中国的贸易。好吧,你也许已经猜到了,这个国家

是葡萄牙。当葡萄牙发现非洲不仅有黄金，而且东非人已经和印度、中国等东方国家建立了贸易往来时，他们就准备插手了。

葡萄牙人随船运来了枪炮。当一个城市不愿意投降时，他们就攻城，蒙巴萨被彻底摧毁了。城里所有的人都被杀害了。

东非人知道他们不可能击败这些坚船利炮，所以他们用另一种策略赶走葡萄牙人。他们停止了黄金贸易。矿工们不再开采黄金，商人们也不再运送黄金。渐渐地，港口都关闭了。城市里的人们都迁移到周边的乡下去种地。当然，葡萄牙人对农场不感兴趣，于是，他们对东非不再留恋，仅保留了几个港口，用来给长途航行到印度群岛的船只补充燃料和物资储备。东非人失去了城市，却得到了安宁。

第60章
文艺复兴时期

你见过"复兴"这个单词吗?

这个词的意思是"再生"。

当然,没有什么能够再生。但是,人们把我们现在讲到的这个时代叫作文艺复兴时期,接下来,我们就说说他们为什么会这样称呼它。

你还记得伯里克利时代,对不对?就是雅典建造了很多精美雕塑和建筑物的那个时代。在15、16世纪,也不是每个人都跑到新大陆去探险了。当航海家们正在探险的时候,有许多伟大的、世界知名的艺术家正安心地在意大利生活和工作着。

在意大利,建筑师们建造了美丽的建筑,有些像古希腊和古罗马的神庙;雕刻家们创作的雕像几乎和菲狄亚斯的雕像一样美丽;人们又一次开始对古希腊的作家产生了兴趣,这些作家的作品已经被大量印刷,每个人都读得到。这一切看上去就像是雅典伯里克利时代的再现。所以,人们就把这个时代称作文艺复兴时期。

米开朗琪罗是文艺复兴时期伟大的艺术家之一。他不仅是个画家,还是个雕刻家、建筑师和诗人。米开朗琪罗在创作作品时非常认真,可以说是一丝不苟,他认为花费几年的时间雕刻一个塑像或完成一幅画,那是再正常不过的事。他的每件作品都是不朽的杰作,直到现在,世界各地的人们仍然非常喜欢他的作品。

现在,雕刻家们的工作程序大体是这样的:先用黏土做一个模型,然后模仿这个模子在石头上雕刻出来或是用青铜浇铸出来。可米开朗琪罗并不是这么做的。他完全不需要事先做模型,便能直接在石头上雕刻,就好像他已经看到被禁锢在石头里的塑像一样,只是把包在塑像外面的石头凿去就行了。

曾经有块很大的大理石被一个雕塑家弄坏了。米开朗琪罗却在

摩西像(米开朗琪罗塑)

它身上看到了大卫的身影,于是便劲头十足地干起来,把这位体魄健壮的"大卫"给雕了出来。

他还雕了一尊摩西坐着的石像,现在这尊塑像还陈列在罗马的教堂里。如果你去那里参观,走到摩西雕像前就会发现,它有多么栩栩如生,就如同你站在真正的先知摩西面前一样。通常,导游会给你讲这样一个故事:米开朗琪罗在雕刻完这尊塑像之后,他自己也被这尊石像震撼了,感觉它就像是有了生命一样。于是,他用锤子敲了一下雕像的膝盖,想让它"站起来"。随后,你就会在大理石上面看到一道裂缝,以此证明导游说的是真的。

西斯廷教堂天顶画

第60章 文艺复兴时期

教皇想让米开朗琪罗来画西斯廷教堂的天花板,这是教皇在罗马的私人教堂。一开始,米开朗琪罗不愿意干。他告诉教皇自己是一个雕塑家,而不是画家。可教皇坚持要他做,米开朗琪罗没办法,只能让步。不过,一旦米开朗琪罗同意做这件事了,他就会全身心地投入进去。

在接下来的4年里,他就住在西斯廷教堂里,这么多日日夜夜他几乎从未离开过这所房子。在天花板下面,他给自己做了一个平台(脚手架),躺在上面阅读诗歌和《圣经》,一有灵感就开始创作。他把自己关在里面,不让任何人进来,就连教皇本人也不行。因为

雅典学派（拉斐尔绘）

他不想受任何干扰，全身心地创作。

有一天，教皇发现有扇门开着，就想走进去看看米开朗琪罗的工作进行得怎么样了。在脚手架上的米开朗琪罗失手掉下来一件工具，差点儿砸在教皇的头上。教皇非常生气，但从那以后，他再也没进过教堂，除非受到米开朗琪罗的邀请。

世界各地的人们都赶来参观这个天花板，可是总仰着头看很别扭。要想舒舒服服地看，就得躺在地板上，或是在镜子里看。

米开朗琪罗活了将近90岁，他几乎不与人们来往。他受不了别人老来打扰他，因此常常离群索居，与他画的上帝和天使为伴。

西斯廷圣母(拉斐尔绘)

拉斐尔是另外一位著名的意大利艺术家。他与米开朗琪罗生活在同一时代。不过，拉斐尔在许多方面都与米开朗琪罗恰好相反。比如，米开朗琪罗喜欢独处，而拉斐尔却爱成群结伴，身边总是簇拥着一群朋友和仰慕者。因为他有非凡的艺术才能，性情又很温和，每个人都愿意接近他。年轻人陪伴在他身边，如饥似渴地聆听他说的每一句话，还模仿他所做的一切。有50个或者更多的学生跟着他学画，就连他出去散步，这些人也要和他一起去。

拉斐尔创作了很多美丽的作品，其中最著名的一幅是《雅典学派》。他还画了很多圣母玛利亚的画像（里面也画有圣婴耶稣），这些画像被称作"圣母像"。圣母像中最有名的一幅是《西斯廷圣母》。这幅画本来是给一个小教堂画的，现在却被陈列在一个大画廊里。

拉斐尔在去世前一直在勤奋创作，所以留下了大量的画作。通常他自己只是画出最关键的部位——多数情况下只是脸部，把身体、手和衣服这些部分留给学生们去画。哪怕只被允许在老师的画作上画一根手指头，他们也会感到自豪。

列奥纳多·达·芬奇也是生活在那个时代的一位伟大的艺术家，他能把很多领域的事情都做得非常好，可以称得上是万能博士。大多数"万能博士"是样样通、样样忪，而他对所有这些事情都很擅长和精通。他是一名艺术家，也是一位工程师、诗人和科学家。因为涉足的领域太广泛，他只创作了几幅画，但是这仅有的几幅却都是精品。其中有一幅是《最后的晚餐》，这幅画与《西斯廷圣母》一样，被视为世界上尤为出色的画作。令人遗憾的是，这幅画是直

接画在水泥墙上的，时间久了，很多水泥连着油彩一起剥落了，所以原来的画作现在只留下了星星点点。最近，这幅画被复原了，它又重新绽放出了光彩，我们又能欣赏到它迷人的全貌了。

达·芬奇非常喜欢画女人的微笑。他最著名的画就是一个名叫"蒙娜丽莎"的女人的肖像。她脸上的微笑被称作"谜一般的"微笑，你不知道她究竟是在"对着"你笑，还是在和你"一起"笑。

第61章
搅动欧洲的宗教改革

有人说孩子们理解不了这一章的内容，他们认为这个故事太难懂了，但是，我想看看到底是不是这样。

我在前面已经说过，到这一阶段为止，西欧只有一个基督教派——天主教。没有什么圣公会、卫理公会、浸礼会、长老会，也没有其他任何教派，所有人都只是基督徒而已。

但是，到了16世纪，有些人开始觉得天主教应该改革；另一些人认为不应该改革。一些人说一切照旧就好；另一些人说守旧是不行的。于是，争执发生了。

麻烦最初是这样引起的：教皇要在罗马建一座圣彼得大教堂，打算建在当初君士坦丁老教堂的旧址上，据说这儿是圣彼得蒙难的地方。教皇想把它建成世界上最大、最宏伟的教堂，因为耶稣基督曾说："你是彼得，我要把我的教会建造在你这块磐石上[①]……"因此，圣彼得大教堂在基督教中的地位就像美国的国会大厦那么重要。米开朗琪罗和

---

① "彼得"，在拉丁语中的意思是磐石。

拉斐尔都曾为这个新教堂做过设计。为了凑齐大理石、石头和盖教堂需要的其他材料，教皇采取了前人的做法，他拆掉了罗马的一些建筑，用拆下的石料来建新教堂。

除此之外，教皇还需要一大笔资金来建造他想象中的富丽堂皇的教堂。所以，他开始从平民手中搜刮。此时，在德国有个修道士名叫马丁·路德，他是个讲授宗教课的大学老师。马丁·路德认为，教皇不仅不应该向群众索要钱财，而且天主教会在许多事情上的做法是不对的。他罗列了自己认为有必要纠正的95个问题，并把这个单子钉在了他所居住的那座城镇的教堂大门上，竭力鼓动人们反对这些不合理的事情。教皇给马丁·路德下达了一道命令，让他停止这些活动。可马丁·路德当众就把教皇的命令烧掉了。很多人支持马丁·路德，不久，许多人都脱离了天主教会，不再服从教皇。

教皇请求西班牙国王帮助他来解决他与马丁·路德的争端。他找西班牙国王帮忙的理由是，西班牙国王是查理五世，也就是帮助过哥伦布的斐迪南国王和伊莎贝拉王后的孙子。他不仅是个虔诚的天主教徒，而且是欧洲最有权势的国王。西班牙的探险家们到达美洲后，在那里的大片土地上宣布了西

马丁·路德肖像

班牙的主权,因此查理五世还拥有新大陆的大部分土地。而且他不仅是西班牙在美洲殖民地的皇帝,还是奥地利和德国的皇帝。因此,教皇最先想到了让他来帮忙。

查理五世命令马丁·路德到德国的沃尔姆斯城接受审判,并保证说不会伤害他,于是,马丁·路德去了。当马丁·路德到达沃尔姆斯城后,查理五世命令他收回自己说过的话,但马丁·路德拒绝这么做。一些贵族说马丁·路德应该被烧死在火刑柱上。但查理五世信守自己的诺言,把马丁·路德放走了,没有因他的信仰而惩罚他。不过,马丁·路

马丁·路德在沃尔姆斯(安东·冯·维尔纳绘)

德的朋友们担心其他天主教徒会伤害马丁·路德，他们知道他不太在意自己的安全。于是，他们把马丁·路德关了起来，就这样关了1年多，以免有人伤害到他。在这期间，马丁·路德把《圣经》翻译成了德语，这是《圣经》首次有了德语译本。

反对教皇的人被称作"新教徒"，这次抗议后形成的新教会直到今天仍然被称为"新教"。天主教的信仰方式发生改变的这个时期，被称作宗教改革时期，因为旧的宗教发生了"变革"。

如今，你也许是天主教徒，你最好的朋友可能不是，但这并不会影响你们的友谊。可是在那一时期，天主教徒是那些非天主教徒的死敌，反过来也是一样。每一方都认为自己这方是正确的，另一方是错的。双方为了捍卫自己的信仰，展开了激烈、疯狂、凶猛的斗争，仿佛另一方就是恶棍和恶魔似的。因为宗教信仰的分歧，朋友、亲属也会相互残杀，尽管他们都被认为是基督徒。

查理五世因为激烈的宗教争端和自己的帝国中的一些麻烦事而感到忧心忡忡。他开始厌烦做皇帝，每天面对这么多必须解决的问题让他非常疲惫。他想有更多的时间和自由，去做一些自己更感兴趣的事情。做国王并不像有些人想的那样可以为所欲为。于是，查理五世做了许多国王都不情愿做的事：他辞职了——对国王来说，就是"退位"了，他把王位传给了自己的儿子，也就是腓力二世。

查理五世很高兴卸下了这副担子，随后，他就到修道院去住了。在那儿，他把时间都花在自己喜欢做的事情上：制作机械玩具和机械手表。他就过着这样的生活，直到去世。

311

英国国王亨利八世（1491—1547）
（小汉斯·贺尔拜因绘）

在查理五世做西班牙的国王时，英国的国王是亨利八世，他的姓是都铎。那个时候，很多国王的名字都相同，所以要在他们的名字后面标上数字，这样人们才知道说的是哪个国王，之前还有几个国王也叫了这个名字。起先，亨利八世也是个非常坚定的天主教徒，教皇还曾经封他为"信仰卫士"。但后来，亨利想和妻子离婚，因为她没能给自己生下儿子。亨利希望有个儿子来继承王位，维持英国的统一。可要和妻子离婚，然后再婚，必须得到教皇的同意，因为只有教皇才有权力批准亨利离婚。那时，罗马的教皇是整个欧洲乃至美洲基督教会的首脑，不管是意大利、西班牙还是英国的基督徒都要听从他的指令，由他来规定他们可以做什么，不可以做什么。亨利要教皇同意他离婚的请求，可是，教皇告诉亨利他是不会同意的。

亨利觉得，让别的国家的人——即便他是教皇——来管英国的事情，这样做既没道理也不合适。他自己便是国王，没有理由由外国人给自己发号施令，掺和自己国家的事。

于是，亨利决定由自己来做英国基督徒的领袖，这样，他便可以

亨利八世的妻子们（R. 伯切特绘）

第61章 搅动欧洲的宗教改革

做自己想做的事，不再需要教皇的同意。后来，他真的这么做了，并跟妻子离了婚。从此，英国所有的教会都由国王管理，教皇对英国的事再也不能说三道四了；英国教会从此服从国王的命令，不再服从教皇。这是天主教会内部的第二次分裂。

在这之后，亨利八世又娶了五位妻子，加上第一位，一共是六位。当然，他不是一下子娶了五位，因为基督徒在同一时间内只能有一位妻子。第一任妻子跟他离婚了，第二任妻子被他砍了脑袋，第三任妻子死于疾病。有趣的是，后三位妻子和前三位的情况完全一样：第四任妻子与他离婚了，第五任妻子被他砍了头，第六任妻子死在了亨利后面，也是病死的。

你觉得这个故事难懂吗？

第62章
伊丽莎白女王

英国国王亨利八世有两个女儿。

一个叫玛丽,另一个叫伊丽莎白。

她们的姓当然和父亲亨利一样,是都铎,不过,我们一般不太会注意国王和女王姓什么。

亨利国王也有个儿子,亨利死后最初是由他来接任国王的。虽然他比姐姐们要小得多,但那时候的人们都认为男孩子比女孩子更适合治理国家。但他没活多久就去世了,于是,玛丽先做了女王。

玛丽很不赞同父亲反对教皇和天主教会的做法。因为她本人就是个坚定的天主教徒,随时准备为教皇和天主教会而战。实际上,她想处死所有新教徒和不是天主教徒的人。她认为,与她信仰不同的都是恶人,都该杀。就像《爱丽丝漫游奇境记》里面那个女王一样,她总在说:"把他的脑袋砍下来!"在我们看来,这可不像是基督徒的所为,可那个年代,人们对于这些事情的看法和我们不一样。玛丽为此让不少人掉了脑袋,所以后来人们管她叫"嗜血玛丽"。

第62章 伊丽莎白女王

玛丽的丈夫也是同她一样强硬的天主教徒，甚至比她还要凶残。他不是英国人，而是西班牙人，就是那个退位的查理五世的儿子，西班牙的国王——腓力二世。

腓力二世比他的父亲可要残酷多了。腓力二世极力让那些新教徒和被怀疑为新教徒的人认罪，并放弃对新教的信仰。如果他们不这么做，就要受到"异端审判"，受到以前基督教殉道者所受的各种残酷折磨：有的被绑住双手，高高地吊在空中，就像挂在墙上的画一样，直到他们痛得晕死过去，或者是承认了自己被指控的罪行；有些被绑在台子上，身体向两头拉拽，一边拉头，一边拉脚，直到他们的身体被撕成两半；那些确认是新教徒的人有的被立刻杀死，有的被用火烧死，还有的被慢慢折磨至死，这样他们受罪的时间更长。你要知道新教徒不是唯一遭受西班牙异端审判的人，早在一个世纪之前，犹太人就遭到过同样方式的折磨。因此，大多数犹太人离开了西班牙，去了北非或欧洲。

伊丽莎白一世

腓力二世迫害的主要是荷兰人，这时荷兰附属于他的帝国，在荷兰很多人成了新教徒。在这些荷兰人中有个叫威廉的人，因为他说得少、做得多，所以人们都叫他"沉默的威廉"。威廉为他的同胞受到如此的迫害感到愤慨，

带头反抗腓力二世，最终让荷兰脱离了西班牙的统治，成为独立的荷兰共和国。可是，沉默的威廉却被腓力二世派人暗杀了。

"嗜血玛丽"的丈夫就是这样一个残暴、阴险的人。

在玛丽·都铎死后，她的妹妹伊丽莎白·都铎做了女王。伊丽莎白是亨利的三个孩子中最能干的，她长着一头红发，非常爱慕虚荣，喜欢得到他人的奉承。很多男人爱上了她，但是她一直没有结婚。人们把没结过婚的女人叫童贞女，伊丽莎白就是有名的"童贞女王"。

伊丽莎白是个新教徒，她反对天主教就如同她姐姐和姐夫反对新教一样坚决。

伊丽莎白有个亲戚是苏格兰的女王，苏格兰这个国家就在英国的北面，但那时它还不属于英国，有自己的国王。这位女王名叫玛丽·斯图亚特，她年轻，而且长得美丽、迷人，可她是个天主教徒，所以伊丽莎白视她为敌人。

听说玛丽·斯图亚特有吞并英国的意图，伊丽莎白就不顾亲戚的情面，先下手为强，把玛丽·斯图亚特关进了监狱。玛丽·斯图亚特在监牢里被关了近20年，最终还是被伊丽莎白下令处死了。我们很难理解会有人用这样冷血的方式杀害自己的亲戚，尤其是这个人还自称是个基督徒。但是，在那个时代，这种事情是经常发生的，大多数谋杀都是统治者所为。

腓力二世作为天主教的主要拥护者，下决心要惩罚他妻子的妹妹伊丽莎白，因为她竟然杀死了玛丽·斯图亚特这样一个虔诚的天主教徒。于是，他集结了一支大型的西班牙海军舰队。所有的西班牙人

都为有这样一支舰队而倍感自豪,认为他们的舰队是"无敌舰队"。

1588年,无敌舰队出发去征服英国海军,所有舰船排成一行形成半月形,向英国驶去。

英国舰队的船都是小船。西班牙人认为,像通常的海战一样,英国海军应该会与他们正面开战。可英国舰船却从背后袭击了西班牙舰队,而且,他们一次只进攻一艘船,各个击破。英国的士兵们都训练有素,他们的小船驾驶起来更便捷、更灵活。他们攻击后总是能在对方掉转船头开火之前便迅速驶离。用这种办法,英国舰队逐个击沉、摧毁了西班牙舰船。

后来,英国人把一些旧船点着,让它们漂向敌方的船。当时所有的船都是用木头建造的,西班牙舰队看到一艘艘着火的船朝自己漂过来,一下子就慌乱了,有些舰船马上逃之夭夭。剩下的那些船想绕过苏格兰北部回西班牙,可在路上遇到了一场可怕的暴风雨,几乎所有的船都沉没了,上千具尸体被海浪冲到岸边。不可一世的无敌舰队不复存在,随着它的毁灭,西班牙在海上的霸权地位也完结了。从此以后,西班牙不再是世界上最强大的国家。

在伊丽莎白初登王位的时候,世界上版图最大、实力最强

玛丽·斯图亚特

西班牙无敌舰队的失败

的国家是西班牙；而到她统治的晚期，英国已成为世界上最强大的国家。她的舰队，也就是很久以前阿尔弗烈德国王创建的那支海军舰队，成了世界上最强大的海军舰队。

那个时代的人们认为女人治理国家不可能做得像男人一样好，但在伊丽莎白统治的年代，英国接替西班牙成为欧洲的第一强国。伊丽莎白的成就证明，由一个女人来治理英国，可以比大多数的国王做得更好。

第63章
伊丽莎白时代

　　这个故事是关于伊丽莎白时代的。我不打算给你讲伊丽莎白活了多大岁数，虽然她的确活到了很大的年纪，而且在位的时间很长。

　　我现在要讲的是她在世期间发生的一些事情，她生活的那个时期我们称作伊丽莎白时代。

　　在伊丽莎白做女王后，英国生活着一个名叫雷利的年轻人。有一天下雨了，路面上积了许多小水滩，外出的伊丽莎白正想穿过街道。雷利看到了她，就赶紧跑过去，脱下自己漂亮的天鹅绒斗篷，把它铺到伊丽莎白正要下脚的一小片水滩上面，这样她就可以踩在斗篷上过水滩了。女王对他这一周到细心的绅士行为感到很满意，封他为骑士，这样他就被称作沃尔特·雷利爵士了，从此以后，他成了伊丽莎白的一个特别亲密的朋友。

　　沃尔特·雷利爵士对美洲大陆有着浓厚的兴趣。大约在100年前卡伯特曾声称美洲的大部分土地为英国所有，但是英国当时并没有采取任何行动。雷利觉得英国应该考虑在这一方面做点什么，他觉得应

伊丽莎白女王游行(乔治·弗图绘)

该有英国人在那里定居,这样,已经在美洲有了很多殖民地的国家,如西班牙,就不能赶在英国前头了。于是,雷利组织了几批英国人,把他们送到一个叫罗诺克的小岛上,这个小岛就在现在美国的北卡罗来纳州的海岸线附近。那时,几乎整个美国海岸一直向北到加拿大的地区都叫弗吉尼亚,弗吉尼亚的意思是"处女之地",取这个名字正是为了纪念"童贞女王"伊丽莎白。

在罗诺克岛上的一些英国殖民者忍受不了那里艰苦的生活,于是便返回了英国。而留下的那些人全部失踪了。他们去了哪里没有人知道。我们猜测他们或者被杀害了,或者是饿死了。无论如何,没有

第63章 伊丽莎白时代

沃尔特·雷利

一个人留下来告诉我们真相。在罗诺克的这些殖民者中，诞生了第一个在美洲出生的英国人，她是个女孩，被取名为弗吉尼亚·戴尔。因为当时女王很受欢迎，所以很多女孩的名字都叫弗吉尼亚。

回国的殖民者从弗吉尼亚带了些烟草回来，沃尔特·雷利爵士学会了吸烟。不过，那时的烟草对多数英国人来说还是新鲜玩意儿。有一天，雷利正在抽着一管烟，有一个仆人恰巧看见有烟从他嘴里冒出来，以为他着火了，急忙端来一盆水，朝他头上浇了下去。

直到今天，弗吉尼亚仍以盛产烟草而闻名。最初，烟草被认为有益健康，因为美洲原住民抽了很多的烟，可他们的身体似乎都很好。后来，下一任国王詹姆士继位了，他厌恶烟草这种东西，还专门写了本书反对并禁止人们吸烟。现在我们都知道詹姆士是对的，烟草会使人患上各种致命的疾病。

伊丽莎白女王死后，雷利被关进了监狱，因为有人指控他参与了反对下一任国王詹姆士的活动。他被关押在伦敦塔，就是征服者威廉建造的古城堡。雷利在这里被关了13年，为了消磨时间，他写了一本名为《世界历史》的书。但是，和许多著名人物的下场一样，他最终还是被处死了。

在伊丽莎白统治期间，英国产生了一位伟大的剧作家，也是迄今为止世界上最伟大的作家，他就是莎士比亚。

莎士比亚的父亲连自己的名字都不会写，而莎士比亚本人也只是在学校读了6年书。他小时候很调皮，在斯特拉特福生活的时候，曾经因为进入托马斯·卢希爵士的森林猎鹿而被抓了起来。

莎士比亚还没成年就娶了妻，他的妻子比他年纪大一些，名叫安妮·哈瑟维。结婚几年后，他就离开了她和他们的三个孩子，离开了斯特拉特福小镇，到大城市伦敦去寻找发展机会。在伦敦，莎士比亚找到了一份工作，就是替那些来剧院看戏的人照看马匹。后来，他偶然得到一个在剧院表演的机会，做了一段时间演员，不过，他并没有

莎士比亚

成为一名优秀的演员。

那个时候,剧院里没有舞台布景。每当需要更换背景时,人们就亮出一块牌子,报出接下来的背景会是什么。比如,要表演森林里的场景,就举起个牌子,上面写着"森林"。要换房间的背景了,就在牌子上写上"这是房间"。那时候,没有女演员,男人和男孩既扮演男人,也扮演女人。

后来,莎士比亚被叫来修改别人写的剧本,以便让剧情更加吸引观众。这个活儿他干得十分出色,后来,他就开始自己写剧本了。通常,他只是把古老的故事改编成戏剧,可是他创作的作品太精彩了,以至于在他之前和之后的任何剧作都无法与他的剧本相媲美。

尽管莎士比亚13岁就辍学了,但他好像对天底下几乎所有的事情都很了解。从他的作品中,我们就可以看出他具备很多方面的知识,历史、法律、医药学等。莎士比亚著名的作品有《哈姆雷特》《威尼斯商人》《罗密欧与朱丽叶》《尤利乌斯·恺撒》。

在那个时候,莎士比亚赚了很多钱——几乎可以说是一笔不小的财富。然后,他离开了伦敦,回到了他的出生地——斯特拉特福小镇居住,直到去世。他死后被葬在了一个乡村教堂。人们想把他的遗体迁移到伦敦一个著名的教堂去。可是,不知道是谁,也许是莎士比亚自己,写了一首诗,刻在他的墓碑上。这首诗的最后一行是"迁我尸骨者将受亡灵诅咒",所以,他的尸骨至今也没有被迁走,因为没人敢去动它。

第64章
姓名的含义

你的名字有什么含义吗？如果它是

贝克（Baker），或

米勒（Miller），或

泰勒（Taylor），或

卡彭特（Carpenter），或

费希尔（Fisher），或

库克（Cook），

那很可能意味着在某个时期你的一位先祖是一个

面包师（baker），或

磨坊主（miller），或

裁缝（tailor），或

木匠（carpenter），或

渔夫（fisher），或

厨师（cook）。

第64章 姓名的含义

如果你的名字叫斯图亚特（Stuart）或斯图尔特（Stewart）或斯图尔德（Steward），那可能意味着某个时期你的先祖是一位管家（steward），因为在很久之前人们还不太会拼写，同一个名字可能会有不同的拼写方式。管家就是级别最高的仆人。

在苏格兰，有个姓斯图亚特的家族，可能他们的祖先原本是个管家吧，但他们后来成了苏格兰的国王或女王。那个被伊丽莎白一世砍头的玛丽·斯图亚特女王，便是这个家族的成员。

由于伊丽莎白女王终生未嫁，所以没有孩子继承她的王位，而她也是都铎家族最后一个成员。英国人没办法，只能另外寻找新的国王，后来他们想到了苏格兰。

苏格兰当时是个独立的国家，不像现在，是英国的一部分。玛丽·斯图亚特的儿子是当时苏格兰的国王，他的名字叫作詹姆士·斯图亚特。因为他和都铎家族有血缘关系，所以英国人请他来做国王。他接受了邀请，并继任成为詹姆士一世。接下来，由他和他的孩子们统治英国，我们称他们的统治时期为斯图亚特王朝。

斯图亚特家族的统治大约持续了100年，也就是从公元1600年至1700年，不过中间也有11年的例外，在这11年中，英国压根儿就没有国王。

英国人一定为邀请詹姆士一世做自己的国王后悔了无数次，因为他和整个斯图亚特家族都做得太过分了，在英国人头上作威作福。他们好像把自己当成了造物主似的，独裁专制，英国人民不得不为争取自己的权利而斗争。

当时，在英国由议会为人民制定法律。但是詹姆士一世要求议会不能做违背自己意愿的事，如果他们不注意这一点，他就不再让他们参与管理。詹姆士一世的观点是，国王所做的一切都是正确的，国王不可能做错事，上帝赋予国王这样的权力，一切都应是他说了算。这就是"君权神授说"。显然，英国人民根本无法忍受这样的行为。

自从约翰国王统治以来，他们就坚定地维护自己的权利。虽然之前的都铎家族也经常做些让老百姓不满的事，但都铎家族毕竟是英国人，而斯图亚特家族却是苏格兰人，人们还是把他们当作外国人看待的，他们可以容忍家里人犯些错误，却无法容忍外人胡闹。这种情况下，必然会起争端。不过，真正的战争的到来是在下一个国王任期，而不是发生在詹姆士一世统治时期。

在詹姆士一世国王当政期间，《圣经》被译为英文，这一版《圣经》被称为詹姆士国王钦定版《圣经》。

詹姆士一世在位时，英国没发生什么乱子，但是在其他一些国家的确发生了很多大事，尽管这些事情与国王并没有什么关系。这时，不少英国人到遥远的印度定居，也就是哥伦布希望向西航行能到达的地方。后来，英国去那里定居的人越来越多，直到最后印度完全归属于了英国。就这样，英国最终成了一个富有、强大的帝国。

同时，英国在美洲也建立了殖民地，一个建在南美洲，另一个建在北美洲。我们前面讲过，雷利曾在美洲的罗诺克岛建立了殖民地，可那里的人后来都莫名其妙地失踪了。1607年，满载着英国人的一艘船又来到了美洲。这些人是过来碰运气的，他们希望能找到金矿，发

第64章 姓名的含义

一笔横财。这些人在弗吉尼亚登陆,把定居的地方以国王詹姆士的名字命名为詹姆士敦。他们没有发现金矿,可生活还要继续下去,领头人约翰·史密斯船长负责管理这群人的生活,他告诉大家不干活就别想吃饭,于是这些殖民者不得不劳动。

这时的英国人已经学会了抽烟,所以这些殖民者就开始为英国人种植烟草。烟草就像是一座金矿,为殖民者带来了大量的收入。可是,殖民地的英国绅士们自己不愿意劳动,他们总想让别人代替自己做这些粗活儿。

几年后,从非洲运来了黑人,他们被卖给殖民者做苦工,这就是美洲奴隶制度的开端。随着奴隶数量的不断增加,南方大种植园里的活儿几乎都是由黑奴们来做的。

显然,奴隶制是人类历史上一种黑暗、邪恶、残酷的制度,但它持续了几百年,而深藏在奴隶制和其他种种罪恶之下的是人类的贪婪。

不久,又有一些英国人离开英国来到美洲大陆。不过,这些人与之前来到詹姆士敦的人不一样,他们不是为了发财,只是想找个安安静静的地方,可以自由自在地礼拜上帝,而在英国他们却总是受到这样那样的干扰。

公元1620年,这些人坐船从英国的普利茅斯出发,这艘船就是著名的"五月花号"。他们渡过大西洋,来到了美国马萨诸塞州,他们把那里也命名为普利茅斯,并在那里安顿下来。来到北美的第一个冬天,他们中就有超过一半的人因恶劣的气候和艰苦的生活条件而

死；可剩下的人都坚持下来了，没有人再返回英国。这块殖民地就是后来美国新英格兰地区的雏形。等学习了美国历史，你会知道更多关于殖民地的故事。现在，我们要回过头来看看英国即将发生的事情，在詹姆士·斯图亚特的统治结束之后，英国发生了很多大事。

第65章
丢了脑袋的国王

下一任国王叫查理一世,是我们刚刚讲过的詹姆士·斯图亚特的儿子,他和他父亲简直就是"一个模子刻出来的"。和他的父亲一样,他笃信"君权神授说",也就是说,作为国王,只有他一个人有权决定一切。他对待英国人民就和以前的约翰国王一样,认为他们生来就应该受他的使唤,为他一个人服务。

但是,这一次人们没有像对待约翰国王那样把他押走,逼迫他签协议,而是选择起来斗争。国王这边也准备为维护他的权力而战,他搞了一支由贵族和领主还有拥护他的人组成的军队。这些站在他这边的人甚至在穿着打扮上也和那些反对他的人不同,这些贵族和领主留着长长的鬈发,戴着宽边帽,帽子上还插着一根长长的羽毛,衣领和袖口上缀着蕾丝花边,甚至他们在马裤下面的翻边上也缀着蕾丝。

议会军队是由普通民众组成的,他们为争取自己的权利而战。这些人的头发都剪得很短,头戴高帽子,衣着朴素。是一个叫奥利弗·克伦威尔的乡村绅士训练出了这些骁勇善战的士兵,他的部队被称作"铁甲军"。

国王的军队都是些酒囊饭袋,他们在作战前只知道大吃大喝,而议会军队每次战斗前都要向上帝祈祷,要在行军的路上唱圣歌和赞美诗。

在好几次战役中国王的军队都吃了败仗,最终,查理一世成了议会军队的阶下囚。这时,议会中的一小撮成员掌握了大权,这些人实际上无权审讯国王,可他们还是这么做了。他们以叛国罪、谋杀罪,还有其他一些令人发指的罪行指控查理一世,判处他死刑。公元1649年,查理一世被带到自己在伦敦的宫殿前,在那里被砍了头。现在,人们都认为议会军队这样对国王是一种可耻的行为,就是在当时,也只有一小部分英国人赞成这么做。因为议会军队完全可以把查理一世流放,或者夺走他的王位,而不必非要杀了他。

接下来的几年,议会军队的总指挥官奥利弗·克伦威尔成为英国的统治者。虽然他外表和举止粗犷,为人却十分正直、忠诚。他管理

英格兰查理一世的处决

奥利弗·克伦威尔

国家就像一位严厉的父亲，一丝不苟，不能接受任何荒谬的言行。有一次，他让别人给自己画像——那个时候还没有照片，画家为了使画像看上去更美观，故意没画他脸上的瘊子。克伦威尔冲他发脾气喊道："我是什么样，就画成什么样，有瘊子也要画上！"尽管克伦威尔称自己是摄政官，实际上他就是英国的国王。

克伦威尔死后，他的儿子接替他管理英国，就如同国王的儿子继承王位一样。但他的儿子却担不起治国的重任。他虽然心地善良，却没有父亲的智慧和能力，因此，几个月后他就退位了。可能是奥利弗·克伦威尔治国太严，让人们有些吃不消，这竟然使他们忘记了斯图亚特家族统治的缺陷。因此，1660 年，当英国找不到下一个合适的统治者时，居然把查理一世的儿子请了回来，要知道查理一世的头可是被他们砍的啊。这样，斯图亚特家族的人又一次当上了国王，这个国王就是查理二世。

查理二世又被称为"享乐国王"，因为他好像只知道吃喝玩乐，那些神圣、庄严的事情也被他拿来开玩笑。为了报复那些参与处死他父亲的人，他把还活着的人用我们能想到的最残酷的办法杀死，而

查理二世

那些已死的,其中就包括奥利弗·克伦威尔,也被从坟墓里挖了出来,他们的尸体被挂起来示众后又被砍了头。

在查理二世统治期间,过去那种可怕的疾病又一次在伦敦传播开来。有些人认为这场瘟疫是上帝降下的灾难,是因为他震惊于国王和人们种种恶劣的行为,特别是他们对神圣事物的不敬。在接下来的 1666 年,伦敦发生了一场火灾,大火烧毁了数以千计的房屋和数百座教堂。不过,这场火灾却清除了疾病和污秽,对当时来说真是个福音,可以说是不幸中的万幸。伦敦以前的建筑一直都是木制的,后来在重建的时候全部改用砖块和石头了。

我再给你讲一位斯图亚特家族的统治者——更确切地说,是一对王室夫妇,威廉和玛丽。在他们统治期间,人民和国王之间的斗争终于一劳永逸地被解决了。1688 年,议会起草了一份协议,被称为《权利法案》,威廉和玛丽接受该协议并签了字。《权利法案》的通过使议会成为英国真正的管理者,自此以后,是议会而不是国王成为英国真正的首脑。这一事件被称为"光荣革命",之所以说它光荣,是因为这场革命中没有战争。好了,我想斯图亚特家族的故事到此可以告一段落了。

第 66 章
红帽子和红高跟鞋

前面我们提到过的路易是一个圣徒，他领导了最后一次十字军的东征。

接下来我们讲的两个国王也叫路易，不过，他们都不是圣徒，无论从哪个方面看，他们都和圣徒不沾边儿。

这两个人分别是路易十三和路易十四，他们在法国的统治时期是17世纪，和斯图亚特家族统治英国是同一时期。

路易十三其实只是个傀儡，一切大权都掌握在另外一个人的手里，这个真正掌握大权的人就是红衣主教，教会的最高管理者。红衣主教们都戴着红帽子，穿着红色长袍，而这位红衣主教的名字叫黎塞留。

有关战争的故事你可能已经听得厌倦了，但是在路易十三在位期间，又爆发了一场持续了很久的战争。我一定得给你讲一讲，要知道这场战争可足足打了30年，因此它也被称作"三十年战争"。这场战争和大多数的战争不同，它不是国家之间的战争，而是新教和天主教

红衣主教黎塞留

之间的战争。

当然,黎塞留主教是位天主教徒,也是法国这个天主教国家真正的统治者。不过,他这次却站在了新教徒那一边,因为他们是在和天主教国家奥地利打仗,而他想打败奥地利。大多数欧洲国家参与了这场战争,德国是战争的中心,大多数战争发生在那里。就连我们以前从来没提到过的一个欧洲北部的国家——瑞典,也参加了这场战争。那时的瑞典国王名叫古斯塔夫二世·阿多夫,因为瑞典的气候十分寒冷,所以他被人们称为"雪王";他还有个绰号叫"北方的狮子",因为他是一位非常勇猛的战士。我之所以特别提到他,是因为在当时欧洲所有的国王和统治者中,他具有最优秀的品质。其他多数统治者只想到自己,他们为了得到自己想要的东西,不惜撒谎、欺骗、偷窃,甚至杀人,而古斯塔夫二世·阿多夫却是为了自己所坚信的正义而战。古斯塔夫二世·阿多夫是一名新教徒,所以他南下德国,帮助新教徒作战。他是一位能征善战的将军,他的军队最终获得了胜利,不幸的是,他本人在战争中牺牲了。新教徒在这场30年的战

争中占据了优势,最后,战争双方缔结了一个著名的和约——《威斯特发里亚和约》。各方在和约中同意:每个国家的官方宗教应由这个国家的统治者决定;按照统治者的意愿来,无论选择天主教还是新教都可以。

在30年的战争中,一场瘟疫在德国蔓延开来。当瘟疫蔓延到德国一个叫奥伯阿默高的小村镇时,村民们日夜祈祷,希望能得到上帝的庇佑。他们许愿:如果他们能幸免于难,以后每10年都会演出一场关于耶稣基督生平的戏剧。他们最终真的逃过了一劫,于是从此以后,这里每10年都会上演《基督受难记》,很少有例外。届时,许多来自

威斯特发里亚和约

法国路易十四

世界各地的人纷纷赶到这个偏僻的小镇,观看村民们表演耶稣生平的故事。演出在第10年的夏季的一个星期天举行,通常要从早晨一直演到晚上。参加演出的大约有700人,能被选中扮演圣徒角色是极大的荣幸,而扮演耶稣基督那更是至高无上的荣耀。

在路易十三和黎塞留之后的下一任法国国王,是路易十四。

当时,英国的民众经过长期的斗争,最终成功地把管理国家的权力交到了议会的手中。但是在法国,路易十四的政权绝不允许他人干涉。他声称"我就是国家",不准任何人过问国家大事。这和斯图亚特家族所信奉的"君权神授说"如出一辙。不过,在英国,这一荒谬的"君权神授说"早已寿终正寝。而路易十四却在位70多年,成为法国历史上在位时间最长的一位国王。

路易十四被称为"显摆君王",他所做的一切都是为了炫耀。他总是神气活现、趾高气扬地踱来踱去,就好像他是剧中的主角。他身着紧身衣,戴着厚厚的、扑满香粉的假发,脚上是一双红色的高跟鞋,

手里提着一根长权杖,胳膊肘向外摆,脚尖朝外撇,一副雄赳赳气昂昂的样子。他认为这样的装扮和仪态能让他显得高贵、威严。

所有这一切似乎都显得路易十四是个没脑子的怪人,可如果你真这么想,那就错了。虽然他样子滑稽,却使法国成为欧洲的主要强国。他几乎不断地和其他国家开战,不断扩充着他的疆域,但是我已经给你讲了太多的战争,现在就不讲他所进行的那些战争了,不然,你也许会不想再读下去了。法国接替了西班牙和英国的位置,成为欧洲的领头羊。

路易十四在凡尔赛建了一座富丽堂皇的宫殿,里面有大理石的礼堂、精美的壁画和许多面大镜子,这些大镜子可以让他在昂首阔步时看见自己的模样。宫殿四周都是花园,花园里面有很多美丽的喷泉。喷泉的水都是从很远的地方运过来的,泉水喷几分钟会耗费大量的金钱。直到今天还有很多人到凡尔赛宫观光,大家都想看看这富丽堂皇的宫殿和美丽的喷泉。

在路易十四的周边,不仅有美丽的景物,他还把那个时代最风流倜傥的男男女女都找来了,让这些人簇拥在他身边。他们都是在某一方面特别优秀的人才,如擅长绘画、精于写作、讲话特别风趣、表演特别生动、长相特别俊美等。他们当中有些人就和他住在一起,有些人住在他的附近。这些"侍臣"都是被精挑细选出来的,所以他们一般很傲慢。

有幸成为路易十四侍臣的人,日子自然过得十分舒适。但是法国穷苦的百姓、乡下的农民和城镇里的工人,却成了路易十四和他的侍

路易十四去世时正在建造的凡尔赛宫

臣们贪婪榨取的对象。百姓们得缴纳大量赋税、财物，这样路易十四才有钱来举办各种豪华的宴会、舞会等，才能送给朋友贵重的礼物。在这样民不聊生的社会状况下，穷人们再也无法忍受路易十四残酷的剥削和压迫。正如老话说的："兔子急了还咬人呢！"

第67章
一个自力更生的人

谁是自己国家的"国父"呢?

我想美国的孩子可能都会说:"是乔治·华盛顿。"

但是,我要讲的这个人在华盛顿出生之前就被称为"国父"了,他不是美国人。

在欧洲的东北部和亚洲北部,有一个国家的面积差不多有美国面积的2倍大,这个国家就是俄国。在公元1700年之前,很少有人知道俄国这个国家,虽然它是欧洲最大的国家,但那里的人们生活相对闭塞,和其他欧洲国家的人可以说是天各一方。俄国人属于斯拉夫民族,斯拉夫是印欧语系大家族中的一个分支。成吉思汗和他的蒙古族军队在13世纪曾征服俄国,接管了这里的土地。所以,尽管俄国人也是基督徒,但相对于欧洲人来说,他们在很多方面更像东方人。那时的俄国男人都留着长胡子,穿着长外套。他们还像中国人一样用算盘计算数字。在西欧废除农奴制度很久之后,俄国还有大量的农奴。

在快要到公元1700年时，俄国有个名叫彼得的小王子出生了。小时候，彼得很怕水。可作为王子，他为自己有这样的恐惧而感到羞耻，于是，他逼迫自己每天去水边，不是在水里玩，就是在水上划船。虽然他心里很害怕，但还是咬牙坚持，最终他不但克服了对水的恐惧，还喜欢上了游泳和划船，这甚至成为他一生中尤为喜欢的运动。

在彼得长大后，他心中最大的愿望就是让自己的国家成为欧洲的强国。在此之前，俄国还从未强大过，虽然它幅员辽阔，却并不富裕。他想让自己的人民拥有像欧洲其他国家那样的文明和财富。那时候，大多数的俄国人很穷困、很愚昧。彼得想要帮助人民摆脱落后，他决定自己先去学习欧洲的先进文明。由于在俄国没有人能教给他这些必要的知识，他就装扮成一个普通工人去了荷兰。他在那里的一个造船厂找到一份工作，在那里干了几个月，自己做饭、缝补衣服。在荷兰的这几个月里，他不但掌握了造船的技术，还学会了其他的一些技艺，如打铁、修鞋，甚至拔牙等。

随后，他去了英国，每到一个地方，他都会尽可能地去掌握各方面的知识。最后，他

彼得一世肖像

满载而归,开始改造俄国的面貌。首先,彼得想要像其他的国家一样,拥有一支自己的舰队。可俄国几乎没有临水的陆地,即没有港口。因此,彼得必须先有一个港口,他决定从邻国瑞典那边抢一块海岸过来。

这时瑞典的国王是查理十二世,他是瑞典第十二位叫查理的国王。查理十二世当时年龄还不大,彼得觉得打败这个男孩应该是件轻而易举的事。但查理十二世可不是一般的男孩,他天分极高,各方面都很优秀,而且他接受过良好的教育,精通好几种语言,在4岁时就会骑马、打猎和作战。除此之外,他还富有吃苦耐劳的精神,无惧无畏,人们都称他为"北方狂人"。最初,彼得的军队被查理十二世打败了。

彼得冷静地分析了自己的失败,他在战后总结说,查理十二世很快就能教会俄国军队应该如何打仗。而在查理十二世这边,无论是和彼得还是和其他一些威胁到瑞典的人们的作战中,他都是大获全胜的,以至于欧洲有些国家认为,他具有亚历山大大帝的雄才大略,担心他会把所有国家都征服。可最终是俄国人打败了查理十二世,彼得也得到了他想要的海岸。紧接着,他就开始组建他已筹备了多年的舰队。

俄国的都城是莫斯科,这个城市环境优美,但它位于俄国中部,离海太远了。这并不符合彼得的心意,他希望自己的都城不仅是个美丽的地方,而且最好靠着海边,这样他才可以和他心爱的舰队在一起。后来,他自己选了块地方,不仅在水边,而且这地方几乎都是水,因为这是一片沼泽地。他召集了30多万人把沼泽填平,在这块土地上

建了一座美丽的城市。这座城市被他命名为圣彼得堡，以纪念圣徒彼得，其实彼得自己也是以圣彼得的名字命名的。圣彼得堡的名字后来被改为彼得格勒，再后来被改成列宁格勒，现在它又改回圣彼得堡了。彼得大帝之后，俄国的都城一直是圣彼得堡，直到一场十月革命之后，俄国的都城才又迁回莫斯科。我们会在后面的章节中讲到这次革命。

彼得完善法律、开办学校、创办了工厂和医院，还教给人们数学知识；他让大家跟别的欧洲人一样着装，命令他们剪掉长胡子，他觉得留长胡子看上去不太文明。男人们认为没有胡子简直是有伤风化，有些人把剪下的胡子保存好，准备死时一起葬在棺材里，这样在复活（基督徒认为人在死后还有机会复活）时他们就可以体面地出现在上帝面前。彼得还把欧洲的许多新事物引进了俄国，他的确把俄国改造成了一个伟大的国家。所以，他被称为"彼得大帝"和"国父"。

彼得爱上了一个穷苦农家的女孩，这女孩名叫凯瑟琳，是个孤儿。凯瑟琳没有受过什么教育，但她非常温柔可爱、聪明活泼。后来，彼得娶了她，他们的婚后生活非常幸福。俄国人感到非常惊讶，国王为自己找的王后不是高贵的公主，却是个出身卑微的农家女。但是彼得为她加冕，而且在他死后，凯瑟琳统治着俄国。

第68章
逃跑的王子

假如你将"P"放在"Russia（俄国）"前面，就成了"Prussia（普鲁士）"。普鲁士原本是欧洲一个小国的名字，这个小国后来成为德国的领土。前面说过俄国幅员辽阔，并在彼得手中变成了强国；而普鲁士虽然地方很小，却也有个国王使它变得强大起来。这位国王叫腓特烈，也生活在18世纪，比彼得大帝略晚，他也被称为"大帝"——腓特烈大帝。

腓特烈的父亲是普鲁士第二任国王，就好像有人喜欢收集邮票一样，他喜欢招募"巨人"。每当听说有个子特别高的人，不管是在哪个国家，也不管得花多少钱，他一定要把这个人买来或者雇来。他把这些召集来的"巨人"组成了一支引人注目的军队，他很为自己有这样的军队而自豪。

他是个非常古怪、脾气非常暴躁的国王，对孩子们都很凶，特别是对儿子腓特烈。他给腓特烈起了个小名，叫弗里茨。小弗里茨长着一头鬈发，酷爱音乐、诗歌，爱穿奇装异服，这让他的父亲很是不满，

因为他希望儿子成为一名勇敢的战士。他经常对儿子发火,有时候抓起盘子就朝弗里茨扔过去,有时会把弗里茨一连关上几天,只给他一点儿水和面包吃,还经常用藤条鞭挞弗里茨。弗里茨终于忍无可忍,他逃走了。可他哪能逃出父亲的手掌心。国王见儿子这么不听话,再加上他平时不争气的表现,竟然要处死他。不过,在最后关头他被人劝住了。

奇怪的是,在小弗里茨长大成为腓特烈之后,竟然完全如他父亲所愿,成了一名非常英勇的战士。对诗歌和音乐,他仍然很喜欢,他甚至还尝试着自己写诗,他能把笛子吹得很好听。可腓特烈最大的愿望却是使他的国家成为欧洲强国。在他继位之前,普鲁士一直是个无足轻重、很不起眼的小国。

普鲁士的邻国是奥地利。奥地利的统治者是一个名叫玛丽亚·特利莎的女人,她登上王位时恰好也是腓特烈成为普鲁士国王的时候。当时有不少人说女人治理不了国家,所以他们想用这个做借口,发动战争。腓特烈的父亲曾承诺过不会向玛丽亚·特利莎开战——他保证不会只因为她是个女人就去

腓特烈二世小时候(A.潘斯涅绘)

第68章 逃跑的王子

跟她打仗。可当腓特烈成为国王后，他想把奥地利的一部分土地纳入自己的版图，于是他就毫不客气地去抢地盘了。他可不管玛丽亚·特利莎是个女人什么的，也不管他父亲的承诺。战争就这样打了起来。不久，几乎欧洲所有的国家都加入了这场战争。尽管有的国家支持他，也有不少的国家反对他，但腓特烈不仅成功地得到了他想要的那块地盘，还牢牢地统治了这个地方。

不过，玛丽亚·特利莎并没有放弃，她想要夺回从自己手中丢失的土地。她秘密地准备再次和腓特烈交战，还暗中联络了一些国家做她的盟友。但腓特烈事先探听到了她的动静，他出其不意地又一次发动了对奥地利的进攻。这次战争持续了7年之久，因此被称为"七年战争"。腓特烈一直不间断地作战，直到他彻底击垮了奥地利，实现了他的目标，使普鲁士从一个小国一跃成为欧洲最强大的国家。他始终霸占着最初从奥地利抢过来的那块土地。其实，玛丽亚·特利莎也是个很了不起的女王，如果腓特烈是个一般的国王，那她也许早就战胜他了。可她遇到了一个

玛丽亚·特利莎女王肖像

345

腓特烈大帝视察马铃薯种植

强大的对手，腓特烈是世界上最英勇善战、谋略过人的将领，实在不是她所能对付得了的。

说来也奇怪，7年战争的战场不只在欧洲，连遥远的美洲那边也卷了进来。因为英国是支持腓特烈的，而法国和其他一些国家则是反对腓特烈的。于是，英国在美洲的那些移民就和法国在美洲的殖民者开战了。当腓特烈在欧洲取得胜利时，在美洲的英国人也战胜了那里的法国人。我告诉你这些，是因为这关系到一个重要的问题，那就是为什么现在的美国人说的是英语而不是法语。如果腓特烈在欧洲吃了败仗，法国在美洲又战胜了英国的话，那么现在的美国人可能说的就是法语而不是英语了。

腓特烈跟我们之前听过的许多国王一样，只要能从别的国家那里

第68章 逃跑的王子

得到好处，才不管是用撒谎、欺骗还是盗窃的法子呢，公平的方式或是卑鄙的伎俩对他来说没什么区别。可是他对自己的人民却非常好，几乎是视民如子，关爱有加。他为自己国家的人民而战，即便要跟全世界作对也在所不惜。

离腓特烈的宫殿不远，有个磨坊，是一个穷磨坊主的。由于这磨坊太破旧了，它离宫殿这么近实在是煞风景，腓特烈想把它买下，再将它拆掉。可磨坊主不肯卖。尽管腓特烈大帝出了大价钱，还是被磨坊主拒绝了。换了别的国王，早把磨坊强行拆掉了，也许还会把磨坊主关进监狱，甚至把他处死。可腓特烈没有这么做，他觉得即便是最卑微的臣民也有自己的权利，如果人家就是不肯卖，自己就不应该强迫他。自此他再也没找过磨坊主的麻烦。直到今天，这个磨坊仍立在宫殿的近旁。

说来奇怪，虽然腓特烈是德国人，但他却不喜欢德语。他认为德语是没教养的人说的，他自己平时说话和写东西，都是用法语，只有和仆人或是不懂法语的人说话时，才用德语。

第69章
美国独立

你可知道美国也曾有过一个国王呢？

他叫乔治。

不对的，乔治·华盛顿不是国王。

不是乔治·华盛顿，是另外一个乔治。

你还记得英国的斯图亚特家族吧——詹姆士和查理的那个家族，在公元1600年到1700年这100年中，他们一直统治着英国。在1700年前后，英国人把这家族的人都用尽了——斯图亚特家族已经绝后了。

无奈，英国人找到一个皇室的远亲，要他从德国的一个地方来做英国的国王。是的，从德国过来做英国的国王。此人的名字就是乔治，英国人称他为"乔治一世"。乔治连英语都不会讲，是个德国人，与英国相比，他显然更喜欢自己的国家。后来，他的儿子乔治二世做了国王，仍跟父亲一样，像一个德国人而不像英国人。可到了乔治的孙子，也就是乔治三世继位时，他和他的祖父、父亲就

第69章 美国独立

身穿加冕礼服的乔治三世国王（艾伦·拉姆齐绘）

大不相同了。他在英国出生，又在英国长大，受到英国文化的熏陶，可以说他已经成了一个地道的英国人。就是在乔治三世在位期间，美国独立了。

当国家发生了深刻的改变，转变了方向的时候，我们称为"革命"。

美国是由两块殖民地（也称居留地）——詹姆士敦和普利茅斯——发展起来的。后来，沿着大西洋海岸，殖民地的数量和面积不断增大。最初居住在这里的多是英国人，归英国国王管理。不久，别的一些国家，如德国、荷兰、苏格兰和爱尔兰的人也相继来到这里。后来，又有非洲人被当作奴隶卖到这里干活。英国国王要统治所有的这些人，他要他们送钱给他，也就是所谓的"纳税"。那时的赋税和现在的交税可不一样，现在国家收的税都是用来为纳税人服务的，如用在道路交通、学校建设、治安防控等公共福利方面。而那时的税款都装入了国王的腰包，任由他挥霍。

《独立宣言》，1776年7月4日（约翰·特兰伯尔绘）

  大西洋海岸这边的人，要给远在对岸的那位乔治国王交税，他们觉得自己应该有权投票来决定这些钱该怎么花，该用在什么地方。可他们得不到投票权，于是他们决定不再给远在英国的国王交税了。

  此时，在美国有一位很著名的人物，名叫本杰明·富兰克林。他是一位蜡烛工人的儿子，后来却从一个穷孩子（曾经两条胳膊下各夹着一大块面包，走过费城的大街小巷），一跃成为在美国备受尊敬的人。他当过印刷工人，创办了美国第一份也是最好的一份报纸；他还是一位伟大的思想家，同时有许多的发明，如新式火炉、油灯等。不过，在所有这些发明中，最有名的是他在暴风雨中捕捉闪电。为了证明闪电与电的性质是一样的，他在暴风雨来临的时候，用绑

第69章 美国独立

本杰明·富兰克林（约瑟夫·希夫特·杜普莱西斯绘）

着电线的风筝成功地从云的闪电中引出了电。可以说，他是西方伟大的智者之一。

富兰克林被派往英国，试图去说服英国国王在殖民地纳税问题上转变态度，或者跟他达成某种协议。可乔治国王十分固执，富兰克林无法改变国王已决意要做的事情。

美洲的人们发现谈判毫无用处，便起来反抗。他们组织了一支军队，接着要找一个合适的人来领导这支军队。在他们看来，这个领导者必须诚实、勇敢；还要有主见和洞察力；他必须爱自己的国家；应当是一名优秀的战士。他们四处寻觅具备这些条件的人，最后终于找到了。他们选中的这个人确实诚实又勇敢。据说，在他还是个小孩子的时候，他为了试试刚得到的新斧子是否锋利，就砍倒了父亲最喜爱的一棵樱桃树。他的父亲生气地问他树是不是他砍的，他诚实、无畏地回答道："我不能说谎，树是我砍的。"你知道吗？这个人就是乔治·华盛顿。现在我们知道，这个故事是写乔治·华盛顿传记的那个人编撰的，不是真事，可这个故事的确很有意义，

乔治·华盛顿（古尔伯特·斯图尔特绘）

不是吗？

乔治·华盛顿做过测量土地的测量员。在华盛顿16岁时，他就受雇去测量费尔法克斯勋爵在弗吉尼亚的大农场了，这说明他有很好的头脑。之后，他参加了对法国和印度的战争（也就是七年战争），在作战中表现英勇。这表明他很爱国，而且是个具有战斗经验的优秀战士。因此，乔治·华盛顿被选为美军的统帅，由他率领军队来与英国对抗。

美洲人最初并没有想到要成立一个新的国家，他们只是想获得和英国人同等的权利。可他们很快发现，要得到那些权利只有一条路可走，那就是从英国的统治下独立出来，建立一个新的国家。于是，一位名叫托马斯·杰弗逊的人起草了一份文件——《独立宣言》。你明白它为什么要叫这个名字吗？因为它宣布这些殖民地要摆脱英国的统治，建立独立的国家。人们推选了56个代表在这份宣言上签了字，每个签名的人都知道，如果与英国的战争不能获得胜利，他们就会被当作英国的叛国者而处以死刑，可他们还是无所畏惧地签了名。不过，这只是单方面签署的宣言，英国绝不会放弃这些殖民地！乔治国王的军队已经被派来阻止这些殖民地独立。

华盛顿只有很少的兵力与英国军队对抗，部队的军费也少得可怜，粮食、衣物的供给更是跟不上，就连弹药也很匮乏。有一个冬天，这些士兵几乎因为饥寒交迫而差点儿死掉，因为他们穿得很少，只有胡萝卜可以用来充饥，照这个情形看，如果再得不到援助，他们这支队伍就要垮了。可华盛顿仍然激励着大家的斗志。

本杰明·富兰克林又被派往海外，不过，这一次不是到英国，而是到法国，看看能不能从那里得到些援助。法国在七年战争中失去了它在美洲的殖民地——加拿大，为此非常痛恨英国。但在最初，法国并没有帮助美洲人，因为华盛顿的军队在和英军的作战中已经输了许多次，而人们一般是不会支持失败者的。在《独立宣言》发表后的第2年，美军在纽约州的萨拉托加大败英军。法国国王开始对这场战争有点儿感兴趣了，他开始提供援助给殖民地的人们，以使战争能继续下去。其中，一个年轻的法国贵族拉法耶特还从法国赶来，在华盛顿将军的麾下作战，他表现得十分英勇，获得了很高的荣誉。

这时候，英国人看到情况对自己越来越不利，就想和美洲人讲和，同意给他们与英国公民一样的权利，但已经太迟了。在战争初期，美洲人可能会欣然接受这个停战条件，但是现在他们只想从英国的统治中彻底地独立出来。于是，战争继续打下去，因为英国是不可能放弃它在美洲的殖民统治的。

第66章　美国独立

英军在北部的萨拉托加被美军击败后，又派他们的将军康华利勋爵去南部作战。美军在南方的部队由格林将军率领。康华利勋爵想和格林将军正面作战，但格林将军巧妙地带着康华利勋爵到处兜圈子，等到康华利勋爵的部队被拖得筋疲力尽时，他把他们引到弗吉尼亚海岸一个叫约克郡的小地方。在这里，康华利勋爵的军队被装进口袋，他们无路可逃。陆地那边是华盛顿的军队，海上则是派来增援的法国舰队，康华利勋爵只好无奈地投降。

于是，乔治国王只好说："让我们议和吧。"1783年，双方签署了和平协议，战争在打了8年后结束，美洲殖民地彻底地脱离了英国的统治。这次战争称为"独立战争"，战争结束后，美洲的这个独立了的国家被称为美国。

开始美国只是由13个殖民地组成的联邦国家，所以美国国旗上只有13道横条纹。有的人认为13是个不吉利的数字，可有13道横条纹的美国国旗不是在自己国家的领土上空好好地飘扬着吗，13这个数字不是给他们带来了好运吗？

华盛顿被任命为美国第一届总统，美国人称他为国父；他是独立战争中的第一人，和平时期的第一人，也是美国人民心中的第一人。

第70章
天翻地覆

我们都知道，麻疹和腮腺炎十分容易传染。

其实，革命也一样。

在美国13个殖民地的革命胜利后不久，法国人民也发动了一场革命。他们看到美国人在与英国国王的作战中取得了巨大胜利，于是，也起来反抗他们自己的国王和王后。这次革命称为"法国大革命"。

法国人民之所以要反对他们的国王，是因为他们几乎一无所有了，而国王以及他的王室和贵族们却似乎拥有着世界上的一切。美国人和法国人都反对缴纳税赋。尽管英国人在美洲的征税不是很高，可美洲人依然认为这是不公正的。而法国人所缴纳的税赋不仅不公正，还几乎被搜刮了他们的一切。

我前面讲过在路易十四统治时期，人民所受的剥削和压迫有多严重，后来情况更是变得越来越糟，直到法国人民再也忍无可忍。

此时，法国的国王是路易十六，王后是玛丽·安托瓦内特。法国人几乎已经到了赤贫的境地，除了一种粗糙、难以下咽的黑面包，什么吃的都没有了。他们还要被迫给国王和贵族们上贡,这样,国王和贵族们才能过灯红酒绿、挥霍无度的生活;人们还要毫无报酬地去做各种各样的苦工。如果有人抱怨,他就会被关进巴黎最大的一座监狱——巴士底监狱,在那里一直待到死。尽管人民一贫如洗,国王、王后和他们的朋友却过着极尽奢华、应有尽有的生活,所有的钱都是从穷人们那里搜刮来的。

其实,国王和王后也不是真正的坏人,他们只是天真无知罢了。他们并非蛇蝎心肠,跟很多好人一样,他们对普通老百姓的生活缺乏起码的了解,根本不知道他们是怎么生活的。他们似乎不理解世上怎么还会有穷人,因为他们自己什么都有。玛丽·安托瓦内特听到她的人民没有面包吃的时候,就说:"让他们吃蛋糕啊。"

为了消除各种不公平的社会现象,法国各地的精英聚集到一起,组成了"国民议会",他们想要制订一个方案,解决长期存在的社会不公的问题;他们想让每个人都拥有自由和平等,使每个人对国家事务都有发言权;他们的口号是"自由,平等,博爱"。

由于再也无法忍受富人们

玛丽·安托瓦内特被称为"玫瑰"

的压榨和剥削,一群愤怒的民众围攻了巴士底监狱。他们砸烂围墙,放出犯人,还杀死了看守巴士底监狱的卫兵,因为他们觉得卫兵们都是国王的走狗。随后,他们砍下卫兵们的头,把他们的头颅挂在长长的竹竿上,拿着这些竹竿在巴黎的大街小巷游行。当时,巴士底监狱中只关着7名犯人,因此放了他们也并不算是什么大事,但是这次进攻巴士底监狱至少表明了一点,那就是人们再也无法容忍国王将他们随意关押了。

围攻巴士底监狱的暴动发生在1789年7月14日,这是法国大

攻占巴士底监狱1789年

革命的开端，后来这一天成为法国的国庆日，就像7月4日是美国的独立日一样，我们可以把这次事件看作法国人民反对国王的独立宣言。

这时，曾帮助美国人对抗英国国王的贵族拉法耶特回到了法国。后来，他把巴士底监狱的钥匙作为纪念品送给了乔治·华盛顿，表明他自己的国家也要推翻国王的统治，成立共和国。

国王和王后居住在凡尔赛豪华的宫殿中，这些宫殿还是当初路易十四建造的。贵族们听说发生在巴黎的暴动之后，纷纷丢下国王和王后，匆匆离开了法国。因为他们很清楚接下来会发生什么，不想继续留下来等死。

这时，国民议会起草了一份《人权宣言》，和美国的《独立宣言》相似。宣言上说，所有人生而自由、平等，人人有权参与法律的制定，在法律面前人人平等。

就在《人权宣言》拟定后不久，愤怒的巴黎民众又举行了暴动，这些穿着破烂衣衫、举止粗野的平民，手持着棍棒和石块，一路高喊着"面包！面包！"，步行13英里多，抵达了凡尔赛宫，路易十六和玛丽·安托瓦内特还住在那里。人们径直冲上了宫殿里宽大漂亮的楼梯，国王身边仅有的那几个卫士哪能阻挡得住这些愤怒的人群？人们抓住了国王和王后，把他们带回巴黎关押起来。在关押期间，他们俩曾经乔装成平民试图逃走，可还没逃出国境就又被抓了回来。

之后，国民议会起草了一部《宪法》——正确管理国家的一套法则，要国王按照宪法执行王权。国王同意了，并且签了字。

第 70 章 天翻地覆

脚手架脚下的路易十六

这还不够，人们希望压根儿就没有国王来统治他们。所以大约 1 年后，他们建立了和美国一样的共和国，国王被判处死刑。一个法国人发明了一种器械，上面架着一把刀专门用来斩首。这个器械被称作"断头台"，它取代了斧子，因为它砍起头来更快、更准。国王被送上断头台，头被砍掉了。

不过，在除掉国王后，人们仍然没有感到满足，他们担心那些支持国王的人会再度恢复君主制。人们选择红、白、蓝三种颜色制成国旗，将《马赛曲》作为他们的国歌；人们不管走到哪里，都扛着三色旗，唱着《马赛曲》。

359

而后,法国进入了一段"白色恐怖时期"(暴政时期),一个名叫罗伯斯庇尔的人和他的两个朋友成为这一时期的领袖。在此期间,任何被怀疑是支持国王的人都会被抓起来砍头,王后就被第一个砍了头。如果有人造谣说某个人是支持国王的,无论他是男人、女人还是孩子,都会立即被送到断头台上。如果一个人和另一个人有仇,他只要指控对方拥护国王,就可以要了他的命。这样的做法让每个人都惶惶不可终日,不知道自己什么时候就会被仇家诬陷。先是成百上千,随后是成千上万的人,因有支持国王之嫌而被斩首,街道上血流成河,人们不得不专门建了一个下水道把血水排出去。虽然断头台已经很快了,但对这些恐怖分子来说还是太慢——因为它一次只能砍下一个脑袋,后来他们干脆把犯人们排成一行,直接

罗伯斯庇尔被推上断头台

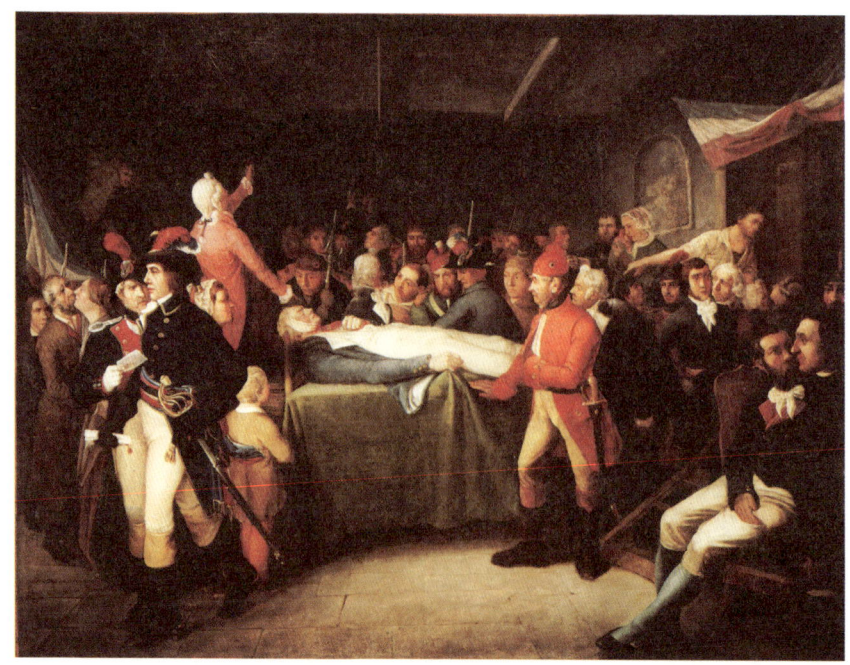

用大炮轰。

第70章 天翻地覆

人们似乎变得越来越疯狂！他们侮辱基督和基督教。他们把一个叫作"理性女神"的漂亮女人供奉在美丽的巴黎圣母院的祭坛上，向她膜拜，而不再敬拜上帝。他们拆除基督和圣母玛利亚的雕像和画像，然后放上自己领袖的画像和雕像。立起的断头台代替了十字架。他们废除了星期日。他们把一个星期定为10天，把每个第10天作为节假日，取代了礼拜天。他们不再实行耶稣诞生纪年，因为他们要废除任何与基督有关的东西，他们开始把共和国成立的1792年称为"元年"。

但是，罗伯斯庇尔还不满足，他想要独揽大权，就开始设计陷害他的两个朋友。其中一个被他砍了头，另一个被一个叫作夏洛特·科黛的女孩刺死在浴缸里，这个女孩当时对他的所作所为怒不可遏。这样，就只剩下了罗伯斯庇尔。后来，人们开始恨透了这个残忍、没有人性的暴君，便起来反抗他。当得知自己也要被处死后，他想要自杀，可还没来得及这么做就被抓住了，并被押到了断头台上。在那里，他曾让无数人掉了脑袋，如今他自己也遭到了同样的下场。在他死后，恐怖统治也随之结束了。

第71章
小巨人拿破仑

法国大革命终于终止了。

它是被一个年轻的士兵终止的,他大约20岁,身高只有60英寸(1英寸合0.0254米)。

当时,革命政府正在王宫里开会,街道外愤怒的民众想要前来袭击王宫。政府就派这位年轻的士兵带了几个人出去赶走暴民。这个士兵在宫殿的周围架起大炮,让大炮正对着通往宫殿的每一条街道,这下没人再敢出来了。这个年轻的士兵就是拿破仑·波拿巴。对这位有着如此突出表现的年轻人,人们都想知道他是谁,他从哪儿来。

拿破仑出生在地中海上一个叫作科西嘉的小岛。科西嘉岛之前属于意大利,在拿破仑出生的几个星期前刚巧被划归给法国,这样他恰好成为一名法国人。他长大后被送到法国的一所军事学校学习。那里的法国同学都看不起他,把他当作外国人,都不愿意搭理他。可拿破仑的数学成绩非常好,他喜欢攻克难题。有一次,为了解一道难题,他独自在屋子里待了三天三夜,直到解出答案。

在他参军后不久,拿破仑就展现出一名优秀士兵的潜质。26岁时他已经成为一名将军。

此时,欧洲其他国家都有国王,只有法国受到了大洋彼岸美国革命热潮的影响,除掉了自己的国王。欧洲其他国家的国王都担心他们的人民也会染上这一革命的狂热性,由于法国终结了国王的统治,这些国家全都变成了法国的敌人。除此之外,法国军队还侵入邻国,想要帮助邻国除掉国王。因此,战争又一次爆发了。

拿破仑受到指派,前去攻打意大利。为此,他必须翻越阿尔卑斯山,就是之前在布匿战争中汉尼拔率领大军翻越的那座山。但汉尼拔翻山时没有携带笨重的大炮,拿破仑的军队要想带着大炮翻越阿尔卑斯山,似乎不太可能。于是,拿破仑问管理大炮的技师,能不能带着大炮翻过去,照理说他们在这个问题上是最有发言权的。技师们回答,不可能。

"不可能?"拿破仑生气地说,"这个词只在蠢人的字典里面才有。"然后,他大声喊道:"冲啊!别想什么阿尔

青年拿破仑

拿破仑·波拿巴的肖像

卑斯山!"紧接着他身先士卒,带领大军翻越了这座山。他的部队在意大利打了胜仗,回到法国,作为凯旋的英雄,他受到人民热烈的欢迎。但那些统治法国的人开始担心,害怕拿破仑自己称王,因为当时的人民很爱戴他。不过,拿破仑却主动要求去征服埃及。因为埃及此时是英国的殖民地,他想取代英国在埃及的统治地位,而且征服了埃及就可以切断英国和印度的联系,进而将印度纳入法国的殖民地(此时印度还是英国的殖民地,是英国查理一世在位时期得到的),英国肯定不能允许这样的情况发生,它已经失去了美国,不想再失去印度了。

法国的革命政府非常高兴能摆脱拿破仑,于是他们答应了他的请求,把他派到了埃及。拿破仑迅速征服了埃及,就像当初尤利乌斯·恺撒占领埃及时那样轻而易举,但是这一次却没有克娄巴特拉来阻止他的计划。当他征服了埃及时,在尼罗河入口处等着接应他归国的舰队意外受到英国舰队的袭击并被完全摧毁了。当时指挥英国舰队的是一位伟大的海军上将，几乎可以说是当时世界上最伟大的海军统帅了，他就是纳尔逊勋爵。

拿破仑没有办法带他的兵回到法国去了。他把在埃及的军队交给另一个人率领，自己设法找到一艘船，独自回到了法国。在回到法国后，他发现革命政府内部发生了争执，他知道机会来了。于是，他想方设法让自己被推选为治理法国的三个执政官之一。他是第一执政官，另外两个人是副执政官。可那两个副执政官几乎没有实权，跟拿破仑的两个只会执行他命令的跟班儿差不多。不久，拿破仑便成为终身第一执政官。再后来，他就做了法国和意大利的皇帝。

欧洲的一些国家担心拿破仑会来侵略它们，并将它们也纳入法国的版图，因此这些国家都联合起来对付他。拿破仑打算先征服英国，他组织了一支舰队渡过海峡前往英国。可他的舰队在靠近西班牙的特拉法尔加角时，被英国海军上将纳尔逊勋爵拦截了。纳尔逊勋爵就是在埃及击败拿破仑舰队的那位将领，在这次海战前，纳尔逊对他的战士们说："英国希望它的每个国民都能履行自己的责任。"他们确实做到了。拿破仑的舰队完全被击垮了，不过纳尔逊自己也在这场海战中阵亡了。

拿破仑放弃了征服英国的想法，他把自己的注意力转到了另一个方向——他已经击败西班牙、普鲁士和奥地利，整个欧洲几乎都是他的天下了，这些国家不是属于他，就是乖乖听命于他——他去进攻俄国了。这是他犯下的最大的错误，因为俄国路途遥远，而且幅员辽阔，又时值寒冬，天气特别冷。可他依然带着部队成功地抵达了俄国的都

城莫斯科。然而,俄国人烧光了莫斯科城,把粮食也全部毁掉了,这样拿破仑的军队只得到了一座空城。在返回的途中,到处是厚厚的积雪,他的部队损失惨重。拿破仑自己找了条捷径,很快回到了巴黎,成千上万的战士却因为饥寒交迫死在了返回的路上。拿破仑回到了巴黎,此时,他的运气开始不济。欧洲各国都准备好了要惩罚他这个暴君,不久,他就在敌人的包围之中被击败了。

拿破仑看到自己大势已去,便签署了退位诏书,离开了巴黎。他去到了一个与他出生的那个小岛相距不远的小岛上(此岛叫厄尔巴,

1815年滑铁卢战役

隶属意大利的海岸线）。

　　到达厄尔巴岛后，拿破仑并没有一蹶不振，他认为自己仍有机会卷土重来。终于有一天，他突然在法国登陆了，这让法国和全世界都大吃一惊。巴黎的法国政府派他曾经的部下对付他，还授命他们在遇到他后，把他关进铁笼子里押回巴黎。可他的旧部下在遇到拿破仑后都投诚到了他这一边，于是他们一起向巴黎进发。此时，英国和德国的军队正聚集在法国的北部，做好了与拿破仑作战的准备。很快，拿破仑组织了一支军队，迎战他们。在一个叫滑铁卢的小镇上，拿破仑

第71章　小巨人拿破仑

带领法国军队与对方展开了激烈的战斗，这也是拿破仑所打的最后一仗，因为在这里，他被一个叫威灵顿的英国将军彻底打败了。这场战役发生在1815年，如今，我们一讲到重大的失败时，仍然将其比喻为遭遇了"滑铁卢"。

有一句话，从前面读和从后面读，它的意思都是一样的，据说这句话是拿破仑在战败后说的。它是这样的：

ABLE WAS I ERE I SAW ELBA
（在看到厄尔巴岛之前，我是所向无敌的）

在滑铁卢战役之后，英国人押走了拿破仑，把他关在海中的一个小岛上，这样他就跑不掉了。这个小岛叫圣赫勒拿岛，是以君士坦丁母亲的名字命名的。拿破仑在这个岛上生活了6年后死去。

拿破仑可能是历史上最伟大的将军，但这并不意味着他就是个伟大的人。有人说他是个恶人，因为他为了实现个人的野心，而牺牲了千万人的生命，还使整个欧洲都陷入了战争，给这些地方带来了灾难。

这下我们就来到了19世纪，因为拿破仑死于公元1821年，这个时间距离我们今天还有多远呢？

第72章
拉丁美洲和加勒比群岛

当你联想到墨西哥、南美和加勒比群岛时，你的脑中可能会出现迷人的海滩，或是狂欢节这样的热闹场面吧。但你知道吗，北美的第一所大学就是在墨西哥创办的，而且远在英国人到詹姆斯敦定居之前。你听说过西蒙·玻利瓦尔这个名字吗？他是南美一位很了不起的大英雄，在当地简直是家喻户晓，就像华盛顿在美国一样有名气。

墨西哥在北美洲，它与中美洲、南美洲以及加勒比群岛一样，都有着悠久的历史。大多数美国人不了解这些地方的情况，尽管他们的国家与这些国家处于同一个半球。所以，我要给你讲讲美国的这些邻居，特别是要讲讲其中几位英雄人物。如果你知道了这些故事，你对美国邻邦的了解就会比多数成年人还要多了。

我们前面讲过，在哥伦布横渡大西洋之后的那些年，西班牙先是征服了加勒比群岛的大部分土地，随后征服了中美洲、南美洲以及墨西哥。西班牙人从美洲许多不同的印第安人部落（包括玛雅人、印加人、阿兹特克人等）的手中，夺去了他们曾经赖以生存的土地。西

班牙人在当地发现了大量的金银，于是就让原住民在金矿和银矿做工，然后再把这些贵重的金属源源不断地运回西班牙。其他的欧洲人看到这些令人难以置信的财富后，都红了眼。不久后，西班牙就只能和其他欧洲的国家分享"新大陆"的财富了。葡萄牙霸占了今天巴西的那部分土地，英国和法国占据了北美洲东部的土地，此外，英国、法国、荷兰和丹麦还瓜分了中美洲、南美洲沿岸的一些岛屿和陆地。不过，尽管分出去了不少，西班牙仍然占有我们今天称为拉丁美洲的大部分土地。殖民地的居民都说西班牙语，直到今天，西班牙语仍然是拉丁美洲（包括美国以南的所有美洲地区）地区使用最广泛的语言，大多数西班牙殖民者所信仰的罗马天主教，如今依然是那里最大的宗教。

早期的西班牙移民大多是男人，他们中许多人娶了美洲印第安女人。因此没过多久，就有了这样的一大批人，他们的父母和祖父母分别是欧洲人和美洲印第安人，这些人称为"梅斯提索人"，即混血儿。而祖先都是欧洲人的则称为"克里奥尔人"。在有些地方，土地拥有者从非洲运来了奴隶为他们干活。一些非洲人和克里奥尔人或是梅斯提索人结了婚。不久，拉丁美洲不仅有了各种身高和身材的人，还有了各种肤色的人。西班牙派出了一些官员去统治拉丁美洲的所有居民。这些官员贪婪地征收税款，却不允许任何人对他们的管理发表意见。

你可以想象在拉丁美洲和加勒比海的殖民地有许多人不快活。克里奥尔人认为应由他们管理当地事务，并且享有在美洲发现的所有金

银和其他的财富。美洲印第安人和梅斯提索人认为,他们应该拥有与克里奥尔人和欧洲派来的官员一样的权利。当然了,那些奴隶也不愿意当奴隶,他们非常希望得到自由。不仅是西班牙殖民地是这种情况,在中美洲、南美洲和加勒比海的每个地方都是如此。

你能猜到接下来要发生什么了吗?

如果你猜到是革命,那你就猜对了。事实上,各地都爆发了多次的革命。这些革命就是在你所知道的美国革命和法国大革命后不久爆发的。每次革命都伴随着一些战役,并涌现出一些英雄人物。下面我就来讲讲其中的几个故事。

最早的一次革命发生在海地。海地是加勒比海的一个岛国,是法国殖民地。1789年法国大革命爆发后,海地人民听说了这一切。他们听到了那个著名的口号——"自由、平等、博爱"。海地人民也想分享每个人都在谈论的那种自由、平等和博爱。但是,海地人民对这个口号的理解并不一致,拥有大部分土地的富有的克里奥尔人认为这口号意味着他们和住在法国的法国人一样平等,因为他们原本就是法国人的纯正后裔;而海地的普通人,其中有一些是混血儿,他们觉得自由、平等、博爱就意味着他们和富有的克里奥尔人享有同等的地位;奴隶们坚信,这些口号表明了奴隶制应该废除,所有的奴隶都应该成为公民,拥有和其他公民一样的权利。不久之后,这些人开始混战起来。

其中,有一次奴隶起义比较重要,这次起义发轫于海地的北部。和其他较大的起义一样,这次起义也诞生了一位杰出的领袖,他带领奴隶们取得了胜利。这个人就是图森·路维杜尔。图森生来就是个奴

隶，据说，他曾是一个非洲国王的孙子。他会读书写字，了解关于法国大革命的一切情况和自由平等的理念，他切身体会到了当一个奴隶是件多么痛苦、可怕的事情。他和他的同伴们浴血奋战，直到法国政府废除了在海地的奴隶制度，之后，他继续战斗，为自己争取到了参与管理海地的权利。他管理海地的那些年成绩斐然。他让黑人和白人一起工作，共同重建被战火毁坏的家园，海地开始慢慢复苏。此时在法国掌权的拿破仑，不喜欢这个有能力的图森。你也可以说他是嫉妒图森，又或者说他想要控制这个岛。不管怎么说，拿破仑派兵去了海地。率领法国军队的将领对图森用了诡计。他邀请图森去参加晚宴，在图森到了之后，把他抓了起来。他们带着图森穿过大西洋，把他关进了法国的监狱，1年后，图森死在了监狱里。但是，海地的人们并没有彻底失败。一个名叫让·雅克·德萨林的新领袖接替图森，继续领导着海地人战斗，海地最终成为一个独立的国家。不过，这个故事并没有一个愉快的结尾。在独立之后，海地爆发了国内战争，之后的很多年，海地都没有真正的和平。

在由西班牙人统治的美洲殖民地区，也生活着很多

图森·路维杜尔

第72章　拉丁美洲和加勒比群岛

不快活的人。像海地人一样，他们也听说了美国和法国大革命，而且他们对于自己的生活也是怨声载道。克里奥尔人感到愤愤不平，因为由国王从西班牙派来的那些人拥有各种权利，而他们没有；而且，他们得给西班牙的国王缴纳高额税赋；梅斯提索人和克里奥尔人一样，对西班牙人怀有满腔的愤恨；美洲印第安人也无法忘记是西班牙人掠走了他们的土地，逼他们像奴隶一样干活，还杀死了他们的很多同胞。最关键的是，这些原住民还想收回他们的土地；拉丁美洲的奴隶和任何地方的奴隶一样渴望自由。

最初反抗西班牙的起义发生在南美洲，也就是现在的秘鲁。起义的领导者是图帕克·阿马鲁，他是印加国王的后代。西班牙的军队听闻起义后便向秘鲁进军，杀死了他和他的战友们，起义就这样结束了。拉丁美洲再要改天换地又是一段时间之后的事情了。

在公元1800年之后的一段时间里，发生了很多大事。首先是拿破仑在欧洲征服了西班牙，撵走了它的国王，让他自己的兄弟取而代之。拉丁美洲人民将此看作一个他们可以宣布独立的正当理由：既然他们的老国王已经不在位了，而他们又很清楚拿破仑无权统治他们。于是，战事爆发了。

最初，阿根廷组织了一支军队，争得了独立。带兵的将领是圣马丁。随后他制订了一个危险的计划，率领军队横穿过高耸的安第斯山脉，进入智利，随后到达秘鲁，为这些地区的独立而战。你可以在地图上找找，看这些国家都在什么位置。圣马丁的军队中大约有三分之一的士兵是奴隶，他向他们保证加入军队就可以获得自由。

拉丁美洲历史上最有名的英雄是西蒙·玻利瓦尔，这个人我在前面提了一下，他在南美就像华盛顿在美国一样，可以说是家喻户晓。西蒙·玻利瓦尔生于委内瑞拉的加拉加斯，他是家里四个孩子中最小的一个。他的父母是富有的克里奥尔人，有很多房屋、金矿银矿、大群的家畜，还有种植着甘蔗和可可树的大农场。你可能觉得西蒙一定是个非常幸运的小男孩吧，可他不是。在西蒙不到3岁时，他的父亲就去世了，而他的母亲也在离他9岁生日还有两个星期时去世了。几个孩子都被寄养到不同的地方，西蒙和一个叔叔住在一起。这个人对西蒙很冷淡，西蒙非常想念他的哥哥姐姐们。

在西蒙11岁时，他的叔叔给他请了一位年轻的家庭教师。那时候，有钱人家的孩子都不去学校上学，他们都有家庭教师。西蒙的家庭教师也叫西蒙，他的全名是西蒙·罗德里格斯。这位年轻的家庭教师把那些有教养的人谈论的新思想都教给了西蒙·玻利瓦尔，他还给西蒙·玻利瓦尔讲述了在美国和法国发生的革命，以及那些美洲印第安人和奴隶在委内瑞拉过着多么悲惨的生活；告诉他西班牙无论如何也不愿意放弃它的统治。在这位老师的引导下，西蒙·玻利瓦尔很快成长为一名革命者。

公元1811年，委内瑞拉的克里奥尔人宣布独立，摆脱西班牙的统治。正如其他殖民地在宣布独立后总免不了要和殖民国家有一场激战一样，南美的人民为了实现独立，也面临着与西班牙军队的交战。这时，西蒙·玻利瓦尔已成为起义军的统帅之一。第2年，加拉加斯发生了一场大地震，上万名起义军战士死于地震。多数人想要放弃战斗，但

西蒙·玻利瓦尔的信念依然坚如磐石。他重新组织了一支军队，继续战斗。他先是解放了委内瑞拉，随后是哥伦比亚、玻利维亚和厄瓜多尔。西蒙·玻利瓦尔被选为这些刚刚独立的地区的总统，他把这个新的国家命名为大哥伦比亚共和国，以纪念克里斯托弗·哥伦布。

西蒙·玻利瓦尔希望能让拉丁美洲的全部地区实现统一。可他的计划没能实现。那些摆脱了西班牙统治的地方最终分裂为中美洲和南美洲的一些独立的小国家。其中有一个便是以著名的统帅西蒙·玻利瓦尔的名字命名的，你能在地图上找到它吗？

在刚刚独立的许多新的国家里，富人们不愿和平民分享权利，拒绝把土地还给美洲印第安人，更没人愿意像西蒙·玻利瓦尔所希望的那样，废除奴隶制度。因此，在独立后，拉丁美洲的许多问题并没能得到彻底解决。尽管如此，西蒙·玻利瓦尔依然是南美洲和中美洲的大英雄，在这些地区，人们都称他为"解放者"。

美国南部的近邻是墨西

西蒙·玻利瓦尔

哥。墨西哥过去被称为新西班牙，它包括得克萨斯、亚利桑那、新墨西哥和加利福尼亚这些地方。跟南美洲的人们一样，墨西哥人也起来反抗西班牙。第一次起义是由一名克里奥尔神父领导的，他叫米格尔·伊达尔戈，他领导着一小群美洲印第安人和其他的一些人。他们想从少数非常富有的人手中夺取一部分土地，然后把它们分给当地人和一些穷人。所以，西班牙人和富有的克里奥尔人全都开始追杀他们，最终打败了他的起义军。在伊达尔戈被俘并被处决后，一个名叫何塞·玛丽亚·莫雷洛斯的梅斯提索神父接替了他领导战斗，他后来也被抓住并处死了。最后，是克里奥尔人领导了对西班牙的独立战争，但是权力都被富人牢牢抓在手中。1821年，一个名叫奥古斯丁·德·伊图尔维德的将军正式宣布了墨西哥的独立。不久之后，他登上了皇帝的宝座，独立的墨西哥开始了全新的现代历史。

第73章
从山林之神的牧笛到留声机

青蛙呱呱。

小猫喵喵。

狗狗汪汪。

羊儿咩咩。

母牛哞哞。

狮子吼叫。

土狼咯咯笑。

只有鸟儿和人会歌唱。

鸟儿不会的人也会。

他们还能用乐器创作音乐。

你用竹棍做过笛子吗？或者你做过玻璃琴吗？

远古神话中说，阿波罗取了一对牛角，又用牛皮做成七根弦，系在这对牛角之间，做成了七弦琴。他用手指或是大羽毛拨动琴弦，就

会发出美妙的声音。据说，阿波罗的儿子俄耳甫斯就是从他父亲那里学会了演奏七弦琴，他的琴声非常优美，就连飞禽走兽，甚至树木和岩石都环绕在他身边，听他演奏。

希腊神话中有个山林之神，叫潘神，长着羊角、羊耳朵、羊腿和一双羊蹄，他把几个不同长度的芦管捆在一起，吹这些芦管就能发出好听的声音，就像吹口琴一样。这个乐器叫"潘神的牧笛"。

七弦琴和潘神的牧笛是历史上早期出现的两种乐器，前者是弦乐器，后者是管乐器。长弦和长管发音低沉，而短弦和短管则音调铿锵。

随着弦乐器的不断发展，阿波罗的七弦琴演变为今天有很多弦的钢琴。你知道钢琴的内部结构吗？那里面有许多不同长度的琴弦。不过，钢琴不像七弦琴和竖琴那样要用手指去拨动琴弦，只要按下琴键，就有小木槌击打琴弦，发出声响。

从最初潘神的牧笛开始，管乐器也在不断演变，我们现在看到的大教堂里面像巨大的哨管一样的管风琴，便是其中之一。显然你不能再用嘴去吹这些管子了，因为它们都很粗很大，只能用机器鼓风来演奏。

现在，我们知道这些古老的乐器是什么样子了，可我们不知道那时的音乐是什么调子；过去没有留声机或录音机，如果有，就可以把声音保留下来了，哪怕过了1000年，再打开，还是能听到那些古老的声音。遗憾啊，那些过去的音乐就这样在历史中消失得无影无踪。

那时候不仅没有留声机，也没有乐谱。到公元1000年，音乐才开始被人们记录下来。之前的音乐完全是靠耳朵听，心里记，因为没有

乐谱。一个名叫盖伊（在意大利语中读为圭多）的本笃会修士想到了一个记录音符的办法，他把音符定为哆、来、咪、发等。

还有一个名叫帕莱斯特里那的意大利人，有些人称他为"现代音乐之父"，他死于1594年。他曾为教堂礼拜仪式中的赞美歌配乐，教皇命令所有的教堂都要采用他的乐谱，但是人们不大喜欢他的音乐，换句话说，他的音乐不太"流行"。

直到100年之后——大约公元1700年——第一位伟大的欧洲音乐家诞生了，他创作的音乐广受人们的欢迎，欧洲和美洲的人们都非常喜欢，直到现在，还有很多人喜欢呢。

这位音乐家是个德国人，名叫亨德尔。他的父亲是个理发师，还兼作医生和牙医。这位父亲想让儿子长大后做一名律师。可这个小男孩只喜欢音乐。

那时还没有钢琴，不过有一种可以用琴键演奏的小型弦乐器，叫

被父母发现的亨德尔

"翼琴",它是钢琴的前身,也叫古钢琴。有的翼琴下面装着腿,就像餐桌的桌腿一样,有的翼琴没有腿,需要放在桌子上演奏。

亨德尔在6岁的时候就偷偷地把这样一架翼琴搬到阁楼上面自己的房间里。在晚上大家都睡觉之后,他就在翼琴上练习演奏,直到深夜,家里人还以为他早就睡了呢。有天晚上,他的家人听到顶楼上有声音,就拿着灯笼悄悄爬上阁楼,在他们突然把门打开时,看到亨德尔穿着睡衣坐在椅子上,正在那里弹奏,他的双脚连地板都够不着呢。

在那之后,亨德尔的父亲知道要儿子做律师是没希望了,便为亨德尔请来了音乐老师。没多久,男孩的演奏就震惊了世界。后来他去了英国,并一直住在那里,成为一个英国人。在他死后,英国人把他葬在了威斯敏斯特教堂,通常只有英国最著名的人物才有可能葬在那个教堂。

亨德尔把《圣经》中的一些章节谱上了音乐,这些有《圣经》文字的歌曲被称为"圣乐曲",通常是众人合唱的,其中有一首圣乐曲叫"弥赛亚",在圣诞节,世界各地的人们几乎都要唱这首曲子。除宗教音乐外,亨德尔还创作了46部歌剧。

与亨德尔同一时期的还有一位德国音乐家名叫巴赫。亨德尔用翼琴演奏,而巴赫是用管风琴演奏。巴赫给管风琴谱写了许多优美动听的乐曲,这些乐曲都非常著名。奇怪的是,亨德尔和巴赫在老年时都变成了盲人,不过对他们来说,听觉远比视力重要。你觉得哪一个"更重要"呢?

第73章 从山林之神的牧笛到留声机

几乎每一位音乐天才在他们幼年时便已经是音乐神童了,甚至在他们还没有学会读书写字之前,就已经是伟大的音乐家了。

在巴赫和亨德尔去世之前,有位这样的天才诞生了,他是奥地利人,叫莫扎特。

莫扎特4岁时已经可以出色地进行钢琴演奏,他也为别的演奏者创作乐曲,这叫"作曲"。

莫扎特的父亲和姐姐也是优秀的钢琴演奏家,所以他们三个经常一起去巡回演出。神童莫扎特经常为女皇演出,不管到了哪里,他都会受到王子一般的接待,人们都很喜欢他,赞扬他,还为他举办宴会,给他送了许多的礼物。

后来,他成年了,结了婚。从那以后,为了谋生,他经历了人生中最艰难的时期。他创作各种曲子,还演奏各种音乐,如"歌剧"和"交响乐"(需和别人一起演奏),但是,他赚的钱很少,死后只能

莫扎特的童年

埋在穷人的乱坟岗，连自己的坟墓都没有。后来，人们觉得这样一位伟大的作曲家的坟墓竟然连块墓碑都没有，实在是太让人感到寒心了。可此时想找到他埋葬的地方已经太晚了。后人为他立了一座纪念碑，可直到今天，仍没有人知道莫扎特具体葬在了哪里。

一个名叫贝多芬的德国人读了神童莫扎特的故事，他也想让自己的儿子成为神童，为国王和王后演出。因此，在儿子只有5岁时，他就让孩子在钢琴前长时间地练习演奏了，直到孩子累得眼泪顺着脸颊流下来。真是功夫不负有心人，这个名叫路德维希·贝多芬的孩子最终成为世界上伟大的音乐家之一。他只要坐在钢琴前，一直弹下去，就可以创作出最优美的音乐，这便是"即兴创作"。可即兴创作的音乐被记录下来后，贝多芬对它们总是一遍又一遍地修改、重写，直到他满意为止，一首曲子他通常要修改12遍以上呢！

后来，贝多芬的听力开始变得迟钝，他担心自己可能会完全丧失

路德维希·贝多芬

第73章 从山林之神的牧笛到留声机

听力——这对任何人而言都是一件可怕的事情，但是，对那些把听力视作生命一样重要的人来说，再也没有比这个更糟的事了。最后，他真的失去了听力，这令贝多芬感到绝望，他也因此变得暴躁，动不动就发脾气。不过，他并没有因此而放弃，仍坚持像以前一样作曲，尽管他已经听不到自己写下的曲子。

还有一位了不起的德国音乐家，名叫瓦格纳，死于1883年。虽然瓦格纳一生都在练习演奏，但是他的演奏始终不是那么尽如人意。不过，他创作了许多优秀的歌剧，他不仅作曲，还作词。他把日耳曼的神话和童话故事写进歌剧，用歌声唱出来。最初，人们嘲笑他的音乐，因为他们觉得这歌声有点儿杂乱无章，差不多就是"闹剧"，没什么旋律。可现在，人们反而嘲笑那些不喜欢它们的人了。

之前我们讲的故事里有画家、诗人、建筑师和智者，还有国王和英雄，冲突与战争，等等。我把古今音乐家的故事都放在这一章来写，把它夹在这些战争故事的中间，是想让你暂时离开战争的故事，休息一下。

我小时候从没听到过这些伟大音乐家的作品。现在随时打开收音机、录音机或是CD机，便可以听到帕莱斯特里那、莫扎特、贝多芬或是瓦格纳所创作的乐曲。这是多么惬意的事情啊，就连《天方夜谭》里的国王都不可能享受到这样的乐趣。

第74章
1854—1865年的旧报纸

你家里最早的报纸是什么时期的呢？我们这一章要讲的事情发生在公元1854年到公元1865年，如果你恰好有这个时期的美国报纸，或许可以在"外国新闻"那一栏里，读到下面这些消息：

英国新闻。那时的英国女王是维多利亚。因为她心地善良、性情温和，所以深受国民的爱戴。你也许见到过一张照片，照片上的她有众多儿女围绕在她的身边。维多利亚有5个女儿和4个儿子，她既是女王，又是一位母亲。对人们来说，她更像是一位母亲。她在位超过半个世纪，这段时期被称为"维多利亚时代"。

维多利亚女王

公元1854年,英国和俄国发生了战争。俄国在遥远的东部,因此,英国派出的士兵要乘船先渡过地中海,然后经过君士坦丁堡进入黑海。英俄的战争多数发生在俄罗斯领土伸入黑海中的一片陆地上,这片土地叫克里米亚半岛。发生在这里的战争就叫克里米亚战争。在这场战争中,成千上万的英国士兵因为伤痛和疾病死在了那片遥远的土地上。

此时,在英国有一位名叫弗洛伦斯·南丁格尔的女士。她心地善良,总是去照顾那些生病的人。小时候,她经常做这样的游戏:假装自己的洋娃娃头破了或是腿断了,她就给娃娃包扎头或是腿,然后把它们当作病人来照看。她的狗生病时,她也精心地照顾它,完全把它当成

弗洛伦斯·南丁格尔在病人的床边拿着她的灯

人一样对待。弗洛伦斯·南丁格尔听说数以千计的英国士兵死在远离家乡的土地上，那里根本没有护士照料伤病者。她就组织了一群妇女一起出发去克里米亚。在她到达那里之前，几乎有一半受伤的士兵死掉了；她和这些护士到了之后，经过她们细心的照料，100个伤兵中只有一两个人死去了。到了夜晚，她仍然提着一盏油灯，在营地和战场上穿梭，寻找那些受伤的士兵。战士们都非常敬重她，称她为"提灯女神"。

战争结束后，她回到英国。政府经过表决，奖励给她一大笔钱，以表彰她在战争中的杰出表现。她没有把这笔钱花在自己身上，而是用这笔钱建了一所护士培训学校。现在，专业的护士几乎和医生同等重要，病人可以找有经验的护士来照顾自己。但是，在那时根本就没有专业的护士。弗洛伦斯·南丁格尔在培养专业护士方面堪称创始人，直至今天她仍被人们几乎作为圣徒一样看待。

在克里米亚的一次战斗中，一部分骑兵收到了错误的命令，这个命令是让他们去袭击敌人。尽管他们知道这一次是有去无回，但仍毫不犹豫地冲了上去。在不到半小时里，就有三分之二的人战死或是负了伤。英国诗人丁尼生勋爵在一首诗中描述了整个故事，这首诗的名字是《轻骑兵进击》。

日本新闻。日本是靠近中国的一片群岛，虽然我之前一直没有讲过这个国家，但它却是个古老的国家，在罗马建立之前就存在了。欧洲不断有国王和皇权的更替，人民和国家一直在发生变化。但是在日本，自从公元前开始，他们历代的国王都是来自同一个家族。

第74章 1854—1865年的旧报纸

日本在一个方面非常幸运，那就是在这些年中，他们的岛国从未被外国军队占领过。不过，1853年，也就是在英国开始克里米亚战争的前一年，一个名叫佩里的美国海军准将率领美国的军舰，进入了日本的一个重要海港——东京湾。而后，日本天皇同意美国人进入日本并在日本经商。

这些事情你可能会在旧报纸上读到，也许只是在报纸上的一个小角落里。如果美国在1861年到1865年有报纸的话，那你所看到的新闻大部分是与战争有关的了。那段时间，在美国发生了一场战争，被称为"国内战争"，又称"南北战争"。

美国北部和南部在有些方面存在巨大分歧，其冲突主要是围绕着南方人是否可以拥有奴隶这个问题。于是，他们双方开始交战。从1861年到1865年，战争一直持续了4年，直到最终确定了在美国任何人都不能再拥有奴隶。千千万万的美国人在这场战争中死去了。

这场战争的影响很大，几乎大部分的美国人都参加了这场战争，无论是黑人、白人，还是男人、女人。

此时的美国总统是亚伯拉罕·林肯。林肯出生在一个贫困家庭的小木屋里。他白天在父亲的农场里干活，晚上借着燃烧废木块的火光读书学习。他很穷，只有为数不多的几本书，于是，他就拿着这几本书一遍又一遍地读。其中有本书是《伊索寓言》，你也读过吧？在成年之后，林肯做了一个商店的店员。一天，一个穷苦的女人到店里买茶叶，她走后，林肯发现她多给了钱。于是，他立刻关了店门，走了很远的路，到她家去退还这多余的钱。从那之后，人们都开始叫他"正

直的亚伯拉罕",林肯始终是这样地诚实和善良。

他一直坚持不懈地学习,后来成了一名律师,最终当选为美国总统。他在职期间宣布废除奴隶制度。一天晚上,他正在福特剧院的总统包厢看戏,一个叫约翰·威尔克斯·布斯的人忽然闯进了包厢,这个人认为林肯废除奴隶制度是错误的,所以刺杀了林肯。第二天凌晨,林肯不治身亡。

林肯是美国最伟大的总统。华盛顿创建了美国,而林肯制止了美国的分裂,使美国人民紧密地团结在一起,并成为今天这样的一个世界强国。

林肯生命的最后时刻

第75章
三个新国家和三张新邮票

让我们再用一点儿时间，回过头去看看自拿破仑时代以来欧洲发生的事情。

在拿破仑被流放到厄尔巴岛后，法国得再找一位统治者。于是，他们就想让原来的王室家族回来，这个家族是"波旁"王族。法国人认为，他们应该找个波旁家族的人来管理他们。于是，他们就试着请了波旁家族的人，一个接着一个，依次请了三个，他们都是原来那个被砍头的国王的亲戚。

这三个人上台后的结果表明，他们没有一个是好国王。法国人给了波旁家族的人太多的机会，最后他们终于不愿再考虑国王的人选了，于是，建立了一个新的共和国。

共和国得有一个总统，而不是国王，所以人们要选出一位总统。你猜他们会选谁呢？当然是拿破仑的侄子了。拿破仑的侄子名叫路易·拿破仑，他曾为能当上法国国王密谋策划了多次，但全都失败了。现在，他却被选为总统了！可是，路易·拿破仑不满足于只做个总统，

他希望像叔叔一样成为一个伟大的人。他梦想着自己可以成为欧洲的皇帝，统治欧洲所有的国家。于是，在做总统后不久，他就登基做了皇帝，自称"拿破仑三世"。

拿破仑三世非常嫉妒自己的邻国普鲁士，他认为这个国家正在变得强大。普鲁士此时的国王名叫威廉，非常能干。他有个助手或者说首相，叫俾斯麦，此人更是能力了得。俾斯麦也一直想找借口攻打法国，这和拿破仑三世的想法不谋而合。两个国家在1870年开战了。拿破仑三世很快意识到，他与普鲁士开战犯了一个严重的错误，普鲁士不是"正在"变强大，而是已经非常强大了。

拿破仑三世被普鲁士打得落花流水，无奈之下，他只能带着大批的军队投降。后来，他觉得实在没脸再回法国，就直接去了英国。

普鲁士军队攻进了巴黎，要法国人给他们亿万赔款。一些法国的城市不愿支付这笔钱，俾斯麦就把这些地方的领导者抓起来排成一行，告诉他们如果不能筹到规定数额的赔款，他们就会被枪毙。法国人无奈之下，交了赔款，令人惊讶的是，他们在2年内便付清了这笔巨额款项。可法国人难以忘记他们被普鲁士人威逼的情形，因此两个国家在很长一段时间内都是死敌。这场战争发生在法国和普鲁士之间，所以被称为"普法战争"。

普鲁士附近有一些小国，称为"德意志邦国"。虽然这些国家的人民都有相近的血统，说的也是同一种语言，但这些国家却是各自为政。由于战争的需要，普鲁士首次把这些德意志邦国联合在一起，组成了一个强大的国家，这就是德国。对这个德国，其他的国家都

很惧怕，因为它有一支强大的军队，战士们个个英勇善战。威廉当上了整个德国的皇帝，被称为"神圣罗马帝国皇帝"。在法国的凡尔赛宫他举行了加冕仪式。法国人认为德国人之所以能打赢这场战争，首先是因为他们有很多公立学校，孩子们可以在学校里接受系统的教育；另外，他们在训练战士上有一套先进的方法。于是，法国着手在各地兴建公立学校，并且模仿德国人的方式训练军队，他们认为，只有这样，才有可能为下一场战争做好准备。

从此以后，法国真正成为一个共和国，总统和议会都是由人民选举产生，他们再也不想要皇帝了。

那个时候，意大利不像现在是个统一的国家，而是几个小邦国的联合，像当初的德国一样。其中几个邦国已经独立，有几个归属了

德皇威廉一世穿着阅兵服　　维克多·艾曼努尔二世肖像

法国，还有几个属于奥地利。其中有一个邦国的国王是维克多·艾曼努尔，他想把意大利所有的邦国都统一起来，和德国一样组成一个独立的国家。他有两个得力的助手，一个是首相加富尔，具有杰出的政治才能；另一个名叫加里波第，是一位深受百姓拥戴的草莽英雄，被人称为"红衣大侠"。

加里波第在纽约做过制蜡工，他并不富裕，却仗义疏财。他人缘极好，每当他要为意大利而战、振臂高呼时，人们就会立刻聚集到他身边，随时准备战死沙场。

最终，这三个人——维克多·艾曼努尔、加富尔和加里波第——成功地统一了意大利。意大利人为他们三个人竖立了纪念碑，还以他们的名字命名街道。为了纪念维克多·艾曼努尔，他们在罗马的小山

加里波第肖像　1861年　　卡米洛·奔索·加富尔

上修建了一座宏伟的纪念堂,从那里可以俯瞰到全城。人们建造这座纪念堂时,就想让这个建筑比雅典伯里克利时代的建筑和文艺复兴时期意大利的建筑都更加恢宏壮观。

你要是集邮的话,如果能找到那一时期这三个国家发行的邮票,那就太有趣了。记好了,这三个国家分别是新法兰西共和国、德意志联邦共和国和意大利共和国。

第75章 三个新国家和三张新邮票

第76章
屡现奇迹的时代

你可能觉得出现奇迹的时代应该是在《圣经》里描述的那些时代吧？

但是，如果那时候的人再回到"现在的"地球上，他会认为这个时代才是真正产生奇迹的时代。

如果他听见你用电话和千里之外的人谈话，他会以为你是个魔法师。

如果你让他看电影或电视屏幕上那些说话和活动的人，他可能会觉得你是个巫师。

如果他见你打开录音机或收音机就能放出乐队演奏的音乐，他也许会猜测你是个魔鬼。

如果他看到你坐着飞机在空中飞，他就会把你当成上帝啦！

我们已经习惯了有电灯、电话、电影、电视、录音机、收音机、照相机、汽车、大卡车、喷气式飞机等这些东西的世界，很难想象如果这些东西都不存在，世界会是什么样。可是，这些东西以前确实都

第76章 屡现奇迹的时代

不存在。1800年,所有这些发明连一项都还没有问世呢。

无论是乔治·华盛顿,还是拿破仑,都没见过汽车和飞机;他们也没有使用过电话、收音机,甚至连自行车都没骑过;他们从未听说过蒸汽式发动机、柴油机或电灯;他们根本无法想象人类还能在月球上行走,能拍到火星的特写镜头,还能有打字机、计算机、雷达和X光等。

最近这100多年来创造的奇迹,比历史上所有的发明加起来还要多得多。

一个名叫詹姆士·瓦特的苏格兰人是最早创造奇迹的魔术师,哦,我们不叫他魔术师,而是称他为发明家。瓦特在照看炉子上烧着的水时,注意到水蒸气把水壶的盖子顶了起来。这给了他一个灵感,既然水蒸气可以顶起壶盖,那它应该也可以推动别的东西。于是,他制作了一个装置,利用水蒸气的动力顶起活塞来推动车轮转动,这就是最早的蒸汽发动机。

瓦特的蒸汽机可以推动车轮和其他一些东西,但是它无法推动自身。英国人斯蒂芬孙给瓦特的发动机装上轮子,使发动机也能推动它自己的轮子,这就是最早的火车头。很快,用这种奇特的发动机带动的怪模怪样的车厢就开始在美国的铁轨上跑了。最初,这些火车只能从诸如巴尔的摩和费城这些城市跑出几英里远。

后来,一个名叫罗伯特·富尔顿的美国工程师想到他可以把瓦特的发动机装在船上,用它推动船的桨轮。人们都笑话他,管他造的船叫"富尔顿的蠢物"。在装上发动机后,船真的可以前行了,富尔顿

富尔顿的"克莱蒙特号"

可以反过来笑那些曾经嘲笑他的人了。他称自己的船为"克莱蒙特号",定期沿着哈得孙河的河道行驶。

　　人们之前无法与远方的人通话,电报机发明后这个问题便解决了。电报机会发出一种咔嗒声,电流通过电线从一个地方传到远处的另一个地方。如果你按下电线尾部的按钮,就可以阻止电流通过电线传输,电流另一端的仪器就会发出咔嗒声。短的咔嗒声用一个圆点表示,长的咔嗒声用一条横线表示。这些圆点和横线都可以换作字母表中的字母,这样你就能用这些点和横线拼出电报传递过来的信息了。

　　A是　·—点-横
　　B是　—···横-点-点-点

E 是　·点

H 是　····　点－点－点－点

T 是　—　横

电报机这个精密的小仪器是一位名叫摩尔斯的美国画家发明的，他最早建起的电报线在美国的巴尔的摩和华盛顿之间，他第一次发的电报内容是："上帝啊，你创造了怎样的奇迹！"

一个叫贝尔的老师想帮助聋哑儿童听到声音，在这个过程中他发明了电话。就像电报机可以传递电流声一样，电话可以传递语言。有了电话，就不必再去记住与电报对应的特别字母表了，也不用再看着电报把那些点和横线对应成字母，再拼写出来了。有了电话，任何人都可以在地球的某地和另一地的人直接通话了。

应用于我们日常生活中的发明有很多，其中有一些是几个人共同发明的，因此很难判断到底是谁最先发明了这些东西。有些人想到了用电来推动机器的运转，于是就有了电动机。后来，又有人想到通过燃烧气体燃料使其膨胀来开动机器，这就是用在汽车上的煤气发动机。

今天，汽车越来越普及了。当初，人们驾车不需要驾照，道路上也没有任何交通管制，如交通信号灯、停车标志和其他的路标等。你想想看，这会引发多少的问题啊。一个名叫加勒特·摩根的美国黑人发明了三色交通信号灯，并在 1923 年申请了专利。信号灯装置给道路上行驶的车辆和行人都带来了安全。

托马斯·阿尔瓦·爱迪生发明了电灯。爱迪生又被称作巫师,因为在中世纪,人们认为巫师可以点石成金、可以把人变得看不见,当然也能造出各种奇妙的、不可思议的东西。而爱迪生发明了童话中的巫师也想象不到的东西。爱迪生小的时候很穷,天天在火车上卖报纸杂志。他喜欢做各种各样的实验,还在行李车上找了个做实验的地方。后来,因为做实验把行李车搞得一团糟,行李收发员把他做实验用的东西全从火车上扔了下去。爱迪生发明了许多与留声机和电影相关的东西,他的发明比世界上任何人的发明都更重要、更具有实用的价值。所以,他比那些只会争权夺利、杀人掠地的国王要伟大得多——倘若没有那些国王存在过的话,这个世界也许会更加美好。

在过去那些年代里,许多人曾经尝试飞行,但是都失败了。无数的人说过,人是不可能飞行的,傻子才会去做这样的尝试。一些人甚至还说尝试飞行是不对的,因为上帝只赐给鸟儿和天使以飞翔的能力。然而,经过多年的努力和几千次试验,美

飞机的发明让人类拥有了翅膀

国的莱特兄弟终于实现了这件不可能的事情。他们发明了飞机，1905年，飞机在38分钟3秒内飞行了24.2英里！

意大利人马可尼发明了收音机，还有许多人在搞发明创造，你要自己去读这方面的书，因为人类的发明太多了，这本书肯定是写不下它们的。

众多科学发明的出现引发了大家的争议和思考：人类在有了这些伟大的发明后，真的比1000多年前没有这些发明时，要更幸福吗？

现在的生活节奏变得更快、更刺激了，但是也出现了一些困难和危险。我们不再去唱歌、弹钢琴、拉小提琴，只是把收音机一开就什么都有了，这样做已失去了音乐能带给我们的主要乐趣——自己创造音乐的乐趣；我们不再悠闲地坐在一辆旧马车上，任凭马儿自己穿过乡间的小路，而是驾驶着汽车高速行驶，一路上必须全神贯注，只要稍不留神就可能出事；我们不再拥有纯净的空气，常常面临各种污染问题。

第77章
不一样的革命
——工业革命

詹姆士·瓦特的蒸汽机和罗伯特·富尔顿的蒸汽轮船是革命的一部分——一场不一样的革命。通常我们想到的革命都是像美国革命和法国大革命那种，人们发动战争反对政府。然而，这场革命却是在渐渐地进行着，而且没有军队的参与，可它又的的确确改变了世界。这场革命被称为"工业革命"。

在前一章中，我们讲了一些神奇的发明，如电灯、飞机、收音机等，正因为发生了工业革命，我们才有了这些东西。这是工业革命的一个非常有意义且非常重要的方面。可伴随工业革命而来的还有很多其他的问题。这场和平的革命和大战一样彻底改变了世界——可能比战争的影响更大。我们来看看它是怎样改变世界的。

这些神奇的东西都是在工厂里生产出来的。是英国建起世界上最早的工厂，它生产的是布料，而后开始生产服装。后来开始有了工厂，生产有轨电车和轨道。再后来，英国的工厂开始制造出越来越多的各种各样的好东西。所以，英国也开始变得越来越富有和强大。

国家在有些方面就跟孩子一样。有时候，班里有个同学带来了一个新玩具或是穿了一件新夹克，其他人见了也想要。别的国家想效仿英国，于是，他们也纷纷开始建工厂。很多欧洲国家都这么做了，如法国、德国和意大利。接着，美国和日本也这么做了。没过多长时间，这些地方的工厂也都生产出大量的产品。有的工厂生产布料和家具，有的工厂制造汽车，有的生产糖果。这就是工业革命。

我们都知道，现在只要去商店，就可以买到工厂生产出来的商品，

第77章 不一样的革命——工业革命

法国克利希蜡烛厂的第一个庭院的视图，显示来来往往的工人和马车

可这样的变化难道就足以称为革命了吗？当然，也许是可以的，也许不可以。不过，在建起工厂后还发生了其他一些事情，所有这些事情放在一起就是真正的一场革命了。

工厂建起来后，发生了这样一个重大的变化：大批人来到新工厂上班。如果没人去工厂干活，那工厂就无法生产出那么多产品了，对不对？这些新开办的工厂需要大量的工人。所以，很多乡村的人离开了村庄，他们不再种地，而是去了工厂。工厂人员短缺时，他们甚至连童工都招。但这对孩子们来说可不是件好事，因为他们就不能再去学文化了。除此之外，早期的工厂有很多机器安全性能差，有时无论孩子还是成人都会受伤。尽管如此，还是有大批的男人、女人和孩子去工厂上班了。因此，一个重大的改变就是，很多人不再种地，而是去工厂做工了。如果是你，你会选择种地，还是做工人？为什么这么选择？

有些人以前是在自己家里制作商品，如蜡烛、肥皂、毛衣等，然后再拿出去卖，如果一个家庭的人都从事这种生产，就称作"家庭手工业"。在工业革命后，工厂的大规模生产使得同一商品的产量大大增加。举个例子来说，既然工厂生产出了这么多毛衣，又这么快捷，它肯定卖得比个人手工生产的毛衣要便宜不少。因此，很多在家里做活计的人都不得不去工厂上班。

大多数工厂建在城市里，所以去工厂工作就意味着要住在城市里。很快城市就变得拥挤起来。在这个时期，人们不得不居住得很拥挤，因为他们必须住得离工厂近一些，这样才能走着去上班。

你愿意走多长的路程去工厂或学校呢?那时,人们通常单程要走一两英里。在有轨电车发明之后,人们才可以住得离工厂远一些。起初,车子都是用马来拉的,沿着城市街道上的轨道行进,所以走得慢。19世纪末期,电车开始多了起来,人们就能住得离工厂更远一些了。于是,城市变得越来越大。这是第二个重大的改变。

整个世界,甚至在那些没有建起工厂的地方,人们的生活也发生了很大的变化。这似乎令人难以相信,假设是一个生活在非洲、印度、朝鲜或海地的孩子,他的生活怎么会因为英国人、美国人或日本人在自己的国家建了工厂而发生改变呢?真是难以想象,但事实确实如此。下面就来说说它发生的过程。

我们知道,如果你想要做什么东西,就一定要先找到一些"材料"。这些工厂要做衣服、家具、车子和糖果等,都要有生产的原料。有的工厂用产自印度的棉花来制作衣服;有些工厂用来做家具的树木是生长在非洲、亚洲和加勒比海附近国家的森林中;汽车需要的轮胎是用橡胶制成的,而橡胶来源于橡胶树,这些橡胶树都生长在非洲、亚洲和南美洲的森林中;要生产糖果,就需要食糖,食糖是从甘蔗中提取的,如海地和古巴这些地方盛产甘蔗。现在,你明白工业革命为什么会影响全世界了吧?

建立了工厂的这些国家需要来自全世界的原料供应,这些国家通常都很强大,而且拥有自己工厂生产出来的坚船利炮。所以,这些"工业化"国家很快就入侵并接管了有原材料来源的这些地方——盛产棉花、红木、橡胶、甘蔗的地方。英国、法国、德国和其他欧洲国家把

大部分非洲国家和很多亚洲国家变成了他们的殖民地；日本也征服了朝鲜和其他一些邻国；美国也有它自己的属地，如夏威夷和菲律宾等，尽管我们没有称它为殖民地。

这些土地上的原住居民对于外国人的侵略和占领非常不满，他们对这些侵略者的感觉和你对学校里那些很霸道的男生的感觉有点儿类似，他们不喜欢这些欺小凌弱的大家伙。有时，侵略者也给当地带来一些好处，如现代的医疗条件。但是，毕竟没有人真的愿意被别人呼来唤去。因此，世界上许多殖民地的人民纷纷起义，为争取独立而战，就像美国独立战争一样。这个我们后面还要讲到。

你知道吗，很多时候，改变也会带来一些不利的因素。工业革命的弊端之一就是那些富有的工业化国家疯狂地掠夺殖民地国家；另一个仍然困扰着我们的严重后果就是污染问题；还有，很多自然资源即将消耗殆尽或已被破坏。

我们知道，工厂有时会直接把有害气体排放到大气中或把废水排放到我们饮用的水源中。这就是污染。人们呼吸了被污染的空气，喝了被污染的水后，就会生病，甚至导致严重的疾病和死亡。

我们还知道，地球上的一些森林长年被过度地砍伐，砍下来的树木被用来建房子、做家具或是造纸。如果森林被砍伐、海洋被污染，生活在那里的动物就没有了家园。它们就会逐渐地消亡。当世界上再也没有了某种动物后，我们就说这种动物"灭绝"了。现在，有一些动物正面临着灭绝的危险，也许是因为被猎杀殆尽。

也许是因为它们的家园被毁掉了。你能说出几种濒临灭绝的动物吗？

以上就是工业革命所引发的一些问题，这些问题至今没有得到很好的解决。你有什么能解决这些问题的办法吗？可以和大家讨论一下。

关于工业革命，须记住四个要点：

①大批人去了工厂上班而不再种地了；

②城镇变成了我们现在的大城市；

③工业化国家变得富强起来，并控制了世界上大多数的弱小国家；

④在解决工业革命带来的环境问题上，我们仍然任重而道远。

第78章
世界大战

现在，我必须给你讲述这样一场战争，全世界都被卷入了这场战争。

欧洲有个小国叫塞尔维亚，它是大国奥地利的邻国。尽管小塞尔维亚和大奥地利是唇齿相依的邻邦，但它们的关系并不友好。这两个国家都经常在背后说对方的坏话。这是因为在奥地利王国内除了奥地利人，还有一些其他种族的人，而在这些人里面便有和塞尔维亚人血统相近的人。塞尔维亚人总是说奥地利当局对这些人不公平。他们不仅是"说说"而已，还组织了一些秘密团体，派往奥地利制造事端。奥地利说塞尔维亚想要煽动当地人的不满情绪，让他们反对奥地利的统治，以达到分裂奥地利王国的目的。

后来，一个塞尔维亚的年轻人枪杀了奥地利王子，这个王子将是奥地利的下一任国王。

奥地利当局怒不可遏，责问塞尔维亚人这是怎么回事。而塞尔维亚人说他们感到非常抱歉，可王子的死与他们毫无关系。奥地利人不

接受塞尔维亚这样敷衍的道歉，他们认为报复塞尔维亚的机会来了，是到了塞尔维亚人为他们给奥地利制造的事端付出代价的时候了。于是，奥地利不顾其他欧洲国家的劝阻，悍然对塞尔维亚宣战了。

战火慢慢扩散开来，就像草原上燃起的大火。俄国人站在塞尔维亚这边，命令自己的军队随时待命出征；德国人则支持奥地利。自从普法战争后，欧洲的大国都在训练士兵，以备战事再起。几乎所有的欧洲国家都分别归于两个阵营，一个由德国的友邦组成，另一个则是法国的盟友。

俄国是法国的盟友，所以当俄国准备参战后，法国也命令自己的军队做好战斗准备。法国和俄国分别位于德国的两端，这就意味着德国处在两大敌人之间了。于是，德国决定在俄国从另一面向自己进攻之前，对法国进行突然攻击。

要尽快到达法国，德国需经过小国比利时。德国和法国曾达成协议，双方的军队均不能通过比利时境内。可德国军队不顾承诺进入了比利时，把想要阻拦他们的比利时人推到了一边，径直向法国的都城巴黎冲去，德军一直打到了马恩河，这儿离巴黎只有20英里了。就是在这个地方，法军在霞飞将军的领导下阻止了德国的进攻。马恩河战役可能是你迄今所听说过的著名战役之一，虽然在马恩河战役后，战争持续了4年，可这场战役仍然至关重要，因为假如德军打赢了马恩河战役，他们就能攻下巴黎，进而把法国纳入他们的版图。

不久，英国也参战了，它站在法国、比利时和俄国这边。英国有世界上最强大的海军，德国的海军还不足以与英国抗衡。于是，德国就把他们的战舰留在国内,用潜水艇来打海战,这样英国海军就很难对付他们了。这在历史上是第一次,战争的范围不仅局限于陆地和海上,还包括空中和水下。

德国的潜水艇在攻击舰船时偶尔会出错,把没参战国家的船只也击沉。这当然会引起这些国家对德国的强烈不满,因此在战争结束之前,几乎世界上所有的国家都加入了这场混战中。因此,我们称这次战争为世界大战。后来,又发生了一次世界大战,所以我们把这次世界大战称为"第一次世界大战",就如我们把一个国王称作"乔治一世",是为了把他和后面的"乔治二世"区别开来一样。

无数人在战争中死去,无数的士兵在打仗中负伤,难以估量的经

签订第一次世界大战停战条款

费用在了战争上面,战事依然在持续,哪一方都没能获胜。正在这时,俄国突然爆发了革命。俄国这个国家一直很穷,所以战士们本来就没有足够的弹药供应和医疗救护。俄国人杀死了他们的统治者——沙皇和他的一家,拒绝继续作战。形势对协约国来说似乎有些不妙了。

美国是在1917年,也就是战争开始后的第3年宣布参战的,是在德国的潜水艇击沉了美国船只、伤及了美国人的性命之后参战的。

美国离战场那么远——在大洋彼岸3000英里之外,似乎不可能对战争产生多大影响。可是,在很短的时间内,美国派出了200万名士兵在潘兴将军的带领下横渡大西洋,参与了多次重大的战役。

最后,德国和它的盟国在1918年11月11日投降了,并签订了一份协议,同意了协约国提出的所有要求。历史上的第一次世界大战就此落幕。德国的独裁者去荷兰生活了,德国成为共和国。大奥地利变成了小奥地利,因为它原有的那些土地和人民都分裂出来成为一个个独立的小国。小塞尔维亚完全消失了,在它的位置上建立了一个新的国家——南斯拉夫,其中包括塞尔维亚和其他的几个小邦国。

第79章
短短的20年

多长的绳子算长，多短的绳子算短？这问题听起来挺傻的。

20年有多长？这个问题听起来也挺傻的，可实际上它并不像听起来那么傻。对一只狗来说，20年是很长的一段时间，比它的一辈子都长。对人类而言，20年并不是很长。放在世界历史的长河中，20年只是一个瞬间罢了。

一共有20年——20年零几个月，从第一次世界大战结束到第二次世界大战开始。两次世界大战之间这20年是很短的一段时间。大多数国家还没有完全从第一次世界大战中恢复过来，第二次世界大战就开始了。这一章讲的就是这20年的和平时期。

在第一次世界大战结束后，世界各地的人们都希望不再有战争发生，第一次世界大战甚至曾被称为"终结所有战争的战争"。各协约国的政府领导们在法国的凡尔赛集会并起草了一个和平条约，也就是《凡尔赛和约》。

条约规定了德国的军队应仅限于保持德国国内的秩序，不可再发

展到发动战争的规模;德国不许组建空军,陆军不得拥有坦克,海军不许拥有潜水艇。条约还要求德国赔偿一大笔费用给协约国,以弥补这些国家在战争中的损失。

后来,为维护世界和平,许多国家还聚集在一起,成立了"国际联盟",其总部设在瑞典。人们希望国际联盟能真正发挥作用,阻止战争的爆发。每个国家都派出代表出席国际联盟的会议。当有些国家发生争端快要动武时,国际联盟便会警告备战的国家,要求它们把自己的情况提交给国际法庭审理,让他们在这里解决争端,而不是用战争去解决。

1919年6月28日在凡尔赛宫镜厅签署和平协议(威廉·奥尔彭绘)

国际联盟做出了它的努力，但并不成功。这里面有几个方面的原因，其中的一个原因是美国不同意加入联盟。因为一旦有国家不顾国际法庭的裁决，悍然发动战争，美国必定要派出军队去阻止发动战争的国家，这个时候美国不想让国际联盟对自己指手画脚。

国际联盟不能成功的另一个原因是，它没有办法让这些国家按照它提出的要求去做。它只能向各国提出自己的希望，却不能让它们照此执行。

比如，草地上立着的标志牌上可能写着"请勿践踏青草"。如果你不顾警示，仍然要走草地，那标志牌是无法阻拦你的，可附近的警察却能。国际联盟就有点儿像那个标志牌，而不是警察。

我想，在此之前从未有过这么多的人来祈祷能远离战争。除成立国际联盟外，人们还尝试了一些其他方法来阻止战争。

人们认为如果每个国家都没有强大的军事力量，可能会对避免战争有所帮助。因此，几个海军强国在华盛顿举行会议，同意削减海军。倘若世界上的所有国家都能庄严承诺不发动战争，这也可能会有助于和平。于是，人们制定了一个反战条约，超过50个国家在这个条约上签了字，承诺放弃战争。

然而，虽然有国际联盟的约束，几个海军强国还削减了它们的海军数量，甚至签署了反战条约，战争仍然再次爆发了。因为没有一支国际武装部队，所以当战争爆发时，没有人能阻止得了。

大楼着了火，可以找消防部门，消防员会带着灭火装置冲上去灭火；看到有人打架，可以通知公安部门，警察会来阻止斗殴。可当战

争爆发时，却没有像消防部门和公安部门这样的机构来平息战火。不久之后，战事再起。尽管从全世界的范围看，两次世界大战之间有20年的和平时期，可在这20年里，局部的战争一直没有停止过，新的战争首先在亚洲爆发了。

在美国的佩里将军打开了日本的门户后，日本人开始与国外通商。很快日本便发展成为一个工业国，在引进工业文明的同时，日本也学到了许多负面的东西。日本组建了大型的现代化陆军和海军。于1931年，日本派军队到中国，并抢占了中国的东北部地区。之后，日本开始对中国发动全面战争，准备完全占领中国。中国人当然奋起反抗，阻止他们的侵略。有些国家也给日本政府写信，指出他们不希望看到日本对中国用兵。

"你们不是签订了反战条约吗？"这些国家都在责问日本。

但是，没有国家试图用武力阻止日本，战争就这样继续地打下去了。中国人奋起抵抗，但他们没有足够的军备用品，很快日本就拿下了中国的东部海岸，把中国政府赶到了偏远的西南地区。国际联盟不知该如何阻止这场战争，第二次世界大战爆发时，日本的侵华战争还在继续。

在日本侵略中国的同时，非洲也爆发了战争。意大利军队攻进了古老的埃塞俄比亚。埃塞俄比亚的前身就是古代的阿克苏姆地区。你可还记得阿克苏姆的那位著名的国王？就是那位在公元350年成为基督徒的埃扎纳，对了，就是埃扎纳。

从埃扎纳那时起，埃塞俄比亚就一直是由国王统治的独立国家。

在发动这场战争的50年前，意大利便试图征服埃塞俄比亚，但失败了。此时的埃塞俄比亚只有国王的卫队才配有一些枪支，其余的战士使用的还是长矛呢。意大利的军队却是飞机、炸弹、大炮，甚至连毒气都用上了。所以，他们很快就征服了埃塞俄比亚。

此时，西班牙爆发了内战。两派西班牙人因为争夺政权而打了起来。为了阻止这场战事，俄国派出士兵去帮助其中的一方，而德国和意大利则派兵去帮助另一方。

战争接二连三地爆发，在中国，在埃塞俄比亚，在西班牙。国际联盟不能阻止日本侵略中国，也不能阻止意大利占领埃塞俄比亚，尽管它曾想通过制止其他国家给意大利提供军事物资来惩罚意大利，可意大利还是攻下了埃塞俄比亚。国际联盟也无法平息西班牙的战火，作为一个阻止战争爆发的机构而言，国际联盟没有发挥什么作用。

在这20年的和平时期，除了战争还有其他一些重要的事情。在最初的10年中，人们忙于生产和销售、购买和使用各种产品，在第一次世界大战期间他们都没能享受到这些物品。在美国，几乎每个人都能找到一份工作。工厂忙于生产各种物品，大到汽车，小到纽扣，一应俱全。商业也走向繁荣，那是个富足和消费的时代。很多人以为这样的繁荣会持续下去，可是他们错了。繁荣过后，出现了世界性的"经济大萧条"。许多人失业，上百万人找不到工作。许多工厂卖不掉生产出来的产品，不得不关闭，这使更多人失去了工作。人们找不到工作，又怎么能有钱买食物、衣服和其他生活的必需品呢？所以，和平时期后面的10年是经济大萧条的10年。

经济大萧条持续了几年后,人们都开始变得绝望。此时,富兰克林·德兰诺·罗斯福当选为美国总统。他所面对的就是人们在大萧条中产生的绝望情绪,和一切看上去都是暗淡无光、令人沮丧的情形,人们都不知道接下来将会发生什么。罗斯福在上任的第一天说:"我们唯一担心的就是我们不能摆脱恐惧。"他好像知道该采取怎样的行动,他制定和通过了一些法律和措施,并把钱补贴给那些找不到工作的人。

之后,政府安排了几千人去做各方面的工作:艺术家作画,音乐家举办音乐会,作家创作作品,工人们挖沟、割草、修建公园以及相关的活计;所有这些都由政府支付工资。罗斯福尝试了很多新办法来推动国家的运行,他的施政方针被称为"罗斯福新政"。

罗斯福用劫富济贫的方法来帮助穷人,尽管他的家庭很富裕,他自己也是个富人。在39岁时,他得了脊髓灰质炎,导致两腿瘫痪。之后,他必须依靠拐杖和腿上的钢支架才能站立起来,扶着别人挪动几步。尽管有这样的残疾,罗斯福仍然两次被选为纽约州的州长,后来被选为美国总统。

美国的总统每4年竞选一次。罗斯福在第二次竞选中又成功当选。美国国父乔治·华盛顿在连任两届总统后,拒绝参加下一届竞选。自从华盛顿拒绝第三次任总统后,美国就再也没有出现过总统三次参选的。可在罗斯福8年任期结束后,他又第三次当选为美国总统。而且,在这12年的任期结束之后,富兰克林·德兰诺·罗斯福又第四次被选为美国总统。遗憾的是,他在完成这4年的任期之前就去世了。罗

富兰克林·德兰诺·罗斯福

斯福的执政期是从1933年到1945年，没有人做总统超过8年，也没有人超过两次被选为总统，只有罗斯福一个人连着四次都被选为总统。

罗斯福也没能立即制止了经济萧条，但他确实让人们看到了希望，避免了让人们遭受饥饿之苦。

在罗斯福第三届任期开始之前，20年的和平时期结束了。第二次世界大战在欧洲爆发，美国人民希望自己的国家远离战争。但是，罗斯福认为尽管战争发生在远隔千里的大洋彼岸，美国仍有受到攻击的可能。为了防止万一，他带领美国人民做好了应对战争的准备。在受到攻击之后，罗斯福又领导人民在与德国、日本和意大利的战争中走向了胜利。可他自己却在德国投降前的一个月去世了。

20年的和平——20年来国际联盟无法阻止的局部战争——经济繁荣和经济萧条，接下来就是历史上规模最大、最残酷的第二次世界大战。这20年有多长？它只是两次世界大战之间的一段很短的时间。

第80章
现代的"野蛮人"

意大利有个国王,但这个国家真正的统治者却不是国王,而是一个叫墨索里尼的独裁者。他在第一次世界大战结束的几年后成了独裁者,带领意大利发动了对埃塞俄比亚的战争。

你还记得古罗马政治家辛辛纳图斯的故事吗?他是怎样被推举为独裁官并解救了罗马的?而在敌人被击败后,他又为什么放弃了独裁官的位置,回到家乡继续做一个普通的农夫?

然而,墨索里尼是一个和辛辛纳图斯完全不同的独裁者。他才不会放弃独裁者的位置呢。墨索里尼始终在谋求更大的权力。

在由独裁者统治的国家里,人民很少有真正的快乐,因为不管他们是否愿意,他们都必须按照独裁者说的去做。人们的真正想法绝不能说出来,担心有什么话会触犯独裁者。人们可以不经过审判就被关押。因为报纸只刊登独裁者要发表的观点,人们在报纸上根本看不到事情的全貌。在独裁者的统治下,人们活得战战兢兢,因为独裁者的密探时时刻刻都在窥伺着,等着有人犯错——说一些反对独裁者的

话或是做了让独裁者不高兴的事,那样,这个人就必死无疑。

第一次世界大战之后20年短暂的和平,对于欧洲的几个独裁者来说,足够让他们登上政治舞台,独揽大权了。

墨索里尼已经是足够坏的了,他剥夺了意大利人民的自由,只是因为想要得到一个国家,就对埃塞俄比亚发动了战争。

但是,相比另一个登上欧洲政治舞台的独裁者,墨索里尼简直就是"小巫见大巫"了。这个人就是阿道夫·希特勒,他是德国的独裁者。希特勒的同伙们称他们自己为"纳粹党"。"纳粹党"(NAZI)的全称是德语中的"国家社会主义德意志工人党",但大多数人认为NASTY(令人发指、令人极端厌恶的)才应该是他们的称呼。

纳粹党人个个冷酷残忍,他们的所作所为骇人听闻,就连阿拉里克和他率领的哥特人,或者阿提拉和他率领的匈奴人都不会这么做。我认为纳粹党比哥特人和匈奴人更坏,因为哥特人和匈奴人生活在那样的一个历史时期,当时整个世界都处于蒙昧无知的状态。而纳粹党人则是生活在文明的基督教国家,那儿有学校、大学和教堂,他们懂得丰富的科学知识和20世纪人们的行为准则。

纳粹党反对所有的犹太人,不久,他们便开始迫害德国的犹太人。德国的不少犹太人逃到了别的国家,那些没逃走的犹太人都被关进了集中营,在那里他们受到了难以想象的折磨,大多数人被杀害了。纳粹党人建造了许多很大的毒气室,他们把成群的犹太人不分男女老少都关进毒气室中,然后把毒气打开。用这个办法,纳粹党杀死了上百万犹太人。

除了犹太人，那些被认为是反对纳粹党的人也被关进了集中营，多数人死在了那里。

1933 年，希特勒成了德国总理和独裁者，他的演讲极具煽动性，通过这些演讲，他可以鼓动听众按他的意愿去做。当然，他靠的不只是演讲，到处是他的纳粹密探，谁要是说一句反对他的话，很快就会被纳粹的秘密警察逮捕。

希特勒打算使德国成为世界上最强大的国家。为实现这个目标他开始组建一支庞大的军队。每个德国人都应该帮助自己的国家备战，每个德国的孩子都要加入纳粹俱乐部，在那里学习，接受训练。那些没有参军的男子都被集中在一起，共同建造堡垒、军用道路和作战设施。

我介绍过《凡尔赛和约》，和约禁止德国人拥有大规模的陆军和空军。可那又怎么样呢？希特勒说尽管德国政府签署了《凡尔赛和约》，德国也不能受其约束。不久后，德国就拥有了大规模的陆军和空军，然后他们开始攻占别国的领土。他们的军队进入奥地利，让奥地利成为德国的一部分。接着他们开始占领周边的其他小国。

英国和德国东边的邻国波兰订立了一项条约或者说达成了一项协议。这项条约规定英国要保护波兰的独立。在德国威胁要进攻波兰时，英国就警告过德国说，根据条约规定，英国有保护波兰的责任。可希特勒才不管这一套呢，他毫不犹豫地进攻了波兰。首先，他派飞机到波兰的上空，从空中扔炸弹；之后，他出动了陆军。没过几天，波兰的军队就全部完蛋了。为此，英国向德国宣战，这是在 1939 年，第二次世界大战宣告开始。

接下来,德国进攻的是挪威和丹麦。德军乘坐飞机到达挪威,在挪威国内的几个叛徒的帮助下,很快就拿下了挪威。

随后,德国开始进攻法国、比利时和荷兰。德国的飞机和坦克让法国、比利时和荷兰的军队招架不住,也让前去助阵的英国军队难以招架。墨索里尼看到德国人在节节取胜,就带领意大利加入了战争,支持德国。不久,荷兰、比利时和法国的大部分地区被德国人占领了。德国军队开进了巴黎,数千名法国人被遣送到德国做苦工。现在,就只有英国在对德国孤军作战了。

你还记得我告诉过你吧,英国真正的统治者不是国王,而是议会。那个执行议会决定的人称为首相。在这一危险时期,英国的首相是温斯顿·丘吉尔。丘吉尔这个人既勇敢又有不屈不挠的精神。尽管英国军队之前在法国失利了,而且当时整个英国只有不到100辆坦克,飞机和军队的数量也比德国人少得多,可丘吉尔仍然拒绝投降。他通过电台对人民发表演说,鼓励英国人民的斗志,丘吉尔说:"我们要不惜一切代价保卫祖国。我们要在海滩作战,在敌人登陆的地方作战,在田野和街头作战,在山区作战。我们决不投降!"

丘吉尔

这不禁会让我们想起2000多年前，列奥尼达在温泉关战役之前给波斯人的回答。列奥尼达对波斯人说："来抓我们吧！"丘吉尔的演说虽然没有拉科尼亚式的回答那样简短，但是它们的意思是一样的。

纳粹党已经做好了入侵英国的准备。

他们把3000多艘驳船驶进英国对面的欧洲海岸，这些船是用来搭载纳粹士兵横渡英吉利海峡的。希特勒想要先打败英国的空军，这样他的部队在英国登陆就容易多了。于是，纳粹派出了大批飞机去轰炸英国的飞机场和海港。可希特勒在这里遭遇到了他的第一次失败。英国的飞机虽然比德国的飞机少得多，但他们都有精湛的空中作战技术，成功地击败了纳粹进入英国领空的飞机。这场战争被称为"不列颠之战"，在这场空战最初的10天里，英国击落了697架德国飞机，而自己仅损失了153架！

当希特勒发现他的飞机无法摧毁英国的空军后，就派空军不分昼夜地轰炸英国的首都伦敦。成千上万的伦敦居民被德国的炮弹炸死了。但英国皇家空军飞行员也在不断地击落德军的飞机，最后，德军被打怕了，除了晚上，别的时间再也不敢派飞机飞往英国了。在整个对峙过程中，德军对英国城市的夜间空袭从未停止过，但希特勒已经失去了入侵英国的最佳时机：英国人赢得了几个月的时间去筹集武器和集结军队。丘吉尔首相称赞英国的飞行员时曾说："如此少的士兵保护了如此众多的民众，这在人类战争史上还从未有过。"

第 81 章
向独裁者开战

第二次世界大战（简称"二战"）是历史上规模最大的战争，这个故事只用一章是讲不完的。

所以，这一章也是关于"二战"的。

法国沦陷之后，在德国进攻的所有国家中只有英国还没有被征服。即便在不列颠空战之后，也没人敢断定纳粹军是否会入侵英国。毕竟，他们只是没有让德军进入英国，并不是赢得了战争。没有人相信英国人完全靠自己就能击败德国，除了英国人自己。他们没有屈服，一直在试图击败德国这支世界上最强大、最训练有素、装备最精良的军队。

英帝国的附属国也派兵来援助英国，但是这些国家（加拿大、澳大利亚、南非、新西兰和印度）都远在海外，如果援军从海上过来就容易成为德军潜水艇的目标，一旦被发觉，就会被德军的水雷击毁。

不但墨索里尼率领意大利站在德国这边，日本也拥护德国，此时的日本正在中国烧杀抢掠，狂轰滥炸。

没有一个国家能确保自己不会受到攻击，谁会是下一个被入侵的国家呢？

就连距离欧洲3000英里之外，远在大洋彼岸的美国也感到有加强防卫的必要。美国不但扩充了军队，工厂也在加紧赶制坦克、飞机以及其他军事装备，同时在为海军建造新船。不过，大型的现代化军队不可能在短短的几天中就能完善军事设备、实现人员扩充、完成人员训练等。要实现这些目标，几个月也是不够的，它需要长年累月的努力，而军舰的完备比军队的训练和完善需要的时间更长。幸运的是，罗斯福总统带领美国人为可能发生的战事做过必要的准备，而在1年后，美国就被袭击了。可在那个时候，美国仍然没有完全准备好。

就在德国忙着与法国、丹麦和挪威建立新秩序，同时试图用飞机征服英国的时候，意大利也在攻打希腊和埃及。不过，意大利的军队与德国的军队不同，他们的战士没有德国的战士那样能征善战。在希腊，他们遇到了一支勇敢的希腊军队，虽然希腊军队的人数比意大利的少得多，但他们却成功地阻挡住了意大利人的进攻。在北非，有一个英国将领，他率领从大英帝国各地集合起来的战士们，击败了两支意大利的队伍，尽管意大利军队的人数是他们的5倍。这样，埃塞俄比亚也从意大利的统治下解放了出来。

可在意大利军队失利之后，德国继而出兵希腊，并在三个星期之内占领了希腊。他们还出兵北非，与那里的英军交战，这场仗一打就是3年。

之后，希特勒突然对苏联发起了进攻。你可能觉得希特勒这么做很蠢，因为苏联不仅幅员辽阔，军事力量也很强，就连拿破仑也没能攻占它。不过，希特勒可不是这么考虑的，他知道如果征服了苏联，德国就能得到大量的石油、小麦、木材和矿产。此外，他还认为苏联有可能进攻德国，因为从德国开始向外扩张起，苏联就一直在扩充军队。再则，这个时候希特勒已经占领了15个欧洲国家，他的军队还未曾战败过，尽管他的空军没能使英国投降。

纳粹冲进了苏联。他们想要尽快击垮苏军。他们一路势如破竹，很快就深入苏联境内，苏军虽然节节败退，却没有完全被击溃。最后，纳粹军到达了莫斯科城外，他们同时从三面攻城。希特勒还叫嚣莫斯科战役将是对苏联军队的致命一击，可他言之过早了。尽管德军凭借着上千辆坦克和飞机狂轰滥炸，苏军和莫斯科市民却始终团结在一起，抗击着德军的进攻。俄国人在这样艰难、危急的情况下，坚持了数个星期，成功地保住了莫斯科。他们击退了德国军队。莫斯科得救了。

可阻止了德军占领莫斯科并非赢得了这场战争，苏军和之前的英军一样，都只是把德军赶走而已，还没有彻底击垮他们。几乎整个欧洲仍然在德国和意大利的控制之下。

就在苏军把德军赶出莫斯科的同时，日本突然发难了。1941年12月7日，在毫无预兆的情况下，日军飞机轰炸了在夏威夷珍珠港的美国舰队。在那里的美国军舰全部都被击沉或炸毁了，有2000多名美国海军丧生。第二天，英美正式对日宣战。4天后，德国和意大利对美宣战。

美国还没有做好同时对付德国和日本的准备,它的军队还没完全训练好,新的舰队还一下代替不了在珍珠港被摧毁的那些军舰。值得庆幸的是,苏军对德军展开了勇猛的反攻,把德国的百万大军牵制在了欧洲,这样又给了美国1年的准备时间。美国的工厂迅速地生产坦克、卡车和其他军用物资,然后用船把这些物资运送给苏军和在埃及的英国军队。

然而,一开始就把日军阻止住是不可能的。日本人占领了属于美国的菲律宾群岛,占领了英军在新加坡的海军基地,占领了属于荷兰的东印度群岛,占领了暹罗(泰国的旧称)和缅甸,继而向印度推进。他们还占领了马来半岛。而在此之前,他们已经夺去了法属印度支那和中国的许多地方。

你可以在地图册或地理书上找一下亚洲,看看这些亚洲地区的位置,便能知道日本在亚洲的战线有多长。在太平洋的地图上,你还能找到日本占领的那些岛屿,它们离日本都非常遥远,这些岛的名字听起来也非常奇怪和陌生:

关岛和威克岛、
　　新几内亚岛、
　　　　布干维尔岛和瓜达尔卡纳尔岛以及
　　　　　　阿留申群岛里的基斯卡岛。

日本在进攻这些群岛时都遭到了顽强、勇敢的抵抗。比如,在菲

律宾群岛战役中，美军和菲律宾战士战斗到最后一刻，直到他们几乎全都战死，还有一小部分人逃进了山里，只要一有机会，就出来打击日本侵略者。

罗斯福总统和丘吉尔首相决定先打败希特勒，再对付日本。于是，美军和英军被派往北非，与那里的德军作战，并击败了德军。然后他们掉转头来，开始进攻意大利。

大批的美军和英军聚集到英国。他们从英国出发，乘飞机去轰炸德国，与德国空军展开殊死的战斗。1944年6月，英美联军为进攻德国的主力部队做好了准备。他们在德怀特·艾森豪威尔将军的率领下穿过英吉利海峡，于法国的诺曼底海岸登陆。他们与德军在这里展开了浴血奋战，击溃了德军，并一直从法国追击到了德国。法国、比利时和荷兰恢复了自由，再一次成为独立的国家。

与此同时，一直在另一侧与德军作战的苏联军队也取得了胜利。他们一路把德国人打回了德国老家。苏联军队乘胜追击，占领了德国的首都柏林。此时，墨索里尼在意大利被本国人抓起来枪毙了。而希特勒在听到纳粹战败的消息后，承受不了这一失败的打击，自杀了。

可怕的纳粹军最终被打败了，可战争带来的恶果是，世界上很多地方的人变得无家可归、流离失所、饥寒交迫，不得不从其他国家那里寻求食物救济。

在世界的东方，对日战争仍在继续。空战、海战和陆地战争轮番上演。那些被日本侵占的国家经过长期的艰苦斗争，一个接着一个地

脱离了日本的统治，重获自由。在太平洋战争中，美国的道格拉斯·麦克阿瑟将军率领着他的部队在海军的配合下，夺回了菲律宾群岛，在准备攻入日本本土时，美国在日本的长崎和广岛投放了两个新式武器，之后，日本宣布了投降。

这一新式武器便是原子弹，从美军飞机上扔下来的这两枚原子弹，给日本带来了毁灭性的后果。原子弹的杀伤力极强，据统计，遭原子弹轰炸而死亡的人数将近 30 万。

德国在 1945 年 5 月正式投降，日本在同年的 8 月也宣布投降。历史上规模最大、最恐怖的战争终于结束了。

第82章
世界上掀起了新风潮

第二次世界大战结束后,世界各地的人们都在讨论如何把世界建设得更加美好。你还记得吧?在第一次世界大战后,为了防止战争再次发生,世界上多数国家加入了国际联盟,但还是爆发了战争。

"二战"后,世界各国继续为国与国之间的对话找寻出路,争取不再以战争而是以和平的方式解决国与国之间的分歧和争端,于是,他们创建并组成了联合国,联合国的总部设在美国的纽约。

联合国成立后,的确在国际事务中发挥了一定的作用,比之前的国际联盟要成功得多。但自"二战"之后,世界上依然有大量的问题需要解决。我想,要使全世界长时间地相安无事,可能只是一种奢望。但是,我们仍然这样希望和憧憬着。

不过,有一个问题得到了解决,至少是部分得到了解决。"二战"中,人们纷纷谴责德国和日本对其他国家和人民的侵略行径。"二战"结束后人们开始问,为什么有些国家仍然统治着他们早期征服过的那些国家?还记得那些工业国是如何让那些为他们提供木头、橡胶、棉

花等原材料的国家沦为殖民地的吗？"二战"后，他们仍然霸占和拥有着这些殖民地。比如，英国在世界各地都有着幅员广阔的殖民地，他们甚至夸口说："在大英帝国的土地上，太阳永远不会落下。"你明白这句话是什么意思吗？

想象一下，你在世界各地都有领土，南方、北方、世界东半球和西半球，那么在这些不同地域的土地上总有太阳在空中相继照耀着。英国的殖民地的确很多，如非洲的加纳、肯尼亚，还有像印度这样的大国和巴哈马群岛，以及牙买加这样的小国。连英国人都为自己庞大的帝国而感到自豪，可是在非洲、印度和加勒比群岛这些殖民地国家生活的人们，对英国就没有什么好感了。实际上，这些殖民地国家的人民长期以来一直在商讨怎样才能摆脱外国殖民者的统治。而对于殖民者来说，要继续保持对殖民地的统治也越发困难了。就拿英国来说，刚刚结束了与德国、日本的战争，英国一时也无力应对殖民地的反抗。除此之外，世界各地的人们都在主张每个国家都有权选择自己所要走的道路。迫于这种舆论压力，连英国的盟友——美国，也不好再支持他的这个盟国了。

同时，这些殖民地的领袖带领群众用不同的方式为自己的人民赢得独立。在一些地方，人们组建军队来反抗殖民者的统治。还有些地方，人们组织了非暴力的抗议活动，如游行和演讲。在这个时期的英雄人物中有一个人最为著

AI 画的甘地水彩画

名,他就是印度的"圣雄"——甘地。

莫汉达斯·甘地看起来可一点儿都不像是个革命英雄,他长得又瘦又小,讲起话来也不像革命领袖。他主张人们不应该在抗议活动中采用暴力手段。这时,印度是英国的殖民地。甘地认为,英国本质上也是个讲道理的民族,所以他认为只需要让他们和世界上其他人一样,认识到什么是对的,他们就会同意印度独立,这样就不需要流血牺牲了。

甘地考虑问题非常理性、实际,他把注意力都集中在印度要求独立这一点上。他知道英国之所以要印度做它的殖民地,主要是为了从印度供给英国工厂的原材料上谋取高额利润,此外,印度缴纳给英国的税金也数额不菲。于是,他决定让英国从印度这边赚不到钱。

英国从印度购置棉花,拿船运回工厂,工厂再把棉花制成布料和衣服。一些衣服又运回印度,以高价出售。英国人借此获得高额利润。现在,在我讲甘地做什么之前,先告诉你他"不做"什么。他不刺杀在印度的英国官员;他不烧毁种植的棉花;他不去把英国运送棉花的船和之后运布料和衣服的船都炸毁弄沉;他不采用任何暴力方式驱赶英国人出境。他所做的就是:他要所有的印度人每天花上几小时,自己来纺织和缝制衣服。这样,他们就有足够的布料和衣服,不再需要从英国人那里买了,这样一来,英国人就赚不到钱了,而且,他们也没有任何借口和理由,杀死印度的抗议者。你说甘地是不是一个非常聪明的革命者呢?

甘地还做了另外一件事。一直以来,英国人都在印度征收高额的盐税。因为没有冰箱,印度需要盐来保存食物。这使得英国有很稳定

的税金收入。甘地想到了一个办法，既可以不再付给英国盐税，又不触犯法律。他长途跋涉找到了附近的海域，我们都知道海水是很咸的，甘地也知道这一点。于是，他就带领千万名印度人来到海边，他在那里教给他们怎样让海水蒸发，来得到大量的海盐。他用这样的办法让他的人民得到了需要的盐——不再交盐税，也不犯法。当英国士兵殴打那些制盐的老百姓时，世界各地的人们，包括英国人在内，都在谴责这些士兵的行为。

甘地变得举世闻名。人们都认为他不用暴力的手段做出这样强有力的抗议，真是太了不起了。最后，英国难以承受来自外界的巨大压力，不得不放弃了让印度继续做它的殖民地。在"二战"后不久，印度就赢得了独立。

印度独立之后，其他的国家也相继独立。非洲殖民地的领导人，如加纳的克瓦米·恩克鲁玛和肯尼亚的乔莫·肯雅塔也为自己的国家赢得了独立。阿尔及利亚经历了很长时间的战争之后，也从法国的统治下独立了出来。美国无奈之下也不得不同意菲律宾独立……整个世界都掀起了独立运动的浪潮。非洲和亚洲的国家一个接一个地独立了，太平洋和加勒比地区大大小小的岛国也都独立了。几乎所有这些国家都会纪念他们自己的独立日，每到那一天，就会举行庆祝活动。如果能够环游世界，在每个国家独立日的那一天去那里参观，一定会非常有趣。差不多所有的国家都独立了，如果你依次去观光他们在独立日的活动，那该是个很长很长的旅程吧！你猜他们国庆的时候会不会放烟花呢？

第83章
昨天、今天和明天

我家附近有个蛋糕店,外面挂着个牌子,上面写着"每小时新鲜出炉"。就像制作蛋糕一样,人们每时每刻都在创造着历史。我们可以在报纸和杂志上读到它,也可以从收音机里听到它。

直到今天,历史都是以一个接一个的所发生的战争为标志的(这些战争的规模或大或小,时间或长或短)。差不多每一个时期都会有战争在某地发生,从古至今一直是战争,战争,战争。小孩子在和人争吵的时候,动不动就要上来动拳头,但是,在长大之后,人们就很少再用打架来解决冲突了。打架似乎是童年时的标志——我们都是"孩子",因此我们才打架。那么,我们也可以把战争看作我们所生活的这个世界还很年轻的标志,实际上也确实如此,这个世界在宇宙的时间长河中,差不多就如一瞬间那么短暂,或者说,就像是个2岁的孩子。

我们总会仰慕、赞扬那些名留史册的英雄,如贺雷修斯、列奥尼达、圣女贞德、艾森豪威尔将军等,也会尊敬那些为保卫自己国家

不受侵犯而牺牲的无名英雄。就好像有个人挡住了深夜闯进自己家中的盗贼、杀人犯，没让他们伤害到自己的家人，我们当然会尊敬这样的人了。然而，那些没有任何理由，只是为了增加自己的权力和财富就去进攻别人，甚至夺去他人生命的人，不管他是国王、将军还是王子，这些人实际上和那些拿着枪和棍棒埋伏在暗处、准备抢劫和谋杀的盗贼，是一样的人。战争带来杀戮，造成毁灭，战争牺牲了无数生命，耗费了数不尽的钱财——这些钱完全可以用来使我们的生活变得更幸福，使这个世界变得更美好，而不是用这些钱来制造痛苦、杀戮、悲剧和灾难，让无数的女人失去丈夫，无数个孩子变成孤儿。没有人能从战争中获利，即便是打了胜仗也一样。战争是一种可怕的游戏，输了的人自然不用说，赢了的人也要蒙受损失。

有一点是肯定的：如果战争不能终结，人们将会使用更为致命的武器，这种武器很可能一次就会杀光一个国家的人。曾经爆炸的原子弹已经证明，一枚原子弹就可以毁灭一座城市。如果战争一直进行下去，可能哪一天整个世界就再也没有活着的人了；那样，人类的历史也就彻底终结了。

也许，战争是能够停止的。世界各地很多人在积极地努力，希望能避免战争发生。阻止战争的确不容易，但如果联合国能像消防部门那样，在大火疯狂燃烧之前把它扑灭，那么这个世界也就能过上和平的日子了。那样，新的发明就会完全用于维护和平而不是用于战争。

现在，人类的发明似乎越来越不可思议，甚至比魔法还要有魔力。飞机、直升机、宇宙飞船这些发明代替了神话中的魔毯，而且它们比

魔毯要强得多，因为它们都是真实存在的事物，而魔毯只是在人们的想象中飞行。只要能够阻止了战争，那么你所能想象到的一切，不管它们听起来是多么离奇，总有一天会被制造出来。你可以想象，有个发明能够阻止所有的战争，并且有一天它也许能够得到应用——只要在这个发明还没有诞生之前，战争还没有把这个世界毁灭。

发明和发现不完全相同，如果有个事物一直存在，只是人们不了解，后来才知道它的存在，那是发现而不是发明。

发现和发明！在近几百年中，发现和发明同样重要，甚至也像魔法一样不可思议。虽然已经没有更多的新大陆可以发现了，但每时每刻还是会有很多神奇的发现。

关于疾病和如何预防疾病，已有了一些十分重要的发现，这些发现包括接种疫苗，过去到处都有天花流行，这是一种致死性疾病，通过接种疫苗能预防天花，这个发现所拯救的人数和被战争夺去生命的人数差不多；牛奶的巴氏（巴斯德）消毒法，这是一种可以杀死致命性细菌的方法，发现它的是一个法国人，这个消毒剂就是根据他的名字命名的，你能猜到他的名字吧？对，他的名字就是巴斯德；预防注射，有的时候为了防止破伤风和伤寒等疾病，医生会给你注射一些药物；麻醉剂，在做手术时，麻醉剂可以让你沉睡，这样就不会感觉到疼痛了，想一想在麻醉剂发现之前人们要忍受怎样的痛苦啊；青霉素，你知道它是一种什么药物吗？青霉素的及时发现挽救了"二战"中无数伤病员的生命，它是一种抗生素，可以抑制细菌繁殖和生长。

我希望再给你讲一些其他的发明，如电子眼和雷达；我还想给你

讲一些著名的科学家,像斯泰因梅茨和阿尔伯特·爱因斯坦;我想把所有的发明和发现都说一遍——从真空吸尘器到回旋加速器,从空调到电子显微镜,从发电机到激光、类星体和人工心脏移植。还有血浆——美国黑人查尔斯·德鲁发现了怎样把血浆储存在血库中,这样它就可以救治在战争中受伤的人。你瞧,科学家也能像战士一样成为英雄。我希望我可以把这所有的一切都讲给你听,但是我不能。这本书已经没有地方再记载下这些故事和其他神奇的事物了;何况我也跟不上科学发展的脚步,因为新的发现和发明每时每刻都在出现。

这本关于世界历史的故事书到此就要结束了,但历史是个连续的故事,会一直不断地向前延伸。甚至在你读这一行字的时候,科学家正在致力于新的发明和发现,这些成果会被写进将来的历史书中。

如若你生活在公元 10000 年,那么我们现在的这个时期不过是你们历史的开端而已。连第二次世界大战你都会觉得十分久远了,就像我们现在看发生在石器时代的战斗,会觉得那是遥不可及的事情。你看我们现在的神奇发明,可能就会像我们看古时铜和青铜的发现一样。

也许,那时的人已经不再使用火车、轮船、汽车、飞机这样的交通工具,他们只要坐在飞毯上,在心里想一下,就可以去到另一个地方了。他们可能不再需要用信件、电话、收音机、电视甚至是计算机,就能在任何一个地方读到每个人的想法。

可能到了那个时候,人们会知道怎样建造不会污染空气和水源的工厂,能够合理地利用地球上的能源,而不至于使它枯竭。他们也已

经学会了分享，这样全世界的每一个人都有足够的食物吃，有舒适的地方住。而最好的事情就是，人们到那时会知道该怎样解决问题，而不再挑起战争了。

世界会持续发展下去——永无止息！